江东亮　著名材料科学家、中国工程院院士

　　1937年9月生，研究员，博士生导师。1992年入选国际陶瓷科学院院士，2001年当选中国工程院院士。历任中国科学院上海硅酸盐研究所副室主任、副所长、高性能陶瓷和超微结构国家重点实验室主任、学术委员会主任等职务。现任中国科学院上海硅酸盐研究所学术委员会主任、高性能陶瓷和超微结构国家重点实验室学术委员会主任、无机材料基因科学创新中心主任。

　　江东亮院士长期从事先进陶瓷的组成、结构、工艺与性能关系的研究和发展工作。在重大工程领域，针对空间遥感国家战略需求，领导研究团队在国际上独立提出常压固相烧结制备大尺寸轻量化碳化硅光学部件材料的技术路线，首次成功实现大尺寸轻量化碳化硅光学部件的国产化研制，并相继在"遥感八号"、"嫦娥三号"、"高分二号"等八颗卫星上实现了工程应用，解决了我国空间遥感技术领域的材料瓶颈问题，打破了国外产品禁运和技术封锁，为我国空间遥感技术的快速、跨越式发展做出了重要贡献。针对空间动力系统的国家战略需求，采用纳米复合与原位反应技术，开发了具有自主知识产权的陶瓷基复合材料制备新工艺，成功研制出高稳定陶瓷基复合材料喷管，并首次应用于空间动力系统，填补了国内陶瓷基复合材料在该领域的应用空白，并拓展其应用领域至空间轻量化支撑结构件，提高了空间对地观察精度。在基础研究方面，先后开展氧化铝、氧化钇陶瓷烧结气氛对材料致密化影响、复相陶瓷和仿生结构设计、碳化物或含碳化物复合材料的高温等静压氮化改性工艺等基础研究工作，促进了无机材料科学的发展。在新材料开发和工程应用上，成功研制出高致密微晶氧化铝陶瓷及机械密封件、磁流体发电电极材料、氧化铝轻质/重质耐热混凝土、碳化硅基工程陶瓷、复相陶瓷和陶瓷基复合材料等，并广泛应用于机械、化工、能源、交通和空间等行业，取得了显著的社会和经济效益。

　　江东亮院士还是第十届全国政协委员。出任多个国家和地方重大及重点科技项目的建议人，并多次参与国家和地方的中长期科技发展规划咨询工作，是中国工程院和中国科学院"中国版材料基因组计划"重大咨询项目专家。

中国工程科技中长期发展战略研究报告
国家自然科学基金委和中国工程院联合资助

我国高耗能工业高温热工装备节能科技发展战略研究

江东亮 袁渭康 钱 锋 刘 茜 编著

科学出版社

北 京

内 容 简 介

本书是《中国工程科技中长期发展战略研究》项目"我国高耗能工业高温热工装备节能科技发展战略研究"的成果汇编。书中系统介绍和分析了我国钢铁、石油与化工、水泥三大高耗能工业高温热工装备的能耗现状、节能科技水平及其发展趋势和应用推广中需要解决的瓶颈问题。基于国内外高温热工装备节能科技应用水平、发展态势、政策特点的对比研究,结合我国中长期发展规划的要求,提出了适合我国国情的高温热工装备节能科技发展战略、发展思路和目标、重点任务、关键技术发展路线图以及推动新型节能高温热工装备及节能材料产业发展的政策建议。

本书适合钢铁工业、石油与化学工业、水泥工业以及其他涉及高温热工装备研发行业的相关生产企业、科研院所、高等院校、政府管理部门的科技人员、管理人员、政策研究人员等阅读参考,也可作为相关高等院校的本科生和研究生的工艺装备选修课教科书。

图书在版编目(CIP)数据

我国高耗能工业高温热工装备节能科技发展战略研究/江东亮等编著. —北京:科学出版社,2016.10
ISBN 978-7-03-050268-1

Ⅰ. ①我… Ⅱ. ①江… Ⅲ. ①装备产业-节能-研究-中国 Ⅳ. ①F264.9

中国版本图书馆 CIP 数据核字(2016)第 251010 号

责任编辑:王艳丽
责任印制:谭宏宇/封面设计:殷 靓

科学出版社 出版
北京东黄城根北街16号
邮政编码:100717
http://www.sciencep.com

上海蓝鹰文化传播有限公司排版制作
苏州越洋印刷有限公司印刷
科学出版社发行 各地新华书店经销

*

2017年1月第 一 版　　开本:B5(720×1000)
2017年1月第一次印刷　　印张:14　插页:5
字数:350 000

定价:98.00元
(如有印装质量问题,我社负责调换)

《我国高耗能工业高温热工装备节能科技发展战略研究》编委会

主　任　江东亮

委　员　（按姓氏笔画排列）

王　刚	王兴庆	王辅臣	左家和	叶建克
田　洲	刘　茜	杨明磊	杨　彬	李亚伟
李江涛	李红霞	李进龙	李秋菊	李　楠
张永杰	陈在根	陈克新	陈雪莉	范　琛
郑　万	胡贵华	饶文涛	洪　新	贺铸建
袁渭康	柴俊兰	钱　锋	曹先常	隆　建
蒋　达	韩兵强	傅　剑		

Preface 序

近些年尽管我国工业节能工作取得了长足的进步,但工业能耗在全国总能耗中仍占较高比重,工业节能一直是我国绿色发展的着力点,研究工业节能科技发展意义重大。该书以"我国高耗能工业高温热工装备节能科技发展的战略研究"为重点,以装备节能和材料工程科技问题为主要内容,通过梳理技术发展脉络,系统探讨我国钢铁、石油与化工、水泥三大工业在国民经济中的战略地位,高温热工装备节能潜力,节能技术发展现状和发展趋势等,较全面地归纳了世界发达国家的相关发展战略,对比分析了国内外相关产业和装备节能技术发展现状及差异,提出了我国上述三大工业高温热工装备节能技术和关键材料的工程问题以及节能科技重点发展方向,总结提炼了技术发展路线图,对研究我国工业高温热工装备节能技术、节能政策和战略有重要参考价值。

该书安排"钢铁工业"、"石油与化学工业"、"水泥工业"、"高温节能耐火材料与技术"共四篇,每一篇独立安排章节,内容依行业不同有所侧重,集中反映了相关工业领域高温热工装备分类和作用、能耗占比、国内外节能关键技术及发展趋势等内容,并综合分析了国内外高耗能工业高温热工装备节能政策对比,提出了我国高温热工装备节能技术中长期发展战略和对策建议。

该书内容丰富,囊括了相关工业领域现役装备能耗分析数据、国内外高耗能工业能耗年度分析报告、国内外高耗能工业高温热工装备节能技术研究论文、专利、综述等,还收集了国内外工业节能政策、法律法规研究报告,全方位论述了工业装备节能的科技潜力和政策高效管控空间。

该书作者江东亮院士是我国著名的无机材料科学家,主持并参与了多个国家和地方的重大工程科技战略研究及国家和地方的中长期科技发展规划咨询工作。江东亮院士是"我国高耗能工业高温热工装备节能科技发展战略研究"项目负责人,组织多方面工程专家和学者从装备节能科技层面到能源管理政策层面展开了深入细致的调研分析,研究内容充实,特色鲜明,正可谓"俏也不争春,只把春来报",该书是同类著作中的一本有重要参考价值的好书。

徐德龙

中国工程院院士

中国工程院副院长

二〇一六年五月

Foreword 前 言

能源是经济发展的命脉,是工业发展的血液。目前,我国仍处于重化工业阶段,工业用能需求迫切。我国钢铁、石油和化工(以下简称石化)、水泥三大工业产量连续多年居世界第一,凸显在我国工业现代化进程中发挥的作用。与此同时,上述三大工业能源消耗比重大,节能减排任务艰巨。

国家《节能中长期专项规划》已明确将上述三大工业列为重点节能领域,并将其共性技术——高耗能燃煤工业锅炉(窑炉)等热工装备改造列为十大节能重点工程之首。显而易见,今后一个时期,我国工业节能将战略重点放在高耗能工业领域,以全面实现工业节能减排的目标。

本书研究内容以"我国高耗能工业高温热工装备节能科技发展战略研究"为重点,全面调研分析了我国钢铁、石油和化工、水泥三大高耗能工业现役高温热工装备能耗现状、节能技术进步和发展趋势、节能技术应用推广中需要解决的瓶颈问题,针对性地提出了未来5~10年热工装备节能科技发展思路、发展目标、发展重点和政策措施,以推动上述三大工业热工装备科技节能力度和实效,预期可产生广泛和显著的社会影响及经济效益。

就钢铁工业而言,其产值占工业总产值比重约13%,总能耗约占工业总能耗23%。热工装备节能科技发展思路和重点以提升能效为核心,结合装备结构优化和清洁燃料使用(助燃、燃烧热处理等),通过新材料(保温等)、系统优化、余热余能回收、工艺改善、智能控制等推动装备节能。

石化工业产值占工业总产值比重约13%,能耗占工业总能耗18%~20%。高温热工装备(主要包括加热炉、反应炉、焚烧炉、余热锅炉、烟气轮机等)的节能技术发展思路和重点从提高能量转换效率、强化传热过程和热功转化效率出发,开展相关热工装备关键技术的基础和应用研究,规范同类装备的操作和使用,制定能耗考核的统一标准等。

我国水泥近几年产量持续占全球总产量的60%左右,能耗占国内工业能耗的7%~8%。新型干法生产线的节能重点是熟料烧成系统(能耗约占水泥生产过程的82%),节能技术发展思路和重点是持续发展新型干法生产技术和替代原料与燃料技术,达到综合性能先进、智能化程度高的运行水平,以大幅降低烧成热耗,实现节能减排、绿色低碳的可持续发展路径。

上述三大高温流程工业广泛使用耐火材料,通过隔热和保温提高传热效率。因此,节能材料与技术的发展思路和重点是提高服役温度下材料的强度、降低材料的热导率、改善材料的热膨胀相容性、提高材料的抗侵蚀和机械磨耗性能,为高温工业提供服役性能优异的产品。

从工业节能政策层面分析,提出如下三大工业热工装备节能科技发展的政策建议:行政手段和法治并重,强化工业节能减排;增加节能材料与技术研发和应用的财政投入及优惠政策,推动节能工程示范及应用;大力推动装备余热发电、废弃物消纳处置等资源循环利用;加强专利战略分析及布局,增强企业国际竞争力;专业人才培养及产学研用一体化联盟建设,推动技术创新与发展;延伸工业产业链,实现产品高质量、装备大型化、生产集约化,向工业强国迈进。

本书研究工作从2013年7月开始,耗时两年之久,安排了"钢铁工业专题"、"石油和化学工业专题"、"水泥工业专题"、"高温节能耐火材料与技术专题"共四大篇,每一篇内容依行业不同有所侧重。参加研究工作的专家包括来自上海宝钢节能环保技术有限公司(简称宝钢节能公司)、宝钢钢铁股份有限公司中央研究院(简称宝钢研究院)、上海大学(简称上大)、武汉科技大学(简称武科大)、华东理工大学(简称华理)、中科院理化技术研究所(简称理化所)、中科院上海硅酸盐研究所(简称上硅所)、中钢集团洛阳耐火材料研究院有限公司(简称洛耐院)和国家自然科学基金委员会(简称基金委)9个单位的30余位高级研究人员。其中陈在根总经理(宝钢节能公司)、洪新教授(上大)、张永杰教授级高工(宝钢研究院)、李楠教授(武科大)、饶文涛教授级高工(宝钢研究院)、李秋菊副教授(上大)、曹先常总工(宝钢节能公司)、李亚伟教授(武科大)、郑万教授(武科大)、贺铸副教授(武科大)负责"钢铁工业篇"撰写;李进龙副教授(华理)、胡贵华讲师(华理)、田洲助教(华理)、杨明磊讲师(华理)、陈雪莉副教授(华理)、范琛助教(华理)、隆建助教(华理)、蒋达助教(华理)、李江涛研究员(理化所)、王辅臣教授(华理)、钱锋院士(华理)、袁渭康院士(华理)负责"石油与化学工业篇"撰写;江东亮院士(上硅所)、陈克新研究员(基金委)、刘茜研究员(上硅所)、李江涛研究员(理化所)、韩兵强教授(武科大)、陈义祥高工(理化所)、韩召博士后(理化所)、王峰博士后(理化所)、叶建克助研(理化所)、柴俊兰教授级高工(洛耐院)、李亚伟教授(武科大)、李楠教授(武科大)、傅剑高工(上硅所)负责"水泥工业篇"撰写;洛耐院的李红霞院长、王刚教授级高工、柴俊兰教授级高工、杨彬教授级高工负责"高温节能耐火材料与技术篇"撰写。

调研期间还走访了一些行业协会和企业，召开了各专题领域内的高层专家咨询会，收到来自不同领域专家提出的宝贵意见和建议。钢铁专题咨询专家是：蔡九菊教授（东北大学）、区铁教授级高工（武钢研究院）、温治教授（北京科技大学）、郑忠教授（重庆大学）、姜华教授级高工（宝钢股份公司）、顾剑锋教授（上海交通大学）、付建勋教授（上海大学）、张幸副教授（上海交通大学）。石油与化学工业专题咨询专家是：曹建军教授级高工（中石化经济技术研究院优化中心）、陈广卫教授（中石化能源管理环境保卫处）、鹿长荣主任（中国化工集团公司科技部）、曲思建院长（煤炭科学研究总院煤化工分院）、张方教授级高工（中国石油和化学工业规划院）。水泥和耐火材料专题咨询专家是：范永斌秘书长（中国水泥协会）、蔡玉良总工（南京水泥设计院）、俞为民总工（天津水泥设计研究院）、章嗣福部长（海螺水泥）、胡贞武副总（华新水泥）、蒋晓臻副总（南方水泥）、杜善国院长（中国铝业山东有限公司）、王少武教授级高工（中国铝业山东有限公司）、张海波高工（金隅集团通达股份）、王杰曾副总工（瑞泰科技）以及南京工业大学的许仲梓教授、沈晓冬教授、吕忆农教授、叶旭初教授、考宏涛副教授、韩立发高工、唐明亮副教授。在这里向所有咨询专家表示敬意，并衷心感谢他们提出的宝贵意见和建议以及给予的鼓励和支持。

二〇一六年八月

Contents 目 录

序
前言

钢铁工业篇

第 1 章 钢铁工业的战略地位与能耗现状   3
    1.1 钢铁工业在国民经济中的地位及工业发展概况   3
    1.2 钢铁工业能源结构与消耗现状分析   3

第 2 章 钢铁工业高温热工装备能效分析与节能技术发展趋势   6
    2.1 高温热工装备界定与内涵   6
    2.2 主要高温热工装备能效分析   6
    2.3 主要高温热工装备节能技术发展趋势   18

第 3 章 我国钢铁工业高温热工装备节能技术发展目标和重点任务   27
    3.1 热工装备节能技术发展思路   27
    3.2 热工装备节能技术发展目标   28
    3.3 热工装备节能技术发展重点任务   40
    3.4 热工装备节能技术发展技术路线图   41

3.5　重点支持的节能技术研发项目　　　　　　　　　　　　　　　44

第4章　我国钢铁工业高温热工装备节能科技发展政策建议　　　45
　　　4.1　国内外钢铁工业装备节能政策对比分析　　　　　　　　　45
　　　4.2　我国钢铁工业装备节能科技发展的资助机制和政策建议　　47
　　　参考文献　　　　　　　　　　　　　　　　　　　　　　　　49

石油与化学工业篇

第5章　石油与化学工业的战略地位与应用价值　　　　　　　　55
　　　5.1　石油与化学工业在国民经济中的地位及工业发展概况　　　55
　　　5.2　石油与化学工业能源结构与消耗现状分析　　　　　　　　56
　　　5.3　石油与化学工业节能潜力分析　　　　　　　　　　　　　60

第6章　石油与化学工业高温热工装备能效分析与节能技术发展趋势　63
　　　6.1　石油与化学工业研究目标界定与内涵　　　　　　　　　　63
　　　6.2　高温热工装备能效分析　　　　　　　　　　　　　　　　64
　　　6.3　主要高温热工装备节能技术发展趋势　　　　　　　　　　76
　　　6.4　其他高温热工装备能效和技术发展趋势　　　　　　　　　90

第7章　我国石油与化学工业高温热工装备节能技术发展目标和重点任务　93
　　　7.1　热工装备节能技术发展思路　　　　　　　　　　　　　　93
　　　7.2　热工装备节能技术发展目标　　　　　　　　　　　　　　97
　　　7.3　热工装备节能技术发展重点任务　　　　　　　　　　　　100
　　　7.4　热工装备节能技术发展技术路线图　　　　　　　　　　　104
　　　7.5　重点支持的节能技术研发项目名录　　　　　　　　　　　109
　　　7.6　其他热工装备发展目标和重点任务　　　　　　　　　　　112

第8章　我国石油与化学工业热工装备节能科技发展政策建议　　114
　　　8.1　国内外石油与化学工业装备节能政策对比分析　　　　　　114
　　　8.2　我国石油与化学工业装备节能科技发展的资助机制和政策建议　121
　　　参考文献　　　　　　　　　　　　　　　　　　　　　　　　124

水泥工业篇

第 9 章 水泥工业的战略地位与应用价值 129
9.1 水泥工业在国民经济中的地位及发展概况 129
9.2 水泥工业能源结构与能源消耗现状分析 132

第 10 章 水泥工业高温热工装备能效分析与节能技术发展趋势 138
10.1 水泥工业高温热工装备的界定及功能 138
10.2 主要高温热工装备节能潜力分析及节能技术发展 139
10.3 高温热工装备节能技术专利战略分析 151

第 11 章 我国水泥工业高温热工装备节能技术发展目标和重点任务 156
11.1 高温热工装备节能技术发展思路 156
11.2 高温热工装备节能技术发展目标及路线图 156
11.3 高温热工装备节能技术发展重点任务 159
11.4 重点支持的高温热工装备节能技术研发项目名录 160

第 12 章 我国水泥工业热工装备节能科技发展政策建议 161
12.1 国内外工业节能政策对比分析 161
12.2 我国水泥工业装备节能科技发展的资助机制和政策建议 165
参考文献 167

高温节能耐火材料与技术篇

第 13 章 耐火材料与高温节能 173
13.1 耐火材料是高温工业的基础材料 173
13.2 耐火材料是高温工业节能重要相关技术 178

第 14 章 高温节能耐火材料的技术发展现状和态势 183
14.1 耐火材料发展规律和现状 183
14.2 隔热和节能耐火材料发展现状 187

14.3　高温节能耐火材料和技术的发展态势　　188

第15章　高温节能耐火材料和技术发展战略　　193

　　15.1　发展思路　　193
　　15.2　发展目标和任务　　194
　　15.3　发展重点　　195
　　15.4　需要发展的重大关键共性技术　　198
　　15.5　建议重点支持的研发项目目录　　199
　　15.6　推动节能耐火材料与技术研发及应用的机制和政策建议　　200
　　参考文献　　202

附录 1　国内外相关工业节能的法规和政策目录（部分）　　204

附录 2　缩略语和计量单位注释　　208

彩图

钢铁工业篇

第1章

钢铁工业的战略地位与能耗现状

1.1 钢铁工业在国民经济中的地位及工业发展概况

钢铁工业能够提供一切工具、装备、建筑、运输、武器等的原材料,是现代社会生产和扩大再生产的物质基础,在国民经济发展中处于无可替代的重要地位。钢铁产量是衡量一个国家经济发展、工业化水平和国防实力的代表性重要实物指标之一。我国是钢铁生产大国,近几年我国钢铁产量大幅增加。表1.1列出2012~2014年我国钢铁工业主要产品的产量。

表 1.1　2012~2014年我国钢铁工业主要产品产量情况　　　　　　（单位:万吨）

年份 \ 品种	粗钢	生铁	钢材	焦炭	铁矿石	成品钢材
2014	82 270	71 160	112 557	47 691	151 424	79 779
2013	77 904	70 897	106 762	47 635	145 101	74 999
2012	72 445	66 733	95 877	44 053	131 987	69 738

1.2 钢铁工业能源结构与消耗现状分析

1.2.1 典型大中型钢厂的能耗状况

目前,我国钢铁工业总能耗占全国总能耗的16.3%,钢铁工业能耗约占工业总能耗的23%,钢铁工业是能源消耗大户。钢铁生产流程主要分为两种:以铁矿石为主要原料的长流程联合钢厂和以废钢为主要原料的短流程电炉钢厂。长流程工序通常包括烧结、炼焦、高炉等高耗能装备,其能耗要显著高于短流程钢厂,我国长流程钢铁生产占钢铁生产的80%以上。长流程钢铁生产中的主要工序有炼焦、烧结、高炉、转炉、精炼、热轧、冷轧等。辅助生产环节包括供电、供水、排水、燃气、热力、通风除尘、生活设施、运输、建筑等。

近年来我国钢铁工业节能工作取得显著成绩,吨钢综合能耗、各工序能耗逐年下降。2013年全国重点钢铁企业吨钢综合能耗、焦化、烧结、高炉、转炉、轧钢工序能耗和吨钢耗新水指标与2012年相比均有不同程度的下降。部分钢铁企业的部分能耗指标已达到或接近国际先进水平,特别是吨钢新水的指标创出历史最好水平,19家企业吨钢耗新水指标低于 3 m³/t[1]。图1.1所示为2013年我国一些重点企业吨钢综合能耗对比情况[2]。

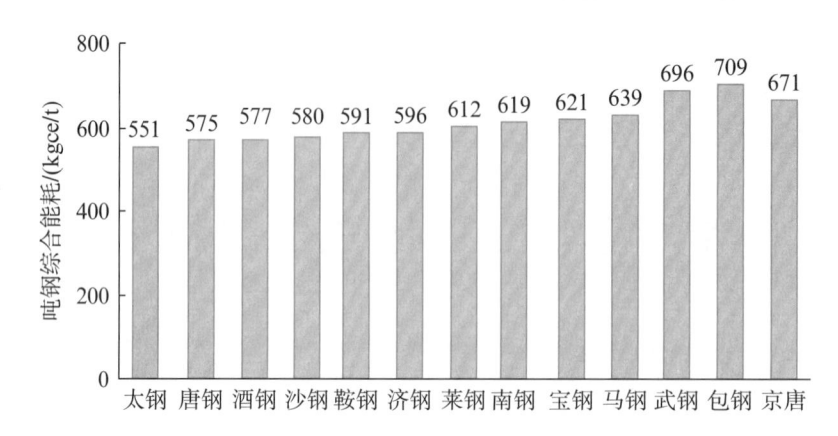

图 1.1 吨钢综合能耗对比情况

1. 太钢——太原钢铁集团公司;2. 唐钢——唐山钢铁集团公司;3. 酒钢——酒泉钢铁集团公司;
4. 沙钢——江苏沙钢集团公司;5. 鞍钢——鞍山钢铁集团公司;6. 济钢——济南钢铁集团公司;
7. 莱钢——莱芜钢铁集团公司;8. 南钢——南京钢铁集团公司;9. 宝钢——宝山钢铁集团公司;
10. 马钢——马鞍山钢铁公司;11. 武钢——武汉钢铁集团公司;12. 包钢——包头钢铁集团公司;
13. 京唐——首钢京唐钢铁公司

在钢铁企业生产过程中,不仅消耗炼焦煤、动力煤、焦炭、燃气、油等各类燃料,也需要消耗水、电、蒸汽等其他能源介质。受区域环境、流程、装备等不同影响,每个钢铁企业实际消耗外购能源各有不同,图1.2所示为某长流程钢铁联合企业实际消耗的外购能源种类及其比例。

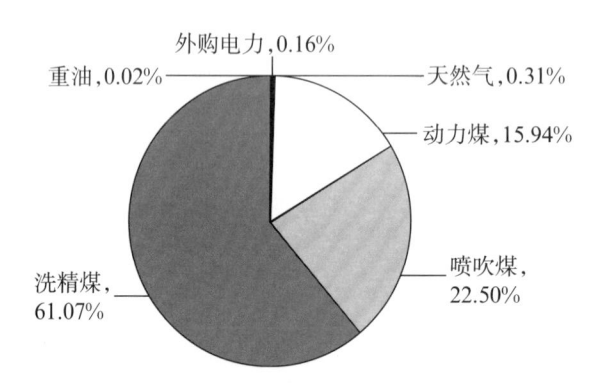

图 1.2 某长流程钢铁联合企业实际消耗的外购能源种类及其比例(后附彩图)

1.2.2 先进钢厂能耗状况

通过对国内外大型钢铁企业工序能耗指标比较分析显示[3,4],国内钢铁企业平均能耗与国外发达国家相比还有很大差异。以高炉为例,国外先进企业的高炉焦比已达到300 kg/t以下,燃料比小于500 kg/t。我国重点钢铁企业的入炉焦比为426 kg/t,部分其他企业为488 kg/t,燃料比为560 kg/t左右。我国高炉工艺的能耗(标准煤)比世界先进水平高出

60 kg/t左右。

如果以国内最先进的钢铁企业宝山钢铁集团公司(简称宝钢)与全球最具竞争力的钢铁企业韩国浦项钢铁公司(简称浦项)相比,能耗指标总体相当,铁前工序宝钢更占优势,而浦项在后续工序中能耗更占优势。表1.2显示了某年度宝钢与浦项主要工序能耗对比结果。

表1.2 某年度宝钢与浦项主要工序能耗对比表 (单位:kgce/t)

企业名称 \ 工序能耗	烧结	炼焦	高炉	转炉	电炉	焙烧	热轧
宝钢	57.6	92	401.8	−4.3	176.3	154	76.1
浦项	55.5	181	438.3	−4.2	170.3	132	65.8

1.2.3 主要高温热工装备能耗比重

钢铁生产过程包含了高温多相反应、加热等过程,每个工序均需通过高温热工装备来实现。主要高温热工装备包括炼铁(主要是高炉、焦化和烧结)、炼钢(主要是转炉和电弧炉)以及轧钢(主要是热轧)等环节中的高温冶金炉窑。某大型长流程钢铁联合企业能耗统计数据表明,其炼铁三大工序能耗总和约为长流程钢铁企业总能耗的70%,这三大工序中主要能耗均由主体热工装备消耗所致。图1.3所示为该长流程钢铁企业各工序能耗占比情况。

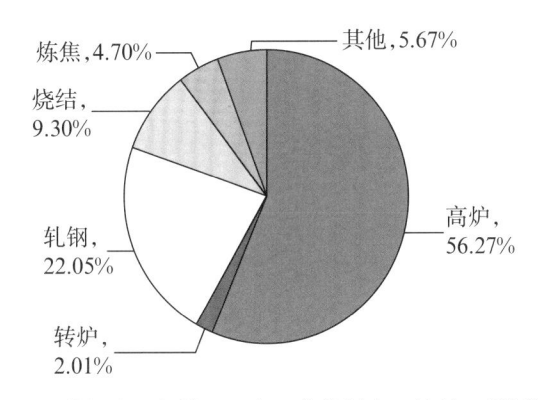

图1.3 某长流程钢铁企业各工序能耗占比情况(后附彩图)

第 2 章

钢铁工业高温热工装备能效分析与节能技术发展趋势

2.1 高温热工装备界定与内涵

钢铁高温热工装备包括各类冶炼反应、能源转换、能量交换装备。具体包括焦炉、烧结、高炉及热风炉、炼钢(转炉、电炉、精炼炉、钢包等)、轧钢炉窑、公辅热工设备(余热锅炉、燃气锅炉、汽轮发电机组、高炉炉顶煤气余压透平发电装置、燃气蒸汽联合循环发电机组、换热器、燃烧、耐火材料)。新装备、新工艺不纳入本书高温热工装备节能技术范围,仅进行部分简要描述,例如,薄板坯连铸连轧芯片级封装(Chip-Scale Package, CSP)、双辊薄带铸轧TRC、熔融还原等;另外,余热锅炉等公辅热工装备为共性技术,相关内容纳入到各主体工艺装备中,不再单独成章进行阐述。

2.2 主要高温热工装备能效分析

2.2.1 焦炉能效分析

焦炉工艺是将煤在隔绝空气(防止氧化)的条件下被加热到 1 000～1 100℃持续 14～24 小时,以去除挥发性物质并获得焦炭。焦炭产量从 2005 年的 25 412 万吨增长到 2014 年的 47 691 万吨,焦化产业的持续较快增长满足了钢铁工业持续发展对焦炭数量和质量的需求,同时提供了充足的优质气体燃料——焦炉煤气,也满足了铁合金、电石、化肥、有色工业和机械制造等行业对焦炭的需要。表 2.1 列出了 2005 年以来我国的焦炭产量[5]。

表 2.1 2005 年以来我国的焦炭产量 (单位:万吨)

年份	2005	2006	2007	2008	2009	2010	2011	2012	2013	2014
焦炭	25 412	29 768	33 554	32 700	35 510	38 757	42 779	44 053	47 635	47 691

2012 年全国重点统计的 95 家焦化企业的焦化工序能耗平均为 124.31 kgce/t,排在前三位的低能耗企业是湘潭钢铁集团有限公司(简称湘钢)、福建省三钢集团有限公司(简称三钢)和广西柳州钢铁集团有限公司(简称柳钢),能耗分别为 71.47 kgce/t、75.21 kgce/t 和

80.07 kgce/t；能耗低于 100 kgce/t 的焦化企业有 24 家,高于全国平均值的有 49 家。全国 50% 的焦化企业的焦化工序能耗低于平均水平,能耗最高值达到 214.10 kgce/t。根据国家环境保护总局发布的《清洁生产标准-炼焦行业》中资源利用指标对比[6],国内先进水平为工序能耗小于 170 kgce/t、吨焦耗新水量小于 3.5 m³/t、吨焦耗蒸汽量小于 0.25 kg/t、吨焦耗电量小于 35 kW·h/t。焦化工序能耗主要包括吨焦耗干煤、炼焦耗热量、电能等,研究表明,炼焦工序理论极限最低能耗约为 68.24 kgce/t[7]。根据中国炼焦协会 2012 年年报统计,255 家焦化企业平均能耗相关指标有小幅改观,如表 2.2[8] 所示。

表 2.2 2012 年与 2011 年部分焦化企业平均能耗指标对比

项目	2012 年均值	2011 年均值	对比
炼焦耗热量/(kgce/t)	82.78	83.20	降低 0.42
工序能耗/(kgce/t)	124.31	124.91	降低 0.60

根据某钢铁企业的焦化工序的能耗分析[8],在输入端有物料和能源输入,在生产工序设备内部,物料在能量的驱动和作用下,发生一系列物理化学变化,在输出端生成期望的产品和其他物质,并有不同形式的二次能源输出(图 2.1)。从图 2.1 中可获知该厂焦化工序生产吨产品所需消耗的物料和能源种类及数量以及回收的物料和二次能源的种类及数量。

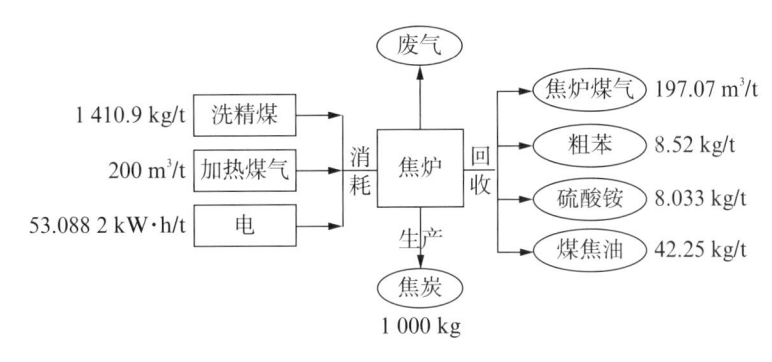

图 2.1 焦化工序的物料与能源利用

焦炉主要节能技术有以下几种。

1. 干熄焦技术

干熄焦技术用于回收红焦显热,可降低炼焦工序能耗 35～40 kgce/t,具有显著的节能效果。干熄焦技术节能收益预测[9]：可回收约 80% 的红焦显热,平均每熄 1 t 红焦可回收 3.9 MPa、450℃ 中压蒸汽 0.45～0.58 t,采用全凝机组发电,平均每熄 1 t 红焦可净发电 95～105 kW·h,近年来干熄焦技术得到了持续提升。同时,采用干熄焦技术后可改善焦炭质量,降低高炉焦比。截至 2014 年年底,我国投产运行干熄焦装置 177 套,干熄焦炭能力达到 1.93 亿吨/年,占全国机焦总产能的 36%。其中钢铁企业焦化厂中约 90% 的焦炉已配套建设了干熄焦装置。

2. 煤调湿技术

煤调湿技术是一项基于煤干燥技术发展起来的炼焦煤预处理技术[10]。据相关资料显示[11],煤料含水量每降低 1%,炼焦耗热量就减少 62 MJ/t 干煤,采用煤调湿技术后,煤料水分如果从 10% 降低至 6%，即炼焦耗热量可节省约 248 MJ/t 干煤，折合约 8.5 kgce/t 干煤[12]。炼焦能耗的降低主要源自于入炉煤含水量降低后，可节约大量水分升温耗热及蒸发潜热，同时因采用煤调湿技术后炼焦时间缩短，还可减少焦炉散热损失。

3. 捣固焦技术

我国捣固焦炉[13,14]大型化飞速发展，捣固炼焦技术与装备已达到国际先进水平，采用捣鼓焦技术可提高效率，并减少吨焦工序能耗 1.3 kgce/t。

4. 焦炉处理废塑料技术

图 2.2 为焦炉处理废塑料技术工艺流程[15]，废塑料经过预处理，先将废塑料粉碎、去除杂质、制成粒状后送往焦化厂，与煤混合后装入焦炉，在大约 1 200℃和无氧状态下还原干馏。废塑料在焦炉内热分解后，生成的焦炭约为 20%，焦油和粗苯约为 40%，煤气约为 40%[15]。配合煤掺混废塑料炼出的焦炭用于高炉炼铁等，油化物用作塑料等的化学原料，焦炉煤气净化后用于发电。新日本制铁（简称新日铁）公司截至 2007 年，已经拥有 25 万吨/年的处理能力，约占日本全国处理废塑料总量的 40%[16]。2010 年新日铁公司计划处理废塑料达到 35 万吨/年。首钢集团（简称首钢）开展焦炉废塑料资源化利用与无害化处理，研究结果表明可减少焦化废水 10%~20%，节约炼焦能耗 1.3 kgce/t。

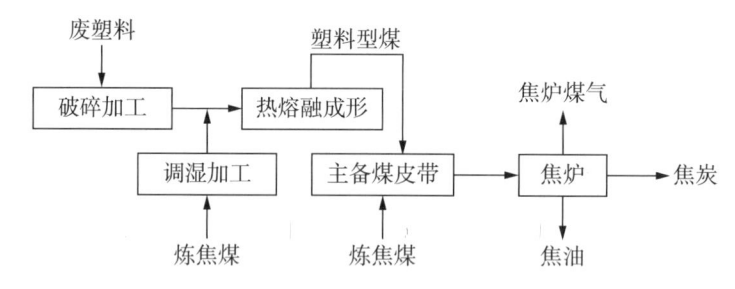

图 2.2 焦炉处理废塑料技术工艺流程

5. 焦炉自动控制技术

采用焦炉自动化技术，不仅可以节约人工劳动强度，还能降低炼焦工序能耗约 10%。例如，邯郸钢铁集团有限责任公司（简称邯钢）实施计算机加热自动控制后，每吨焦炭高炉煤气消耗降低了 35 m³ 以上，每年可节约高炉煤气 7 000 万立方米，折合标准煤约 8 000 t，并达到了延长焦炉寿命、改善焦炭质量的目的[17]。

6. 荒煤气显热的回收利用

在焦炉炼焦同时，约有 36% 的热量是由温度达 700~750℃的高温荒煤气被带出炭化室而引起的。为满足后续工艺的要求，高温荒煤气必须喷洒 65~70℃循环氨水来降温（1 t 装炉煤需 5~6 t 循环水降温），使荒煤气温度降至 80~100℃，造成热能损失[18]。荒煤气含有焦油等大量复杂化工物质，导致焦炉荒煤气余热回收与高温熔渣余热利用、800℃以下转炉煤气显热利用同时被列入钢铁行业高温余热利用的三大技术难题，荒煤气余热回收成为炼焦行业节能减排的研究热点。

7. 烟道废气余热回收

山西太化焦化厂某座焦炉烟道废气温度约 280℃、排放量约 14×10⁴ Nm³/h。采用热管锅炉回收废气余热来生产过热蒸汽，年可回收 0.8 MPa 过热蒸汽 6.9 万吨，节约锅炉加热用

煤气 1 100 万立方米,吨焦综合能耗降低 10 千克标准煤。同时 CO_2、SO_2、NO_2 排放量明显减少,达到了减少废气排放、改善大气环境、降低能源消耗和提高经济效益的目的。图 2.3 展示了整个焦化炉工序过程中,主要新技术及其节能潜力。

图 2.3 焦炉主要新技术及其节能潜力

2.2.2 烧结能效分析

烧结是钢铁生产工艺中的一个重要环节,它是将铁矿粉等原料(燃料、熔剂、返矿及含铁生产废料等)按一定比例经过配料,混合与制粒,经烧结形成具有足够强度和粒度的烧结矿,其可作为高炉炼铁的熟料。烧结过程中,点火炉内温度通常为 1 300～1 480℃[19],理论极限能耗约 40.95 kgce/t[7]。

2012 年全国重点钢铁企业烧结工序能耗为 50.60 kgce/t,比 2011 年下降 1.43 kgce/t[20],企业最高能耗值达 68.41 kgce/t,其中重点钢铁企业烧结固体燃耗为 53 kg/t。烧结工序能耗主要包括固体燃料、电力、煤气等。根据某钢铁企业的烧结工序能耗分析,在输入端有物料和能源输入,在生产工序设备内部,物料在能量的驱动和作用下,发生一系列物理化学变化,在输出端,生成期望的产品和其他物质,并有不同形式的二次能源输出,如图 2.4 所示。

烧结主要节能技术如下。

1. 烧结余热回收(发电)技术

钢铁企业烧结工序的能耗仅次于炼铁工序。我国烧结工序的能耗与先进国家相比有较大差距。在烧结工序总能耗中,有近 50% 的热能以烧结机烟气和冷却机废气的显热形式排入大气,既浪费了热能又污染了环境。烧结余热(发电)是一种通过余热锅炉回收烟气/废气显热产生蒸汽进行发电的技术[21,22]。2009 年年底,全国已建成 10 套烧结余热发电机组,共

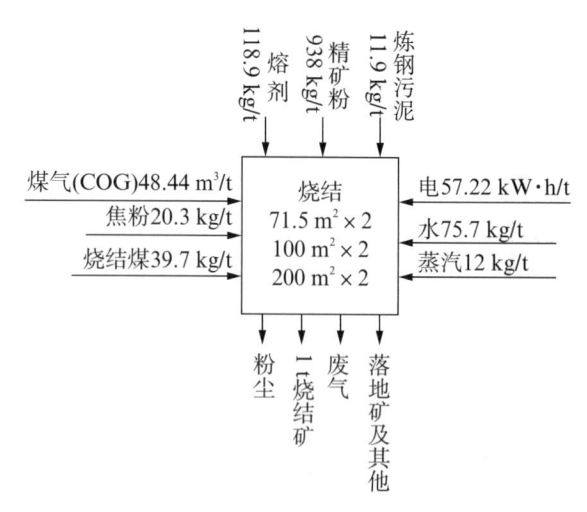

图 2.4 烧结系统的物料与能源利用

涉及 19 台烧结机,烧结机面积共 4 849 m²。烧结余热发电技术在国内的应用也不断成熟,全套设备实现国产化,且建设投资得到了有效控制[23]。

从实现能源梯级利用的高效性和经济性角度分析[24],余热发电是最为有效的余热利用途径,平均每吨烧结矿产生的烟气余热回收可发电 20 kW·h,折合吨钢综合能耗可降低 6.4 千克标准煤。如果按年回收电力 206×10⁶ kW·h 来计算[25],每年可为国家节约 80 340 吨标准煤,减排 177 440.6 t 二氧化碳,社会环保效益十分明显。烧结机余热发电系统可以解决烧结厂很大部分的电力需求,可大大降低生产成本。

2. 减少漏风率

减少烧结厂的漏风情况可以降低风机功率消耗 2.7～3.6 kW·h/t(0.37～0.47 kgce/t)[26]。烧结过程漏风是目前国内钢铁联合企业烧结工艺面临的难点问题之一。烧结过程漏风率占其总风量的 30%～70%,而国外先进水平在 30% 左右,国内大多数企业在 50% 以上。大量漏风不仅影响电耗,而且对整个烧结过程都将产生不利影响。抽风机是烧结系统耗电的主要设备,占烧结过程总电量的 70%～80%。宝钢 3 号烧结机利用分区段测试方法测定了烧结机漏风率为 37.96%,通过采取系列措施对烧结机实施了减漏,使漏风率明显下降,如表 2.3 所示[27]。可以看出,漏风率下降了 8.93%,有效风增加 1 395.61 Mm³/min,生产率增加 1.91 t/(m²·d),固体燃耗下降了 3.71 kg/t,电耗下降 0.59 kW·h/t。

表 2.3 宝钢 3 号烧结机降低漏风率取得实际生产效果

项目	漏风率/%	有效风/(Nm³/min)	生产率/(t/(m²·d))	焦炭/(kg/t)	电耗/(kW·h/t)
减漏前	37.96	18 925.12	32.16	53.04	16.16
减漏后	29.03	20 320.73	34.07	49.33	15.57

3. 降低点火热耗

烧结厂点火温度控制在 1 050 ℃ 左右较合理,点火时间要根据点火温度来确定,温度低时延长点火时间,温度高时降低点火时间,以保证适宜点火强度来降低点火能耗。降低点火

热耗可以采用新型点火保温炉[28]。点火炉的结构、点火器的形式与烧结料面的点火质量、点火能耗有很大的关系。合适的点火温度既能把台车上的混合料点燃,又不使表面过熔[29]。

4. 烧结自动化

逻辑控制、PID控制理论以及集散控制系统已经广泛地应用于烧结行业的设备控制中[30],例如,太原钢铁(集团)有限公司(简称太钢)烧结厂从配料到烧结生产都应用了很多较先进的控制理论,在当今烧结行业已位居前列。某炼铁厂[31]自动化系统自投入运行后10个月内,烧结车间整体作业率提高0.89%,从而减少了能源消耗。

5. 热风烧结技术

热风烧结技术是国内外学者于20世纪90年代开展的均质烧结技术相关研究中的一项重要的工艺组成。热风烧结技术[32,33]的工艺机理在于利用烧结矿热废气的物理热来替代部分固体燃料的燃烧热,使料层温度分布更加均匀。该技术方法是将带(环)冷热废气用高温风机抽出并输送到点火炉后部的保温段,用于热风烧结和料层保温,其工艺机理在于利用烧结矿热废气的物理热来替代部分固体燃料的燃烧热,使料层温度分布更加均匀。不仅节约了能源,而且还能提高烧结料层的氧位和改善料层上部供热不足的状况,延长高温保持时间,促进铁酸钙的形成,提高成品率,并具有改善表层烧结矿强度的作用,其适合温度通常为200～300℃。

综上所述,烧结新技术及其节能和回收能效如图2.5所示。

图 2.5 烧结节能潜力

2.2.3 高炉能效分析

高炉冶炼是将炉料从炉顶装入炉内,从风口鼓入1 000～1 300℃热风,炉料中焦炭在风口前燃烧,产生高温和还原性气体,在炉内上升过程中加热缓慢下降的炉料,并还原铁矿石中的氧化物为金属铁。某钢铁厂高炉热支出主要用于入炉料中氧化物的分解和脱硫反应,占热量总输出的67.74%;其次是铁水带走的热量,占热量总输出的11.8%;高炉渣带走的热量占5.69%;煤气带走的热量占4.39%;冷却水及炉体的散热损失占3.95%。由于高炉炉顶设备的原因,需要在一定温度时打水降温,因此这部分水也带走一部分热量,占热量总输出的 2.75%[34,35]。图 2.6 显示了某钢厂 3 200 m³ 高炉热量平衡示意图。

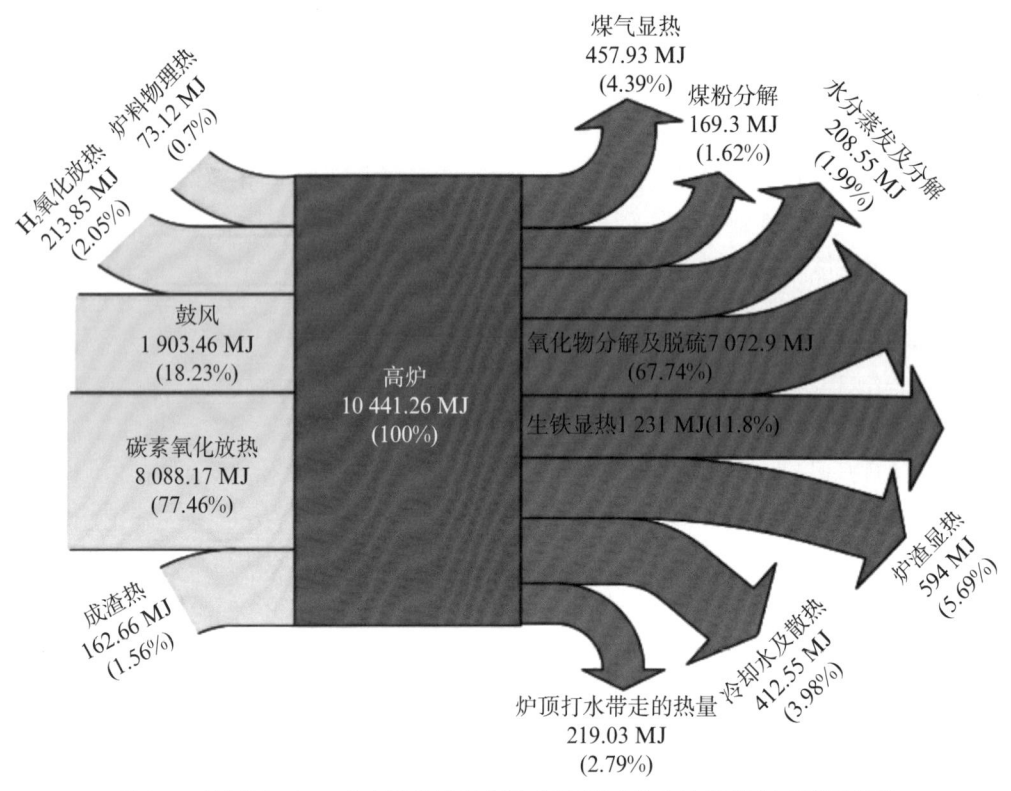

图 2.6　某钢厂 3 200 m³ 高炉热量平衡示意图(以吨铁为计算基准)(后附彩图)

考虑铁矿中存在脉石矿物的还原以及焦炭中灰分的影响,计算出来的高炉极限工序能耗为 10 421 MJ/t,即 355.59 kgce/t。

高炉炼铁生产过程消耗能量:燃料(焦炭、煤粉)消耗 75%,动力(鼓风、蒸汽、压缩空气、氮气、氧气) 10%～11%,电力消耗 7%～10%。炉渣处理用电和水,冲渣水余热要进行回收利用。

高炉系统主要节能技术有以下几种。

1. 喷煤技术

喷煤是将大量煤粉喷入高炉的工艺。该技术是指通过高风温、富氧鼓风,从而降低高炉焦比,降低生铁成本。喷煤的最大量约为 0.27 t/t。使用富氧喷煤,喷煤量可增加约 20%,并可相应减少焦炭消耗量[36]。如果喷煤比为 170～200 kgce/t,现代高炉就可实现 286～320 kgce/t 的较低焦比,宝钢高炉喷煤比曾超过 220 kgce/t。虽然喷煤会增加额外供氧、高炉维护和磨煤费用,但是减少了焦炭生产/采购成本,降低了总体操作和维护的费用,所以二者费用可以大体相抵。

2. 高炉炉顶煤气余压发电(TRT)技术

由于多数高炉运行时有高压风,因此炉顶煤气压力仍高达 3 bar(1 bar=100 kPa),温度约为 200℃。该高压煤气可用于涡轮机发电[37]。吨铁 TRT 可生产 15～50 kW·h/t 的电量,其输出电量可满足全部高炉设备(包括鼓风机)30%以上的电力需求。从 TRT 系统排出的高炉煤气仍可用作其他钢铁工艺的燃料。TRT 系统分为干式和湿式。干式 TRT 系统用水和用电量相对较少,通常可多生产 25%~30% 的电力,因此干式系统被认为更具经济价值。

3. 高炉煤气回收利用

通常高炉生产 1 t 生铁同时可产出 1 200~2 000 Nm³ 的高炉煤气,其中一氧化碳含量 20%~28%、氢气含量 1%~5%,折合能量约 5 GJ/t 生铁,约占高炉工序总能耗的 30%,通过回收、清洗和储存高炉煤气后可将其用作燃料或用于发电。高炉煤气的热值会有所变化,但通常较低(为 2.7~4.0 MJ/Nm³,取决于一氧化碳的浓度)。因此,高炉煤气使用前要混合焦炉煤气或天然气进行富化。

4. 全烧高炉煤气电站锅炉技术

钢铁企业生产过程中副产品煤气的能量占企业总能量的 30%~40%,其中高炉煤气占副产煤气总能量的 60% 以上。高炉煤气具有热值低、不易着火、燃烧不稳定等缺点,致使高炉煤气大量释放,造成能源浪费和环境污染。钢铁行业通过发展全烧低热值煤气高温高压锅炉技术,有效地解决了高炉煤气放散问题,实现低热值煤气的回收与利用。

5. 自动控制技术

通过改进高炉过程控制,可优化系统操作条件,提高铁水质量并降低能耗和运行成本。现代过程控制专家系统可连续监控高炉中的某些参数,并通过采用不同过程模型(包括炉料控制、炉料分配、质量和能量平衡、硅预测和动力过程模型),计算和诊断出过程扰动。之后,高炉过程控制系统会给出相关建议或补救措施,如修改还原剂比率或更改炉料分配。当前第三代控制系统比前两代系统又有进一步的改良。

6. 高炉渣显热利用技术

在现代高炉中,生产 1 t 生铁可产生 0.25~0.30 t 的液态炉渣,温度约为 1 450℃。目前,已有多项高炉渣余热回收系统方案。由于在安全、可靠的能效系统的开发过程中存在诸多技术困难,因此尚未得以商业化应用,仍处于科研阶段。

7. 提高风温技术

可以使用各种技术提高热风温度[38],包括燃料预热,同时将冷风管线和废气烟道做绝热处理。该技术的可行性取决于废气的温度,例如,在废气温度低于 250℃ 时,从技术或经济角度来讲,进行热回收可能不是一个很有吸引力的选择。在某些情况下,如果距离合适,可以利用厂内其他余热,如烧结矿冷却机的热量。使用热介质回收余热并用来预热燃料,可以降低能耗。当热风温度维持在 1 000~1 200℃ 时,温度每上升 100℃,焦比降低 2.8%。

8. 热风炉的余热回收技术

热风炉能耗通常约为 3 GJ/t(102.4 kgce/t),约占炼铁能量需求的三分之一,占钢铁联合企业总能耗的 10%~20%。回收热风炉烟道气中的热量(温度通常约为 250℃)用于热风炉的燃料和/(或)空气的预热,可以提高热风炉的效率,可以减少天然气或高热值煤气的需求并降低成本,也可将热风炉总体效率提高 8%。从热风炉中回收的热量还可用于预热高炉鼓风,或为附近的锅炉和其他加热系统中使用的煤气和(或)助燃空气进行加热。图 2.7 为高炉新技术及其节能潜力图。

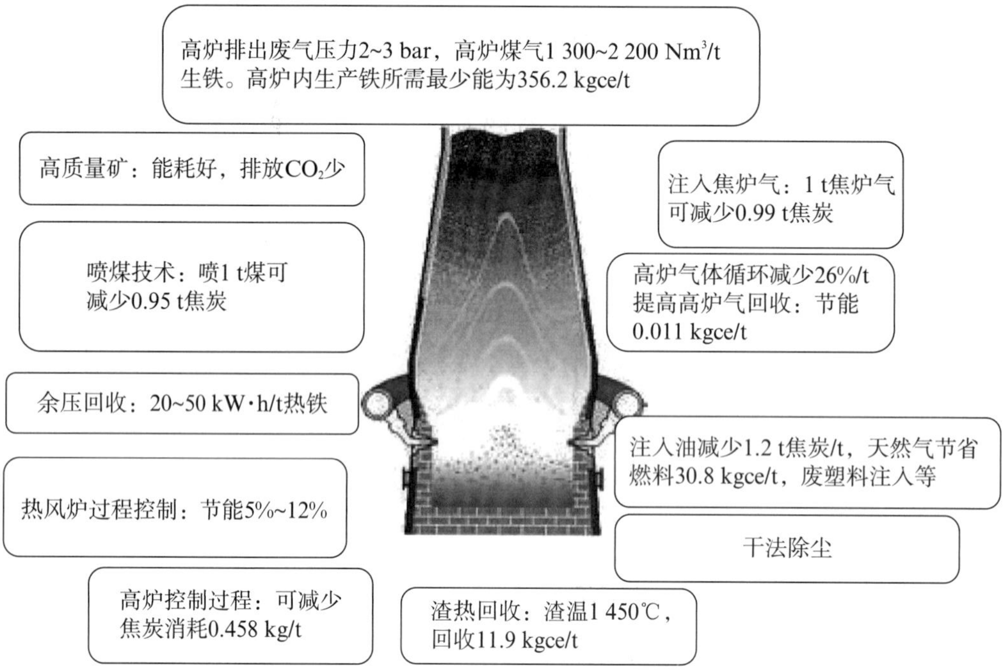

高炉排出废气压力2~3 bar，高炉煤气1 300~2 200 Nm³/t生铁。高炉内生产铁所需最少能为356.2 kgce/t

高质量矿：能耗好，排放CO_2少

喷煤技术：喷1 t煤可减少0.95 t焦炭

余压回收：20~50 kW·h/t热铁

热风炉过程控制：节能5%~12%

高炉控制过程：可减少焦炭消耗0.458 kg/t

注入焦炉气：1 t焦炉气可减少0.99 t焦炭

高炉气体循环减少26%/t提高高炉气回收：节能0.011 kgce/t

注入油减少1.2 t焦炭/t，天然气节省燃料30.8 kgce/t，废塑料注入等

干法除尘

渣热回收：渣温1 450℃，回收11.9 kgce/t

图 2.7　高炉节能潜力

2.2.4　转炉能效分析

转炉炼钢注入高温铁水，并通入氧气，加入一定量的生石灰，液态生铁表面剧烈的反应，使铁、硅、锰氧化（FeO、SiO_2、MnO）生成炉渣，利用熔化的钢铁和炉渣的对流作用，使反应遍及整个炉内，炉内铁水温度为1 600~1 650℃。转炉工序重点节能技术包括转炉煤气回收和转炉蒸汽回收等[39-42]。转炉炼钢生产中消耗的能源介质主要有电能和各种燃气，此外，转炉炼钢过程中使用的冷却水、氧气、氮气、氩气和压缩空气也是能量的载体，转炉工序中结构能耗消耗[43-46]中电力、氧气占主导地位，其他能源占的份额较少。表2.4为国内部分重点钢厂转炉工序能耗及其余能回收情况。

表 2.4　部分钢厂转炉工序能耗回收统计　　　　　　　　　　（单位：kgce/t）

指标 单位	蒸汽回收	煤气回收	能源回收	工序能耗	全国平均能耗
酒泉钢铁集团有限责任公司	9.35	13.92	23.27	7.79	16.10
马鞍山钢铁股份有限公司	5.82	14.51	20.33		
鞍山钢铁集团公司	6.03	11.59	17.62		
武汉钢铁集团公司第一炼钢厂	10.77	17.90	28.67		
武汉钢铁集团公司第二炼钢厂	8.43	17.53	25.96		
武汉钢铁集团公司第三炼钢厂	9.96	22.03	31.99	−4.7	
重庆钢铁有限责任公司	9.05	7.15	16.20		
宝山钢铁集团公司第一炼钢厂	35.8	9.81	45.61	−6.49	

续表

指标 \ 单位	蒸汽回收	煤气回收	能源回收	工序能耗	全国平均能耗
中国中钢集团公司	—	8.745	—		
莱芜钢铁集团有限公司				−0.77	
马鞍山钢铁股份有限公司				−0.6	
武汉钢铁集团公司第四炼钢厂		10.126		−5.43	
杭州钢铁集团公司	31.219	−10.14	21.079	−1.9	
邯郸钢铁集团第一炼钢厂	70	9	79	18.41	
邯郸钢铁集团第三炼钢厂	112	10	122	32.86	

转炉主要节能技术有以下几种。

1. 煤气回收利用

转炉吹氧中期，炉气温度达 1 200℃，煤气 CO 含量可达 30%～90%，炉气热值达到 8.8 MJ/Nm³ 可以作为转炉煤气回收利用。吨钢煤气回收量达到 100～120 Nm³/t，转炉半干塔文法可以提高煤气回收量 10 Nm³/t。

2. 蒸汽回收利用

转炉煤气温度在 1 450～1 550℃，通常采用汽化冷却烟道式废热锅炉冷却到 900～1 000℃ 回收生产蒸汽。衡量蒸汽回收水平的指标也有两个：一是吨钢回收蒸汽量，用 kg/t 表示；二是蒸汽压力。目前，转炉蒸汽回收量和压力差别都很大，先进的回收量达到 100 kg/t 以上，压力可达 2.5～4 MPa。

3. 除尘电耗

我国传统"OG"湿法转炉除尘合计电耗约 15 kW·h/t（其中一次除尘 7～8 kW·h/t，二次除尘 7～8 kW·h/t）。新一代"OG"法空心洗涤塔阻力降低，可以节电 1～2 kW·h/t。干法最大的优点是阻力最小，可以节电 3～4 kW·h/t。

转炉炼钢生产中消耗的能源介质主要有电能和各种燃气。此外，转炉炼钢过程中使用的冷却水、氧气、氮气、氩气和压缩空气也是能量的载体，冷却水、氧气、氮气、氩气和压缩空气的消耗也是能耗的一种体现方式。表 2.5 为部分钢厂转炉炼钢工序能源消耗[43-46]。表 2.6 为某转炉工序中结构能耗消耗[43-46]。图 2.8 为转炉节能潜力图。

表 2.5 部分钢厂转炉炼钢工序能源消耗

项目 \ 单位	电力/(kW·h/t)	水/(t/t)	氧气/(m³/t)	氩气/(m³/t)	蒸汽/(kgce/t)	氮气/(kgce/t)
宝山钢铁集团公司	34.3	0.5	53.6	0.8	1.2	−0.1
鞍山钢铁集团公司	25.6	0.2	55.8	0.6	0.4	
武汉钢铁集团公司	16.9	8.4	45.1	1.2	0.4	
马鞍山钢铁股份有限公司	13.6	2.1	56.2	0.2		
邯郸钢铁集团公司	29.56	0.9	59.08	0.73		−12.51
杭州钢铁集团公司	64.029	1.24	57.75	0.92		52.13

表 2.6 某转炉工序不同能源消耗占比情况

项目	数值	折标煤	所占比例
氧气	49.48 m³/t	4.93 kg	18.68%
氮气	20.34 m³/t	2.03 kg	7.69%
电力	42.96 kW·h/t	5.28 kg	20.01%
氩气	0.36 m³/t	0.05 kg	0.19%
压缩空气	20.22 m³/t	0.20 kg	0.76%
蒸汽	0.04 GJ/t	1.37 kg	5.19%
转炉煤气	33.88 m³/t	7.36 kg	27.89%
焦炉煤气	0.13 GJ/t	4.44 kg	16.82%
其他		0.73 kg	2.77%
消耗能源合计		26.39 kg	100.00%

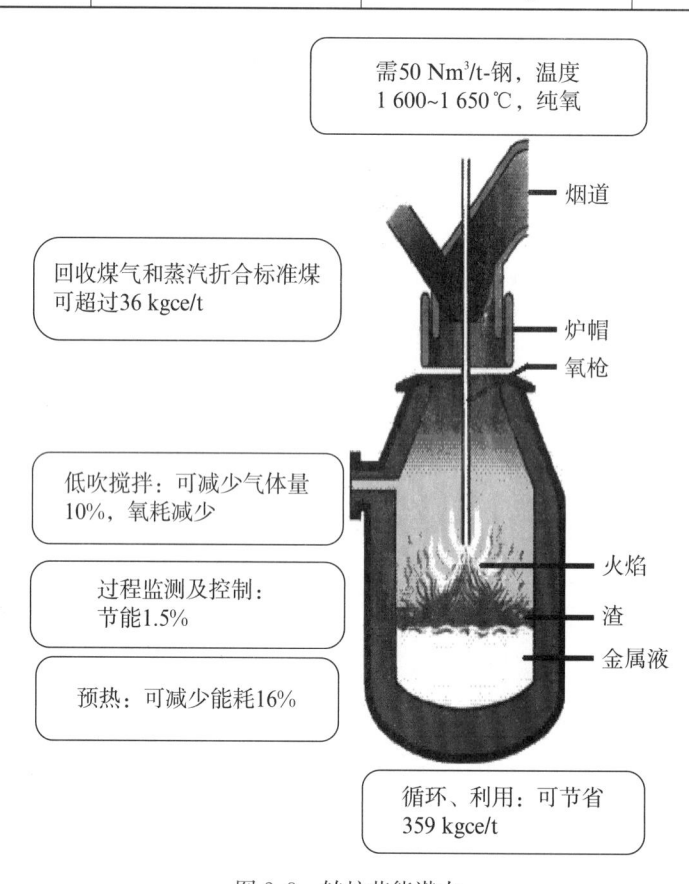

图 2.8 转炉节能潜力

2.2.5 电弧炉能效分析

电弧炉内的整个炼钢过程一般分为三个时期,即固体炉料熔化期、氧化期和还原期。利用电弧炉冶炼钢,需要原始能耗大约为 157 kgce/t。其中 89% 为电能,11% 为化石能源。

2013年上半年重点钢铁企业电炉工序能耗为63.24 kgce/t，比2012年下降4.31 kgce/t，其中最高值达170.32 kgce/t。

电炉大型化、超高功率电炉均有较好的节能效果。我国各企业电炉使用热铁水的比例差距较大(2013年上半年行业平均使用热铁水561.38 kg/t，广东省韶关钢铁集团有限公司(简称韶钢)使用热铁水为962.54 kg/t，最低的大连特殊钢有限责任公司(简称大连特钢)使用热铁水40.41 kg/t)。热铁水用量±1%，影响电耗1.2 kW·h/t，能耗0.484 kgce/t。我国电炉平均综合电耗在296.4 kW·h/t，韶钢为61.28 kW·h/t，用热铁水少的企业电耗高达803.82 kW·h/t。电炉企业之间使用吹氧喷碳的数量不一样，也造成企业之间电炉工序能耗和生产技术经济指标有较大的不可比性[47]。国外发达国家电炉炼钢普遍采用全废钢冶炼，其指标也无法与我国情况对比。

电弧炉主要节能技术有以下几种。

1. 废钢预热技术

废钢预热技术利用电弧炉余热对装料废钢进行预热以降低电弧炉(EAF)的电耗。20世纪70年代，石油危机的爆发促进钢铁行业大力开发了利用电炉烟气预热废钢技术。电弧炉炼钢工艺产生的高温烟气中含有大量的热量和化学能，随电弧炉用氧不断强化，产生大量高温烟气使热损失增加，吨钢废气带走热量超过150 kW·h/t。这是电弧炉冶炼过程中最大的能量损失，充分回收这部分能量来预热废钢铁料可以大幅度地降低电能消耗。理论上废钢预热温度每增加100℃，可节约电能20 kW·h/t。除了节约能源、降低消耗，废钢预热可缩短冶炼周期，提高生产率。因此，采用废钢预热技术是电炉炼钢的重要技术措施。目前，得到成功工业应用的废钢预热技术可以分为四种，即吊篮型、直流双壳炉型、竖炉型和康斯迪型[48]。

2. 强化供氧技术(超音速氧枪、碳氧枪、氧燃枪、二次燃烧)

随着强化用氧技术的发展[49]，在电弧炉输入能量中电能占70%，化学能只占30%，当采用强化用氧技术后电能可以降低至40%，从而可以大幅节省电能。普莱克斯喷枪技术把炉壁烧嘴引入电弧炉炼钢，每一个烧嘴都具有燃烧器、喷吹气体、一次燃烧、喷吹碳粉等功能。该技术应用的电弧炉熔炼吨位为30~200 t，烧嘴的输入能量为3~6 MW；烧嘴的喷吹能力为775~3 200 m³/h；氧气的输入量为12~46 m³/t。

3. 超高功率供电技术

超高功率供电带来的技术进步[50]主要有：超高功率电极、高性能耐材；泡沫渣技术(可节能6~8 kW·h/t)；充分利用变压器的能力，优化供电技术；电弧炉机械结构(如底出钢技术)水冷炉壁炉盖；自动化系统(如过程计算机智能控制)等。提高一个兆瓦功率，可以节省能耗1.1 kW·h/t。

4. 氧燃技术

氧燃技术可以减少电能消耗，利用氧燃料增加热传，减少热损，可节省能耗11 kW·h/t。

5. 电弧炉自动控制技术

电弧炉提高自动控制[51]，可以节省能耗30 kW·h/t；提高电网控制，可以减少14%电能的消耗，减少6%的自然气的消耗。

6. 电弧炉余热回收

电炉炼钢过程中会产生大量的高温含尘烟气(1 000~1 400℃)，烟气热量占电炉炼钢总能耗的10%以上。近年来，中国钢铁企业面临更大的节能减排压力，如何利用电炉烟气余热成为电炉技术研究的热点。电炉余热锅炉技术在国内处于初步研究、少量应用阶段,在国外也少有利用。电炉余热锅炉技术应用主要受到三个因素的影响:① 铁水比对电炉烟气量、温度有较大影响。在国外,通常采用全废钢冶炼,烟气量及其所含热量相对较小;国内有的是全废钢冶炼,有的铁水比达到70%,差异较大,对余热锅炉技术设计和应用有很大影响。② 电炉冶炼的周期性不利于余热锅炉技术的应用。针对这个问题通常采用设置蓄热器来解决。③ 电炉烟气含尘量大,具有较强的黏、细特点,不利于余热锅炉技术的应用。目前已使用的电炉余热锅炉技术主要有热管式余热锅炉、汽化冷却余热锅炉、常规余热锅炉等。2012年,我国电炉钢产量约6 800万吨,如果均采用余热回收技术,预计可节约60万~100万吨/年标准煤。

2.2.6　热轧加热炉能效分析

轧钢炉窑包括各类加热炉和热处理炉,其中热轧加热炉是其中典型炉窑。热轧加热炉余热资源分为气、固、液三大类,其中气态余热资源主要为烟气余热,约占54.7%;固态余热资源主要为炉料的显热和潜热,约占43.3%;液态余热资源主要为热水,约占2.0%。主要节能技术包括蓄热式燃烧技术、燃烧优化技术、汽化冷却技术、空煤气预热技术、烟气余热回收技术等。图2.9为加热炉主要节能技术方向。

图2.9　热轧加热炉主要节能技术方向

2.3　主要高温热工装备节能技术发展趋势

2.3.1　燃料及助燃剂预处理技术

1. 富氧燃烧

富氧燃烧的研究始于20世纪30年代,至70~80年代由于石油等能源价格飞涨,富氧燃烧因其温度高、节能显著等特点得到了重视,并在玻璃炉窑、搪瓷熔炉等设备上进行了利用并取得了良好的效果[52]。根据目前的工业利用情况,可以将富氧燃烧分为三类:助燃剂中氧浓度为 21%～30% 称为低浓度富氧;氧浓度为 30%～95% 为高浓度富氧;而氧浓度为 95%～100% 则可近似地认为是纯氧燃烧。富氧燃烧是将助燃剂中的氧气含量提高,通过减少 N_2 的含量来减少烟气带走的热损失、提高理论燃烧温度、增加热设备的产量,并且可以通过富集烟气中的 CO_2 来降低对其的捕集能耗。当然,富氧燃烧也会带来一些问题:燃烧火焰温度过高,会引起燃烧器喷嘴以及烧嘴砖的损坏,有时会促进 NO_x 的生成;炉内气体流量的减少,炉内气体的质量流量减少会造成炉内温度不均匀性增加,同时也降低了炉内的有效换热速率。由此可知,合理的富氧(纯氧)燃烧器的设计,一方面需要很好地利用富氧燃烧所带来的优点,另一方面也需要尽量地减弱或避免其所带来的问题。

2. 助燃剂的富氧处理

助燃剂中的氧浓度对燃料燃烧过程中的各基元反应的平衡状态有较大的影响,其浓度的变化可以改变产物中各成分的浓度及温度;同时,助燃剂中氮气含量的变化改变了燃料的可燃极限、火焰传播速度、吹熄速度等关键参数。

富氧燃烧是将助燃剂中的氧气含量提高,来减少烟气带走的热损失、降低 CO_2 对其的捕集能耗。

3. 燃烧技术

1) 蓄热式燃烧技术及蓄热加热炉设计

蓄热燃烧技术[53-65]是 20 世纪 90 年代初燃料燃烧领域中诞生的一项全新技术,已经证明能够显著降低 CO_2 和 NO_x 的生成和能源的消耗,能减少 30% 的能源消耗(同时也减少了 CO_2)、50% 的污染物和 25% 的设备尺寸。在日本、美国及欧洲等发达国家和地区已得到广泛应用,蓄热式加热炉的优化设计最早的实施案例是日本钢管公司(NKK),NKK 于 1996 年在福山制铁所第一热轧车间 3 号加热炉上把蓄热燃烧技术全面应用于大型连续加热炉,在世界上首次解决了低 NO_x 燃烧和节能之间的矛盾。

蓄热燃烧技术核心是蓄热体技术,该技术的节能效果取决于蓄热体热交换的成败。以往对于蓄热体技术的研究,主要针对材质选择和结构设计,对于蓄热体投用后的状态没有进行过研究。装有蓄热体的蓄热室是一个随时间在不断变化的设备,同时蓄热体也是一个损耗件,由于缺乏对蓄热室进行有效的监测手段,一旦蓄热室堵塞容易导致换热失效,甚至影响加热炉运行。因此实现蓄热室的在线监测将为炉子设计、烧嘴调节、蓄热室更换提供最有力的技术手段。随着 20 世纪 90 年代后期新技术的发展为蓄热室性能在线检测提供了有效解决以上问题的手段。

2) 无焰(多孔介质)燃烧技术(定向加热技术)

近年来,在燃烧研究领域中,无焰燃烧技术越来越多地受到人们的青睐,其特点是气体混合物在一种既耐高温、导热性能又好的特殊多孔介质材料里完成燃烧,炉子内部没有火焰,加热物体不是靠火焰,而是靠加热高温介质和温度均匀的烟气的辐射热。

无焰燃烧新技术是继第一代常规气体燃烧技术、第二代蓄热燃烧技术之后,国际最新的第三代气体燃烧技术,具有较高的加热能力,且氮氧化物排放低。国际上也是从 20 世纪 90 年代初开始大规模研究,该技术具有燃烧速率高、火焰稳定性好、燃烧极限宽、污染物排放低、燃烧器体积小、负荷调节范围广等诸多优点,广泛应用于动力工程、化学工艺等领域。无焰燃烧技术不仅可以代替原来常规的燃烧器获得更为优越的效果,还可以在原来常规燃烧装置无法应用的场合使用,开辟了新的燃烧技术应用领域,具有极好的应用前景和现实意义。

3) 工业炉气氛控制燃烧技术

工业炉窑在燃烧过程中控制燃料和空气的合理配比是保证燃料转化效率的最重要的措施。长期以来由于缺乏有效的直接检测手段导致工业炉长期运行在非最佳配比情况下,造成能源浪费、氧化烧损高、污染大等问题。远程氧控制技术(Remote Oxygen Monitor Technology,ROMT)通过专有技术实现了检测燃烧区残氧量的突破,在此基础上实现了对空气过剩系数的连续检测,通过操作人员或燃烧控制系统的调节,实现了空气过剩系数的高精度运行[66-75],提高了燃烧效率,大大缓解了蓄热式加热炉由于使用高炉煤气和换向导致的空气过剩系数控制偏差大的问题。在国内一大型钢铁企业加热炉上使用了 ROMT 技术,通过检测空气过剩系数,改善了空气过剩系数的控制精度,精度由 23.53% 提高到 50.84%。在同样的燃气工况下,提高了炉温,炉温由原来的 1 096℃ 上升到 1 106℃,并相应提高了燃烧效率。

2.3.2 传热技术

1. 少(无)氧化加热技术

美国能源部以减少能源消耗、提高钢铁产品质量、强化美国钢铁的竞争力为目标,组织了包括钢铁协会、钢铁厂、设备商在内的攻关团队,耗时 5 年,研发出无氧化加热(Scale Free Heating,SFH)系统,氧化烧损可以降低到 0.07%。宝钢一直致力于少(无)氧化加热技术开发,先后研究了炉子气氛控制技术和防氧化涂料技术,炉子气氛控制技术在热轧 12 座炉子初步试验结果表明可以获得节能 0.5~1 kgce/t 的效果,防氧化涂料技术使用后氧化烧损可以从目前 0.6% 的基础上再下降 25%~40%。

以某年产量 140 万吨的钢厂计,氧化烧损率约为 1.5%,每年由于氧化烧损造成的产量损失为 2.1 万吨,以钢材价格 3 600 元,氧化铁皮价格 500 元计,损失高达 6 510 万元,降耗潜力巨大。

2. 汽化冷却技术

汽化冷却技术是利用水汽化吸热,带走被冷却对象热量的一种冷却方式。受水汽化条件的限制,在常规条件下汽化冷却只适用于高温冷却对象。对于同一冷却系统,用汽化冷却所需的水量仅为温升为 10℃ 时水冷却水量的 2%,且少用 90% 的补充水量,汽化冷却所产生的蒸汽可以直接利用,或者并网发电。钢铁企业加热炉的炉底管大多采用汽化冷却,实践证明它具有明显的节能节水效果,并可减轻钢坯"黑印",改善了钢坯温度的均匀性。

2.3.3 耐火材料保温技术

钢铁行业是高能耗行业,从耐火材料应用的角度研究钢铁行业在钢包、加热炉、热处理炉等方面的节能现状非常重要,具体包括以下几方面。

(1) 钢包背衬隔热材料重点考虑热导率、强度、耐火度。Unifrax 为钢铁冶炼开发了一种革命性的背衬隔热系统——Silplate 高密板,它具有高的耐火度,在高温下保持高的耐压强度,同时保持低的热导率。图 2.10 示出了钢包采用不同隔热衬体后砌筑材料内的温度分布曲线,可见新型节能衬体能明显降低外壁温度。

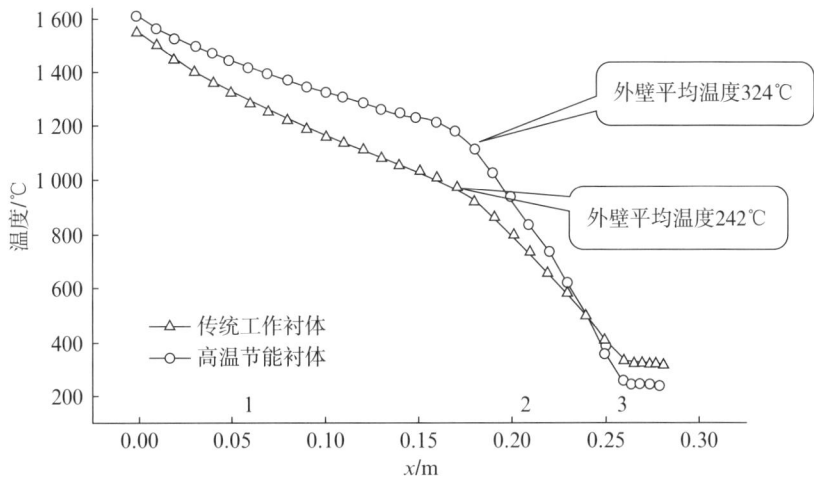

图 2.10 钢包包壁砌筑材料内的温度分布曲线

1—工作层；2—永久层；3—钢壳

(2) 钢包全程加盖保温可以减少钢包散热，钢水温度损失降低 10~15℃，同时有利于寿命的提高和保持良好的保温效果。包盖可选择纤维材质的包盖，纤维包盖具有以下优点：① 耐火纤维包盖系统的蓄热量低、热导率小，可减少蓄热量达 50% 以上，散热损失也可降低至原来的 1/3，大大提高了钢（铁）包的热效率；② 纤维制包盖的外壳温度比采用轻质浇注的包盖外壳温度平均降低 110~130℃，使纤维制包盖钢结构因热应力而变形的程度降低 50% 以上；③ 纤维制包盖比一般浇注包盖重量减少 85% 左右，降低依托设备的疲劳强度，增加钢包的有效利用率；④ 纤维制包盖现场施工方便、快捷。

(3) 钢包采用低碳镁碳砖，与传统镁碳砖相比性能优异，受到国内外业界的重视，这方面的研究开发工作已取得一定的成果。图 2.11 示出了纳米结构基质低碳镁碳砖与传统镁碳砖的导热性比较。

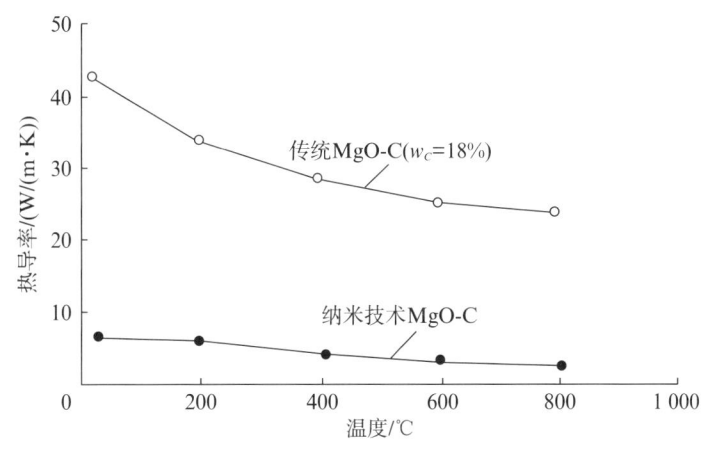

图 2.11 纳米结构基质低碳镁碳砖与传统镁碳砖的导热性比较

(4) 工作衬轻量化不仅仅指轻质耐火材料的开发与应用，还包括重质耐火材料的轻量化。重质耐火材料的轻量化的途径之一是引入轻量化骨料，轻量化骨料和致密骨料相比，由于不需要很高的烧成温度,所以在骨料烧成过程中能源消耗和 CO_2 排放量少,骨料导热系数也较低。日本 Masafumi Nishimura 也通过用氧化铝空心球替代烧结刚玉的方法降低钢包浇注料的密度,从而达到降低导热系数而最终降低钢包冶炼过程中能源消耗。开发低导热、低碳含量的新型鱼雷车工作衬材料也是未来研究的重点。采用贴面法将多晶莫来石纤维应用于蓄热式加热炉高温区,节能效果明显。

耐火纤维与传统的耐火砖结构相比,兼有良好的耐火和隔热性能,它具有质量轻、耐高温、热稳定性好、热导率低、热容小及耐机械振动等优点。耐火纤维的导热系数和容重分别只有传统耐火砖的 1/10 和 1/15。实践证明将耐火纤维用于炉衬结构能大幅度降低炉体散热、蓄热损失,缩短升温时间,提高热效率,节约能源消耗。采用全纤维炉衬,重量轻、无膨胀应力,炉体钢结构可以轻型化;利用纤维柔软而有弹性的特点和炉体结构的变化,可采用多种优越的密封机构;炉衬内壁喷涂高温增强涂料,可增加炉衬表面黑度,提高辐射强度,强化炉内热交换过程;纤维模块安装方便,可单独拆卸维修。耐火纤维炉衬与砖砌炉衬的经济效果比较如表 2.7 所示。

表 2.7 耐火纤维炉衬与砖砌炉衬的经济效果比较

炉衬材料	温度/℃ 炉膛	温度/℃ 炉体外表	每平方米炉衬 炉衬厚度/mm	每平方米炉衬 质量/(kg/m²)	每平方米炉衬 散热损失/(kJ/m²)	每平方米炉衬 蓄热损失/(kJ/m²)
全纤维	950	71	150	19.5	2 470	10 295
耐火砖	950	105	348	568	5 400	453 217

(5) 高发射率涂料是一种具有很高发射率($\varepsilon > 0.9$)的节能材料,将它喷涂在连续加热炉的炉膛内壁之后,增大了炉衬的黑度,增强了钢坯与炉气(或火焰)之间的辐射换热,被国内外普遍认为是 21 世纪的一种重要节能产品和技术。表 2.8 列出了高辐射涂料在加热炉上的典型应用。

表 2.8 高辐射涂料在加热炉上的典型应用实例

序号	企业名称	炉型	燃料	效果
1	首钢第一线材厂	推钢式加热炉	重油	(1) 从保温到轧制温度的升温时间由 20~30 min 缩短至喷涂后的 10~15 min; (2) 全年平均节油率 3.6%; (3) 炉顶寿命延长了近 1 倍
2	首钢特钢厂	开坯加热炉 (550 m² 和 430 m² 加热炉)	重油	(1) 由 1 100℃ 的保温温度升至轧制温度的升温速度提高了 40%; (2) 氧化烧损率由 2.0% 下降到 1.8%; (3) 平均节油率为 6.6%
3	山东莱钢特钢厂	中轧加热炉 (99 m²)	重油	(1) 由待轧保温到轧制温度的升温时间减少了 8~10 min; (2) 氧化烧损率由 2.2% 下降到 2.0%; (3) 节油率为 5.85%
4	山东莱钢特钢厂	开坯加热炉 (118 m² 和 121 m²)	重油	(1) 由待轧保温到轧制温度的升温时间减少了 8~10 min; (2) 节油率为 5.86%; (3) 氧化烧损率由 2.5% 下降到 2.3%

续　表

序号	企业名称	炉型	燃料	效　　果
5	天津钢管公司	大型钢管环形加热炉	重油	(1) 节能率达 6.2%； (2) 氧化烧损率由 1.8%下降到 1.6%； (3) 加热均匀性明显改善
6	济钢中板厂	板坯加热炉	混合煤气	(1) 节能率为 6.3%； (2) 氧化烧损率由 2.1%下降到 1.9%； (3) 加热质量有明显改善
7	邯钢中板厂	步进炉推钢式加热炉	混合煤气	(1) 平均节能率为 5.8%； (2) 加热质量明显改善
8	邯钢高线厂	步进炉	混合煤气	(1) 节能率为 5.9%； (2) 加热均匀性明显提高

(6) 相变储能技术。常用的高温蓄热材料可分为显热式和潜热式。高温相变蓄热材料主要用于小功率电站、太阳能发电、工业余热回收等方面，一般分为如下五类：单纯盐、金属与合金、碱、混合盐和氧化物等。

(7) 黑体强化辐射技术。在有效遏制材料热量损失的同时，将获得的热量有效传递给加热元件是提高加热炉加热能力的根本目的。其方法就是通过增加加热炉壁的黑度或物体的发射率（用 ε 表示）来实现的。新的技术方法是把黑体的概念加以技术化，制作成工业标准的黑体元件，安装在炉膛内，用以调控热射线，改变其漫反射状态，使之集中、有效地射向工件，增大了热射线的到位率，提高了对工件的辐照度，也就大幅度地提高了炉子的热效率。迄今，黑体元件已经发展到第三代，形成了完整的系列，节能 20%~30%，成熟可靠。

2.3.4　余热余能回收与储热技术

1. 余热余能逐级回收与梯级利用思想方法

过去几十年，由于技术、资金的限制，钢铁余热余能回收利用更多聚焦在高品质、技术易实现的余热余能资源的回收，如焦炉煤气回收、转炉煤气回收、高炉煤气及其余压回收、烧结余热回收、高炉余压发电、干熄焦余热回收发电等，对于总量较少或品位较低的余热资源回收利用较少，甚至还存在高品位能源作为低品位能源使用等不合理的地方。总体来看，常规余能回收相对较为彻底，但钢铁行业仍然面临着大量余热资源回收与利用难题。据统计，我国每年钢铁生产的同时，产生 1.6 亿吨标准煤余热资源，而行业平均余热回收率不到 35%，节能潜力巨大。余热回收率低的主要原因有三个方面：一是余热梯级利用基本理论与现场实践存在巨大鸿沟，导致余热回收缺少系统思考。例如，石化行业余热点多、温度差异大，如果缺少系统思考易出现中高温余热已回收、低温余热浪费的现象，而低温余热往往规模巨大。二是部分未被回收余热资源本身品位低、量小、分散、投资回报差，如大量 200℃ 左右的炉窑烟气余热、冷凝水余热等。三是部分未被回收余热资源尽管品质高，但回收技术还不成熟，尚待研究。例如，焦炉荒煤气显热、烧结冷却机漏风、炉渣显热、钢坯显热等世界性难题，节能潜力巨大。余热余能的分析重点关注余热余能资源的四个特性和四类技术，其中四个特性包括工业低温余热回收与利用要重点研究热源的特殊性（不同品位、含不同杂质、不同载体、间歇波动等）、回收的高效性、利用的匹配性、终端的经济性；四类技术包括供热、发电、制冷、新工艺应用。通过对余热（特别是低温余热）回收与利用共性关键新技术研究，形成一个余热回收与利用技术路线。这些新技术包括：余热高效换热技术、以有机工质朗肯循环为代表的低温余热发电技术、热电材料技术、余热制冷技术、储热技术、新工艺（如利用余热干燥污泥）等。

近年来，科技人员针对能源梯级利用理论与实践的鸿沟难题，提出了"一个中心四个层级"的余热余能资源逐级回收与梯级利用的规划方法[76]，并将其用于生产实践，促进了能源梯级利用基本理论与现场实践的融合。该方法核心思想是：余热资源利用要遵循"因地制宜、热尽其用；温度对口、梯级利用"能源梯级利用规律，对于具体工业企业而言，一定要优先考虑因地制宜和系统思考，并按"回用""替代""提质""转换"四个层级进行综合规划，最终实现能源领域效率最大化。第一层级"回用"：该设备工业生产中伴生余热资源优先被应用于该设备中。具体措施包括：热设备状态维护，指的是特定的热设备状态完好时，保持设备在热效率区域运行，减少设备余热资源发生量；高效燃烧，指的是利用高效燃烧器提供燃烧效率，减少燃烧不完全损失，减少设备余热资源发生量；保温管理，指的是通过管理实现保温状态完好，减少散热损失，节约燃料，减少设备余热资源发生量；空燃比控制优化，指的是通过控制优化，实现燃料与空气合理配比，既要防止无完全燃烧损失，又要避免过量空气系数偏大；空气预热、燃料预热，指的是利用换热设备回收伴生余热预热设备所需的空气、燃料。第二层级"替代"：经过第一层级措施后，若有富余热能，则优先被应用到该设备所在工艺系统中，其次应用到所在工业区域内其他工艺系统中，最后应用到该工业区域外。具体措施包括热电联产、替代燃料、替代蒸汽、替代电力等。第三层级"提质"：经过第二层级措施后，若还有富余热能未能被应用，则利用外部高品位能源提升富余热能品位，进而可以对提升后的富余热能进行利用。具体措施包括：热泵技术，指的是热泵可以从低温热源中提取热量用于供热，实现低温余热与用户匹配；蒸汽喷射技术，指的是依据利用外部能源提升低品位蒸汽品位（压力）实现富余低压蒸汽再利用；低质高用技术，指的是利用低质能源替代原先采用高质能源的场合，实现能级匹配；再燃加热技术，指的是利用燃料将低品位余热进行提升到用户需要的高品位热能进行利用。第四层次"转换"：经过第三层级后，若还有富余热能未能被应用和提升，则将其转化为其他形式的能源。主要措施包括余热发电、余热制冷等。

2. 钢铁全流程余热资源回收与利用技术

钢铁全流程六大典型工序具有不同特征的余热资源，总体上炼焦工序余热回收率高、烧结工序余热回收率低。炼焦工序包括荒煤气显热、红焦显热、烟气余热等余热资源；烧结工序不仅包括烧结烟气显热，还包括烧结矿固体显热；高炉工序包括熔渣显热、热风炉烟气显热等；炼钢工序包括转炉煤气显热、电炉烟气显热、连铸坯显热等余热资源；轧钢工序有大量加热炉及热处理炉，其烟气通常携带大量显热，同时还包括板坯显热等；公辅系统包括锅炉烟气、蒸汽冷凝水等显热。

2.3.5 自动控制技术

自动控制技术的发展不仅可以提高钢铁行业劳动效率，同时也会极大促进行业向标准化、精细化方向发展，必将为钢铁高温热工装备节能减排提供定量评价的依据和更为准确的措施。近几年钢铁行业以自动控制技术为核心的信息化节能技术发展情况如下。

1. 焦炉加热控制及炭化室压力调节

邯钢[77-79]为了进一步降低焦炉的煤气消耗，应用计算机自动控制加热的办法。邯钢采用的是安徽工业大学开发的焦炉加热优化串级调控系统(简称OCC),重点研究目标为火道温度的优化、火道温度的检测与控制数学模型和火道温度的反馈控制。邯钢全部焦炉均实现了自动控制加热。根据邯钢统计数据,实施计算机加热控制后,使每吨焦炭高炉煤气消耗降低了35 m³以上,邯钢每年可节约高炉煤气7 000万立方米,折合标准煤约8 000 t,并达到了延长焦炉寿命、改善焦炭质量的目的。

焦炉红外测温管理系统具有以下功能[80]:对直行温度、炉头温度、横排温度、蓄顶温度及直接测量温度的输入、保存、查看、打印及统计管理等功能,对数据进行分析和备份,提供完善的帮助系统,并具有操作向导功能,可以引导操作者完成全部主要操作过程。

2. 烧结自动配料

包头钢铁集团公司炼铁厂二烧车间[81]配料系统采用计算机控制的自动配料方式。ECS-100控制系统是中控SUPCON WebField系列控制系统之一,该系统融合了最新的现场总线技术、嵌入式软件技术、先进控制技术与网络技术,实现了多种总线兼容和异构系统综合集成。ECS-100控制系统主要由控制站、操作站节点及系统网络等构成。该系统投运后,配料精度提高,使烧结机变料调整时间缩短,物料波动减小,保证了烧结机稳定运行。

3. 高炉炉顶及喷煤自动控制

首钢京唐5 500 m³高炉炉顶采用并罐无料钟结构,炉顶控制系统主要是根据上料配料情况和炉内状况,实现并罐的自动装料控制;同时通过雷达料位计和机械探尺对炉内的料面进行实时检测,根据检测情况控制布料溜槽的α和β角度以及料流调节阀的开度,实现炉顶的扇形布料、环形布料、定点布料等多种布料方式。

高炉自动喷吹煤粉是世界炼铁正在迅速发展的一项重大技术,其目的是在高炉冶炼过程中,扩大高炉燃料来源,从风口向高炉喷吹煤粉,以价格低的煤粉替代价格昂贵的冶金焦炭,改善高炉的操作条件,增加高炉的调剂手段,最终达到节焦增产的目的。

4. 热风炉上位监控及无波动自动换炉

热风炉换炉时会造成风压、风量波动,容易导致高炉不顺,从而造成事故。采用分布开启冷风旁通阀方式的无波动自动换炉系统已经在鞍钢集团有限公司(简称鞍钢)新1号3 200 m³高炉等应用[82,83],获得良好效果,全自动换炉时由过去系统压力波动的10%降低到2.84%,已能实现全自动换炉。热风炉换炉全自动化可以大幅度加快换炉速度,减少换炉时间,进一步提高风温,有益于煤气的有效利用。

上位监控软件在热风炉自动控制系统应用可以降低生产停机时间,避免产生损失。热风炉控制系统包括自动换炉控制系统和自动燃烧控制系统两大控制系统,还包括煤气混合站、煤气预热、空气预热、水系统、助燃风风门调节、助燃风放散、煤气放散等子控制程序。通过热风炉PLC控制程序的优化组合,可以达到保障系统安全、降低劳动强度、提高热风炉工作效率的目的。

2.3.6 能源系统管理技术

钢铁企业作为能源消耗大户和污染物排放大户,给环境造成了巨大的压力。进一步开展以信息化与工业化融合为主要特征的节能减排工作,将有力地推动节能减排工作向深入发展,这已经成为钢铁行业的共识。为了进一步提升节能减排的水平,通过信息化技术与工艺技术的融合改进系统管理和优化物流、能流的平衡将是一个有效的技术路线,并已经在部分领域取得了良好的效果,钢铁企业能源中心技术是典型的案例之一。

长流程特大型钢铁联合企业的能源系统包含各种煤、高炉煤气、转炉煤气、焦炉煤气、天然气、氧氮氩等,年总能耗为1 000万吨标准煤左右。能源系统庞大而复杂,能源介质输配管网遍布全厂,线路长,输配要求高。不同能源介质相互关联,相互影响。能源的发生、供给、消耗全过程同步、不间断。系统调节复杂,平衡困难。这些特点要求对能源系统的管理必须是集中化、全局化和扁平化的,也必须借助信息化这个技术平台,才能达到最佳效果。

从20世纪80年代宝钢自建设初期开始,能源的集中管理思想、大规模计算机控制应用及能源的最经济调配运行方式就被宝钢所采用,建立了一套以模拟仪表为主、管理模式以"自上而下"多级递阶思想为主的能源管理系统(图2.12),在宝钢二期、三期及十五规划、十一五规划项目中,能源中心思想得到了很好的继承和延续。新的能源设施不断被纳入能源中心,在系统性能和功能的扩展上获得了很大程度的提高。宝钢在能源集中管理上已经形成了较为完整的一套思路,在能源中心的建设和扩容改造过程中积累了丰富的经验。宝钢通过建设能源中心,有效地提升了公司的能源管理水平,提高了劳动生产率;通过能源中心,能源调度在系统平衡和调整方面掌握了主导权,使能源系统的平衡调整更加及时、更加合理、更加优化,大大提升了系统节能的能力。宝钢自建成能源管理中心以来,节能效果明显、管理更加科学,为宝钢持续降低能耗和提高产品竞争力作出贡献。因此,通过建设钢铁企业能源管理中心,以信息化技术促进节能减排,提升企业能源管理水平,已成为钢铁企业各级管理者的共识。

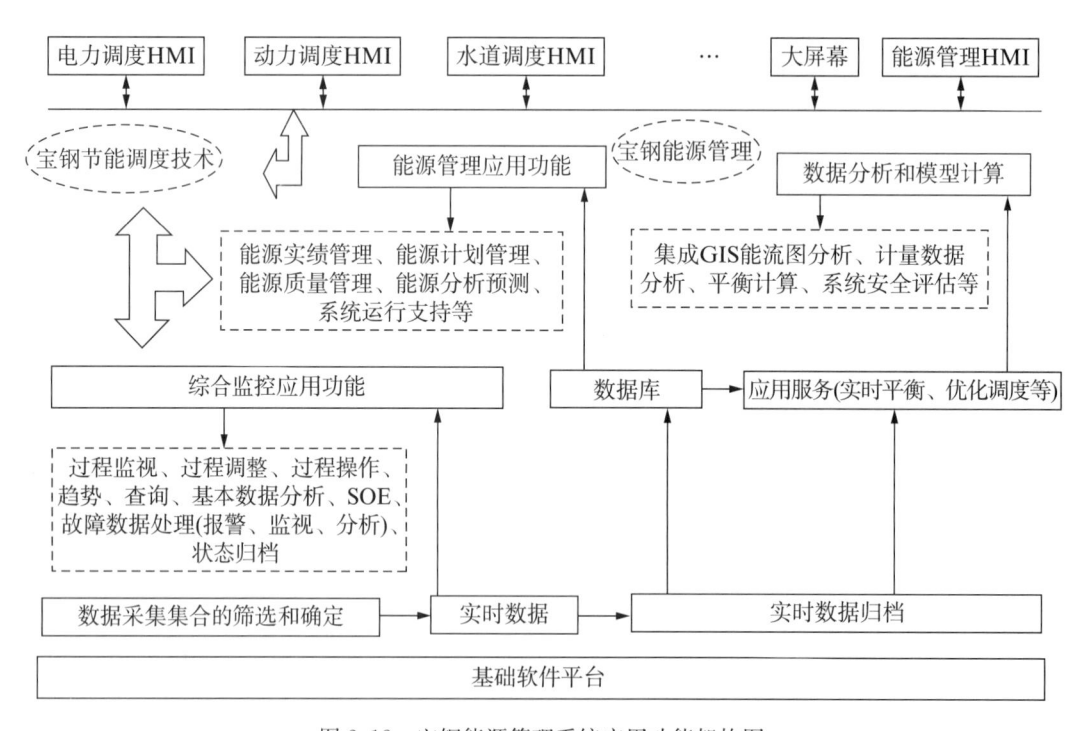

图2.12 宝钢能源管理系统应用功能架构图

第 3 章

我国钢铁工业高温热工装备节能技术发展目标和重点任务

3.1 热工装备节能技术发展思路

我国钢铁企业能耗比发达国家的能耗高,其主要原因包括如下 4 个方面。通过分析原因找到解决的对策,缩小与发达国家先进设备的差距是我国热工装备技术发展的思路。

(1) 能源结构的差异。从表 3.1 中可以看出:世界其他国家钢铁工业的能源消费中重油和天然气占了很大比例,而我国主要以煤炭为主。煤炭的热效率较重油和天然气低,这是我国钢铁工业能耗偏高的一个原因。

表 3.1 部分产钢国家钢铁工业能源结构对比表 (单位:%)

能源\国家	中国	美国	德国	日本
煤炭	69.9	60	55.8	56.4
重油	3.2	7.0	20.7	19.9
天然气	0.5	17.0	8.2	—
电力	26.4	16.0	15.3	23.7

(2) 生产结构的差异。由于国外发达国家钢铁行业废钢比高,电炉炼钢的比重大,铁/钢比国内低。而我国钢铁生产主要以长流程的高炉-转炉流程为主,其能耗约是电炉流程的 2 倍,因此我国钢铁行业吨钢综合能耗大大高于国外发达国家。

(3) 工艺和管理水平的差距。国外发达国家钢铁企业早就实现了设备的大型化、连续化和自动化,采用 3 000 m³ 以上的大高炉、250 t 以上的大转炉,以及薄带连铸机等先进的工艺设备。而我国由于工艺装备和管理操作技术的相对落后,一些小高炉、小转炉和小电炉仍在生产,浪费大量的能源。另外,国外先进的钢铁企业还通过建立能源管理中心,对整个钢铁生产线的能源进行在线调度和控制,做到能源使用的最优化。而国内目前只有宝钢等少数钢厂设立了有效的能源管理中心。

(4) 余热回收水平存在差距。我国一般的钢铁联合企业余热回收利用率在 25%~50%,其能耗占生产成本的 30% 左右,我国最先进的钢铁企业余热回收利用率在 50% 左右。

综上所述,我国钢铁热工装备节能技术发展总体思路是以提升装备能效为核心,结合产业结构调整和清洁燃料使用,从新材料、系统优化、余热余能回收、工艺改善等角度持续推动高温热工装备节能技术发展。

3.2 热工装备节能技术发展目标

3.2.1 焦炉系统热能梯级利用技术

综合红焦、烟气、荒煤气、冷凝水等不同余热余能资源,考虑余热余能资源种类、品位、环境等要素,结合焦炉系统所需煤气预热、空气预热、入炉煤干燥、给水加热、除氧用汽、焦化用汽、区域制冷、熄焦装置等不同需求,采用"回用、替代、提质、转换"热能资源逐级分析梯级利用的规划方法,填补理论与实践、能源与非能源专业等之间的"鸿沟",按系统成本最小化、能源利用效率最佳原则进行焦炉系统整合,实现焦炉工序能耗最低。

1. 炼焦荒煤气显热的回收技术研究取得进展

焦炉上升管中温度在650~750℃的荒煤气,其含有的显热约占整个焦炉支出热量的36%,同时约占焦炉未回收余热资源的51%,具有很高的显热回收利用价值和潜力。国内外荒煤气显热回收研究技术路线可以分为分布式显热回收方案、集中式显热回收方案、利用荒煤气显热将荒煤气制成其他产品三类。但由于受到上升管受热面积狭小的限制及荒煤气中所含焦油蒸汽在上升管管壁表面冷凝结焦的影响,极易导致换热失效,且易引起焦炉安全生产难题,焦炉荒煤气显热的回收至今仍未形成一种成熟、高效、可靠的技术方案,现有焦炉荒煤气显热不仅未被回收,而且为降低焦炉荒煤气温度便于后续焦化工艺处理,需要喷洒氨水进行冷却处理,导致余热资源浪费的同时,增加氨水、电力消耗。焦炉荒煤气显热回收技术的研究一直是整个焦化行业节能减排的热点之一。近年来,宝钢开展了煤焦油黏度与温度关系、表面改性、流动性、抑制焦油结焦、挂片等实验研究,为解决荒煤气显热回收中结焦积碳和腐蚀问题提供了技术措施,并研究建设了由5个上升管及其辅助系统组成的荒煤气显热回收工业中试装置,装置实行了高效稳定运行,可回收热量200~277 MJ/t,炼焦工序能耗可下降6~9 kgce/t,并可改善炉顶作业环境,节能减排指标达到国内领先、国际先进水平。按2013年我国焦炭产量4.76亿吨计算,全部采用上升管高效换热器技术,年可节约能源320万吨标准煤左右,年节能效益约48亿元,具有良好的经济效益和社会效益[84,85]。图3.1所示为宝钢荒煤气显热回收系统工艺流程。

2. 干熄焦余热锅炉向高温高压方向发展

干法熄焦(Coke Dry Quenching,CDQ)是一种替代湿法熄焦的熄焦技术,是钢铁炼焦工序重要节能环保技术之一。干熄焦技术是以惰性气体为热交换介质,在干熄炉内与红焦做逆向运动交换热量,使焦炭从1 000℃冷却到250℃以下。同时,吸收了红焦热量的高温惰性气体通过干熄焦锅炉换热产生蒸汽,带动蒸汽轮机发电;冷却后的惰性气体在循环风机的作用下被送回干熄炉循环,达到连续熄焦的目的。焦化企业特别是大中型钢铁企业焦化厂配套建设干熄焦装置的势头很强。截至2014年年底,我国投产运行干熄焦装置177套,干熄焦炭能力达到1.93亿吨/年,占全国机焦总产能的36%。其中钢铁企业焦化厂中约90%

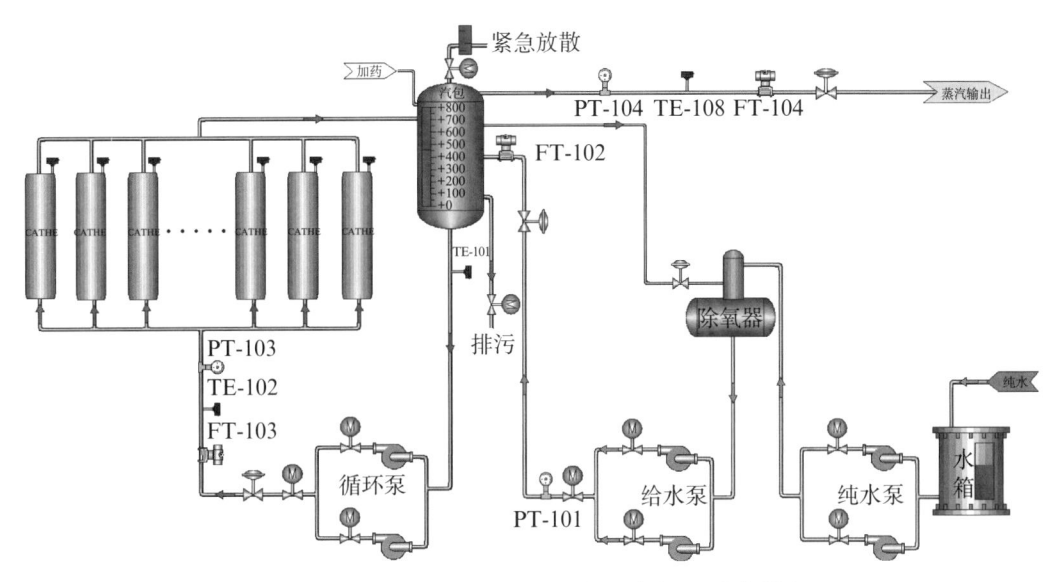

图 3.1 宝钢荒煤气显热回收系统工艺流程(后附彩图)

的焦炉已配套建设了干熄焦装置。

采用干熄焦技术吨焦可回收 3.9 MPa、450℃蒸汽 0.45~0.58 t,如果采用全凝机组发电,平均每吨红焦可发电 95~105 kW·h。目前,干熄焦余热锅炉由中压余热锅炉向高温高压余热锅炉方向发展,在能源利用效率方面取得了明显的进步[86]。采用高温高压高炉,生产 9.8 MPa、540℃蒸汽,全凝发电通常为 110~120 kW·h/t。近些年,在国家产业政策大力提倡下,我国干熄焦装置采用高温高压锅炉的比例在逐步增加。2011~2013 年 6 月底期间,我国新投产和在建的干熄焦装置共 81 套,其中选用中温中压锅炉的有 43 套,占 53%;选用高温高压锅炉的有 38 套,占总数的 47%。宝钢、武钢、沙钢、鞍钢等大型钢铁联合企业大多新建干熄焦选用高温高压锅炉。

3. 第三代煤调湿技术持续探索

煤调湿技术是"装炉煤水分控制工艺"的简称,可采用外部蒸汽作为热源进行调湿[87,88]。到 2012 年,我国已用于生产的煤调湿系统有 6 套,分属济钢、太钢、宝钢、马钢、攀钢和昆明焦化制气等企业。太钢采用煤调湿技术后,焦炭产量增加约 5%,煤气产量增加约 4.5%,工序能耗降低约 9%,结焦时间缩短 1 小时,剩余氨水减少约 15%,焦煤和肥煤的总配用量分别降低 5% 和 4%,弱黏煤配入量提高 3%;宝钢第二代以蒸汽为主要热源的煤调湿设备于 2008 年 4 月投入使用,设计处理能力为 330 t/h,设计出口水分质量分数为 6.5%,而实际操作过程中最大的处理能力为 350 t/h,实际运行水分质量分数稳定在 7% 左右。宝钢的实践经验表明,通过煤调湿工艺后,在不改变结焦时间的情况下,焦炉标准温度下降了 15℃,产量提高了 3% 左右,焦炭 M40 提高了 2%,焦炭质量略优于型煤工艺,最大的优化效果是减少了废水排放。

第三代煤调湿泛指利用焦炉低温烟气余热进行煤调湿的工艺,可采用自身低温烟气直接干燥入炉煤,或通过水等作为中间媒介进行调湿,在装炉前将配合煤加热预处理,脱除煤料中的部分水分,保持装炉煤水分脱除率取决于烟气热量大小,然后装炉炼焦。为持续降低煤调湿加热用能，济钢、柳钢等相关企业开展了以烟道气为主要热源的第三代煤调湿工艺的积极探索。

4. 焦炉处理废塑料技术促进社会循环经济发展

用焦炉处理废塑料的优点是：① 废塑料的化学再生率高；② 除废塑料预处理工序外可利用现有的焦炉设备；③ 拥有焦炉的钢铁企业均可进行处理，覆盖范围广。

日本于 2000 年实施了包装容器循环再生法，2010 年新日铁公司处理废塑料能力达到 35 万吨。2011 年，具有自主知识产权的国内首条利用焦炉处理废塑料生产线在唐山首钢迁安循环经济产业园——迁安首环科技有限公司调试成功。焦炉处理废塑料项目是国家循环经济高技术产业重大项目，每年可以消纳废塑料垃圾 1 万吨、生产炼焦用原料 5 万吨。焦炉处理城市废塑料垃圾技术，完全利用焦炉及其化工产品回收系统，在高温、还原性气氛和全密闭的条件下，将废塑料和煤同时转化为焦炭、焦油和焦炉煤气，实现废塑料垃圾的无害化处理与资源化利用。焦炉处理废塑料技术工艺流程如图 2.2 所示。

5. 焦炉自动控制技术更加精细化

炼焦自动化技术包括焦炉红外测温仪及测温管理系统、焦炉加煤自动计量系统、焦炉四车联锁监控管理系统、焦炉自动配煤控制系统、焦炉自动加热优化控制系统、焦炉集气管压力智能调节系统、焦炉车辆自动控制与管理系统等。焦炉自动化技术不仅可以节约人工劳动强度，还能降低炼焦工序能耗[89]。2010 年 6 月以后，邯钢采用的是安徽工业大学开发的 OCC 系统，全部焦炉均实现了自动控制加热。根据邯钢统计数据，实施计算机加热控制后，使每吨焦炭高炉煤气消耗降低了 35 m³ 以上，邯钢每年可节约高炉煤气 7 000 万立方米，折合标准煤约 8 000 t，并达到了延长焦炉寿命、改善焦炭质量的目的。焦炉自动控制系统框图如图 3.2 所示。

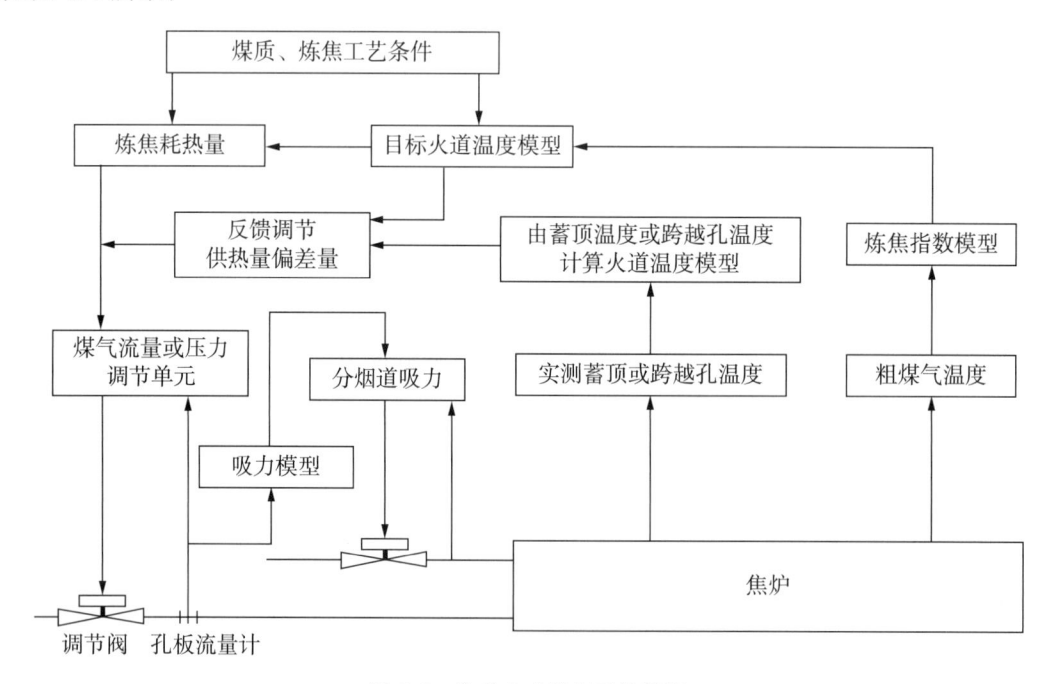

图 3.2　焦炉自动控制系统框图

3.2.2 烧结新型冷却与系统热能利用技术

考虑烧结烟气温度及成分、烧结矿温度、冷却废气温度分布等余热资源特点,结合烧结点火、热风烧结、混匀等用户需求,综合考虑热风循环、烧结矿竖式冷却等新型工艺方式,采用"回用、替代、提质、转换"热能资源逐级分析梯级利用的规划方法,实现烧结系统能源综合梯级利用,降低工序能耗。

1. 烧结余热回收从单压向双压方向发展

钢铁企业烧结工序的能耗仅次于炼铁工序,我国烧结工序的能耗与先进国家相比有较大差距。在烧结工序总能耗中,有近50%的热能以烧结机烟气和冷却机废气的显热形式排入大气,既浪费了热能又污染了环境。据热平衡测试数据表明,烧结机的热收入中烧结矿显热占28.2%,废气显热占31.8%。烧结余热发电是一种利用带冷却机上烟罩的密封方法,使高温烟气输给余热锅炉进行发电的技术。烧结余热发电技术在国内的应用也不断成熟,全套设备实现国产化,建设投资得到了有效控制。表3.2为我国部分钢铁企业烧结余热发电实施情况。

表3.2 我国部分钢铁企业烧结余热发电实施情况

企业名称	烧结机数量/台	烧结机面积/(台×m²)	发电机组规模/(套×MW)	建成时间
马钢第二炼铁总厂	1	300	1×17.5	2005年9月
马钢集团新区	2	360	1×20	2009年8月
唐钢炼铁厂南区	1	360	1×15	2010年9月
唐钢炼铁厂北区	4	3×180+1×265	1×23.3	2010年8月
济钢	1	320	1×8.2	2007年3月
太钢	2	450+660	1×33	2010年8月
湘潭钢铁集团有限公司	1	180	1×4.5	2009年7月
湘潭钢铁集团有限公司	2	360	1×20	2010年11月

从实现能源梯级利用的高效性和经济性角度分析,余热发电是最为有效的余热利用途径,平均每吨烧结矿产生的烟气余热回收可发电20 kW·h,折合吨钢综合能耗可降低8千克标准煤。烧结余热锅炉从单压向双压方向发展[90,91],有效增加了部分低温热能的回收与利用。

2. 低温废气余热有机朗肯循环(Organic Rankine Cycle,ORC)发电技术

宝钢结合烧结机大修改造,利用环冷机3#排气筒温度为150~220℃、流量约为60×10⁴ Nm³/h(设计值)的低温热废气和部分富余的次低压蒸汽作为余热资源,率先探索利用烧结冷却机排放的200℃以下纯低温工业余热ORC发电技术,ORC机组装机容量为3 MW,预计年可发电2 200万千瓦时。

3. 烧结竖式冷却工艺研发

由于现有烧结矿冷却工艺漏风量大、余热品位低导致大量能源浪费而难以回收,近年来,国内外将竖式冷却工艺研发作为研究热点,力图提高烧结矿显热回收效果。烧结矿竖式冷却工艺核心采用类似CDQ方式对烧结矿进行冷却,同时回收烧结矿的余热。根据浦项相关研究显示,该技术可将烧结矿显热回收率由目前30%左右提高到60%~70%,具有显著的节能效果。

4. 烧结废气循环技术

由宝钢中央研究院开发的废气循环烧结技术(BSFGR)可实现减少烧结烟气排放总量及节能的目的。SFGR工艺通过将一部分热烟气引入烧结料层,热量被料层吸收以降低固体燃耗,烧结工况改善以提升烧结生产作业率和烧结矿质量,废气总量排放减少以及有效富集废气中的SO_2等污染物,达到减小后续除尘、脱硫脱硝装置的规模进而降低投资和运行费用。主要效果包括:烧结矿质量、产量指标不受影响;循环风机开启,可以提高烧结产量;节省了烧结固体燃耗2.1~2.4 kg/t;烧结外排烟气量减少了13.8%~15.2%(循环率17.6%~19.1%);当前生产条件下,烧结外排烟气温度不影响机头电除尘器的运行;烟气循环系统运行、烟气量降低对后续脱硫脱硝系统有利。

5. 减少漏风率技术

烧结过程漏风率是目前国内钢铁联合企业烧结工艺面临的重大难点问题,烧结机的漏风对烧结生产的各项经济技术指标影响很大,如降低抽风系统的工作负压、减少单位面积的有效风量、使生产率下降、风机电耗增加、现场环境恶化等。此外,大量空气从设备缝隙处漏入,使运转部分的设备磨损加剧,降低了使用寿命。因此,减少烧结漏风,是烧结机设计及生产维护中的大课题。减少烧结厂的漏风情况可以降低风机功率消耗2.7~3.6 kW·h/t,折合0.37~0.47 kgce/t。从目前情况看,国内大部分烧结机的漏风率在50%以上,有的甚至高达70%。宝钢等国内先进烧结机漏风率也在45%左右,而日本等国外几个厂家烧结机最低漏风率在30%以下。

宝钢新建4号烧结矿冷却过程采用新型液密封环冷机,具有崭新的密封结构形式和传统环冷机不能比拟的许多优点,设计总漏风率小于10%,可降低冷却风量以及冷却风机装机容量,能够显著减少环冷区域可视粉尘与落矿污染,并且提高余热回收效率。

6. 新型点火保温炉

降低点火热耗可以采用新型点火保温炉。点火炉的结构、点火器的形式与烧结料面的点火质量、点火能耗有很大的关系。我国点火炉经历了小型—大型—小型的发展历程,目前新开发的小型点火炉与大型点火炉相比较,具有结构简单、投资小、点火均匀、能耗低等优点。日本成功开发的一系列节能点火炉中,线性烧嘴、多缝式烧嘴、面燃式烧嘴节能效果最佳,点火器容积小,热量损失少,从而降低点火煤气消耗。合适的点火温度既能把台车上的混合料点燃,又不使表面过熔。2010年某钢厂以将台车上的混合料点燃为目标,通过试验和摸索将点火温度控制在(1 000±80)℃,通过调整空燃比控制煤气流量降低煤气消耗。这一措施实施后点火温度由原来的1 150℃降到1 050℃,煤气吨矿消耗由2009年的43.96 m^3/t降到2010年的39.54 m^3/t。

7. 烧结自动化

烧结行业自动化技术的发展是随着冶金钢铁工业自动化系统以及电子技术、计算机技术、自控理论的发展而发展的。由于烧结的工艺流程同轧制过程相比,物理化学的变化更为复杂。在这方面应用人工智能技术更加迫切和必要。逻辑控制、PID控制理论以及集散控制系统已经广泛地应用于烧结行业的设备控制中。宝钢、武钢计算机控制系统,仅实现了烧结过程局部环节的定值控制和过程监控:① 配料矿槽、返矿槽、混合料槽及铺底料槽的料位管理与控制；② 原料配比控制；③ 混合料水分控制；④ 料层厚度、点火燃烧控制；⑤ 成品检测数据处理、数据打印、数据显示与通信。而太钢烧结厂从配料到烧结生产都应用了很多较先进的控制理论，在当今烧结行业已位居前列。

8. 热风烧结技术

国内应用表明，热风烧结技术不仅是一项行之有效的工艺改进技术，同时也是一种余热利用和节能减排的有效方法。济钢[33]通过热风烧结技术在料层为 575 mm 的试验条件下得出热风烧结可以节约固体燃料和降低煤气消耗。热风物理热代替了部分燃料的燃烧热，在烧结热量保持一定的条件下，试验中焦粉量由基准的 1.7 kg 下降至 1.6 kg，下降了 2.8%。

9. 小球烧结技术

小球烧结工艺是通过改变现有混合机工艺参数及内部结构，延长混合料在混合机内的有效滚动距离，改善混合料在混合机内的滚动状态，使烧结混合料造成 3 mm 以上小球比例大于 75%，通过蒸汽预热、燃料分加、偏析布料、提高料层厚度等方法，实现厚料层、低温、匀温、高氧化性气氛烧结。

小球烧结工艺技术在我国主要适用于采用细精矿或以部分细精矿作为烧结原料的烧结厂。通过小球烧结工艺技术可以实现以下效果：① 改善烧结料层透气性，提高烧结速度和产量[92]；② 有利于增加料层厚度和降低固体燃料消耗量以实现低温烧结；③ 由于小球自身依靠固相扩散固结，而小球间为液相黏结，故可提高烧结矿强度，增加成品率；④ 可以降低烧结矿中 FeO 含量，改善其还原性；⑤ 可以用低负压抽风烧结，节省电耗。

该技术已在武钢、马钢、上钢等钢厂 50 多台大中小烧结机上应用。采用该技术后，混合料温度可提高到 70℃以上，一般烧结料层高度可提高 50～100 mm，烧结矿产量可提高 5%～15%，烧结固体燃耗可减少 2～5 kg/t，烧结矿 FeO 可减少 0.5%～1%，烧结矿质量得到显著的改善。

3.2.3 高炉系统节能技术

高炉炼铁工序是我国钢铁生产流程中能耗最高的工序，占整个工序能耗的 50%以上。提高炼铁喷煤比是炼铁系统结构优化的中心环节。喷煤工序能耗为 20～35 kgce/t，焦化工序能耗为 112.28 kgce/t。用 1 t 煤粉代替 1 t 焦炭，就可以实现炼铁节能 100 kgce/t。高炉炉顶煤气压力大于 120 kPa 时，投入 TRT 装置会有经济效益。采用煤气干法除尘技术可以提高 TRT 发电能力约 30%，节能效果显著。我国每年可产生 1.3 亿吨以上的高炉炉渣，其中有 90%以上得到合理利用，主要用于生产水泥、制造矿渣砖和铺路等。近年来，鞍钢、攀钢、宝钢等企业生产高炉矿渣微粉。使用专有设备生产矿渣超细粉可有效提高水泥质量，而且使水渣价值倍增。

1. 高炉浓相高效喷煤技术

浓相输送技术[93]是指粉料在管道中以低速、浓相及低动力指数的状态下输送。输送的稳定性好，而且随着固气比提高，气力输送的动力指数显著下降。由于粉体气力输送中的功率消耗与输送速度的平方成正比，管道的磨损与输送速度 2～3 次方成正比，因此，在煤粉喷吹过程中，降低输送速度，提高固气比，采用浓相输送势在必行。一般认为煤粉输送固气比达到 40 kg/m³ 以上，即可称为浓相输送。

通过使用浓相喷煤技术，鞍钢容量为 3 200 m³ 的新 2♯、新 3♯高炉，最大喷煤量为 83.3 t/h，系统正常稳定给煤 65～75 t/h。根据对近 3 年的数据统计，煤粉喷吹量误差小于

0.4%,各风口煤粉喷吹量误差小于5%。系统喷吹过程平稳,无脉动,管道堵塞次数少。同时,因浓相输送时,流速在6 m/s左右,对管道摩擦小,煤枪及管道寿命大幅度提高,从2006年建立以来管道运行情况良好。

2. 高炉炉顶煤气余压发电由湿式向干式发展

高炉炉顶煤气余压发电装置(Blast Furnace Top Gas Pressure Recovery Turbine,TRT)是在减压阀前将煤气引入一台透平膨胀机做功,将压力能和热能转化为机械能并驱动发电机发电的一种能量回收装置。由于TRT在运转中不需要燃料,不改变原高炉煤气的品质和正常使用,却回收了相当可观的能量(约占高炉鼓风机所需能量的30%),同时又净化了煤气,减少了噪声,改善了炉顶压力控制品质,且不产生新的污染,发电成本极低,是典型的高效节能环保装置。

TRT有很多类型,按流动方向分为径流式、轴流式、混流式;按反动度分为反动式、冲动式;按煤气干湿情况分为湿式、(半)干式、干湿两用型;湿式轴流反动式TRT采用水喷雾方式来防止积灰,效率较高,而且大多数高炉采用的是湿式除尘装置,不需要变动,所以应用较为普遍。部分高炉采用干法TRT发电后,出现煤气管道严重腐蚀等现象也值得关注。图3.3和图3.4分别表示湿式TRT和干式TRT工艺流程示意图。

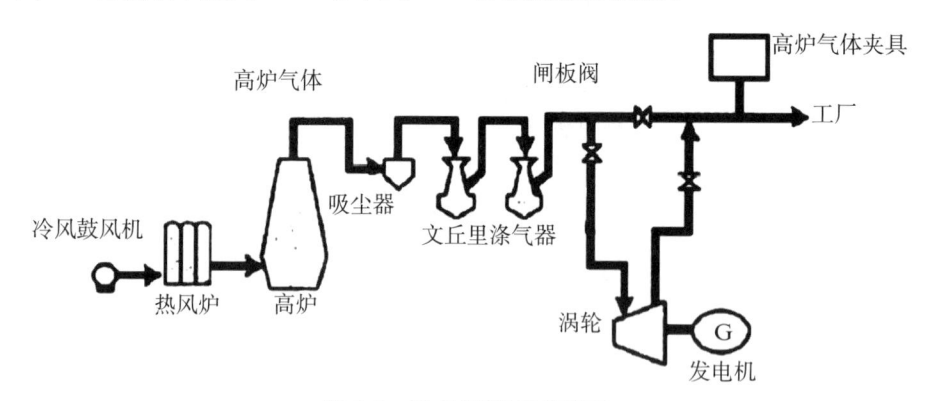

图3.3 湿式TRT工艺流程

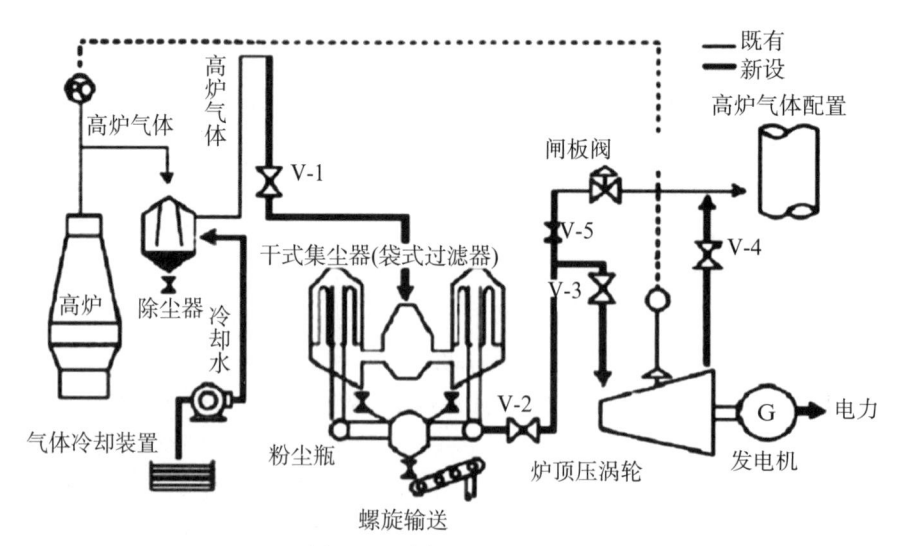

图3.4 干式TRT工艺流程

河北某钢厂三座 2 650 m³ 高炉建设中,1♯高炉建设一套干湿两用式 TRT,现在是湿式运行,透平机按湿式设计点额定功率 10 150 kW,发电机选用无刷励磁发电机。自 2007 年 2 月投入运行至 2010 年 12 月以来,累计发电 26 940 万千瓦时。2♯高炉建设一套干式 TRT,并于 2007 年 2 月并网发电,透平机干式设计点额定功率 13 060 kW,自 2007 年 2 月投入运行至 2010 年 12 月以来,累计发电 33 618 万千瓦时。3♯高炉建设一套干式 TRT,透平机干式设计点额定功率 22 750 kW,发电机分别选用无刷励磁发电机。TRT 投产后,取得良好的效果。自 2010 年 3 月投入运行至 2010 年 12 月以来,累计发电 10 357 万千瓦时。

3. 热风炉双预热技术

高炉热风炉双预热技术是指同时预热高炉煤气和助燃空气的技术,这不仅会明显提高热风炉的理论燃烧温度,而且有利于提高热风炉的寿命,降低能源消耗。单独预热热风炉煤气或助燃空气,都可以提高热风炉理论燃烧温度,但实际上只预热一项,会因两者温差过大使热风炉燃烧器受到不均衡的温度应力的破坏,缩短使用寿命。同时预热高炉煤气和助燃空气,不仅会明显提高热风炉的理论燃烧温度,而且有利于提高热风炉的寿命,降低能源消耗。

热风炉烟道的烟气温度为 300~400℃,烟气量很大,携带的热量相当可观,因此高炉热风炉余热回收在节能减排方面具有重大意义。

某钢厂新三号高炉配有两座预热炉,助燃风温度可使用 260℃,风温稳定在 1 210℃以上,但新三号高炉余热资源最为丰富,根据现场情况可以考虑增加煤气预热器,预计煤气预热后温度可达 160℃以上,热风炉煤气耗量降低 2%~3%,每天可节约煤气 11 万立方米。

3.2.4 转炉余热余能深度回收

我国转炉钢产量从 2000 年的 1.068 亿吨增长到 2009 年的 5 亿吨以上,增长了约 4.7 倍,年均增幅接近 19%,超过了粗钢的增长速度。"负能炼钢"是转炉炼钢节能的主要技术,推广转炉负能炼钢技术对炼钢实现节能减排目标具有重要意义。

回收转炉煤气和蒸汽是实现转炉冶炼能耗"负值"的主要手段。2010 年上半年,重点企业转炉工序能耗为 0.52 kgce/t。而转炉煤气和蒸汽回收率高的企业转炉工序能耗要低一些。2010 年上半年,重点企业转炉煤气回收量提高到 79 m³/t,这将使转炉工序能耗下降。

武钢炼钢总厂三分厂通过优化转炉工艺、开展技术创新、进行科学管理等措施的实施,近 3 年来负能炼钢水平更是逐年提高,2006 年,三分厂年平均吨钢煤气回收量为 83.2 m³,吨钢能耗为 −4.4 克标煤;2007 年,年平均吨钢煤气回收量为 94.5 m³,吨钢能耗为 −21.45 千克标准煤(新系数);2008 年,年平均吨钢煤气回收量为 104 m³,年平均吨钢能耗为 −22.66 千克标准煤(新系数),相对于全国转炉吨钢工序能耗 5.745 千克标准煤,处于国内先进水平。

1. 转炉烟气(煤气)余热深度回收尚待研究

转炉作为钢铁生产主要装备之一,其节能减排深受主体工艺限制和关注。一方面,转炉冶炼是品种钢生产的主体设备,其成分、温度、冶炼周期等影响质量、产量的因素受到企业的重点关注;同时其生产带来大量转炉烟气(煤气)余热的回收与利用是转炉节能减排的研究热点。目前转炉烟气余热回收工艺仅能回收 800℃以上的余热资源,导致大量能源浪费。因而,转炉烟气余热深度回收技术深受行业关注。

2. 转炉煤气高效利用技术

转炉炼钢过程中由于 C-O 反应产生大量富含可燃气体(CO)的烟气,吨钢可达 200 Nm³,烟气主要含有 CO、CO_2、O_2 和基本成分为氧化铁的尘粒,烟气温度为 1 550~1 700℃,CO 含量为 40%~80%,含尘量为 150 g/m³。这部分烟气带出大量潜热和显热[94],这些有害气体若直接外排,会严重污染大气环境。在治理的同时,尽可能回收烟气中的热能和化学能,以降低炼钢工序能耗。

我国转炉煤气回收利用始于 1965 年,直至 2005 年才在一些大型企业普及。目前,转炉煤气回收利用水平最高的钢厂可达 110 m³/t,水平差的则低于 60 m³/t。2009 年我国重点钢铁企业转炉煤气平均回收量为 75 m³/t,与日本钢厂普遍高于 110 m³/t 的水平相比,还有很大的差距。

1985 年,宝钢一期 300 t 转炉成功引进了日本"OG"技术和设备。1998 年以后,我国马钢、莱钢、太钢、攀钢、南钢、宝钢一炼钢和三炼钢的转炉相继引进了新型转炉煤气回收系统。该系统除尘塔与蒸发冷却塔分开布置,即塔文分离。除尘塔下部作为精除尘功能,塔内设有液压调节功能的环隙洗涤器(RSW),根据炉口微差压要求和煤气回收或放散的工艺操作要求,采用液压调节装置对煤气通过 RSW 装置接触面积(缝隙)的大小进行煤气含尘浓度的控制,煤气回收含尘浓度低于 80 mg/m³,煤气排放含尘浓度低于 50 mg/m³。首钢京唐炼钢厂 5 座 300 t 转炉均采用干法除尘技术。工艺路线为转炉烟气经汽化冷却烟道,将烟气温度冷却到 950℃ 以下后,依次进入蒸发冷却器、静电除尘器、ID 风机、切换站、煤气冷却器。脱碳工艺的吨钢煤气回收量为 95~136 m³,蒸汽回收量为 87~100 kg,排放的烟气含尘浓度平均为 10 mg/m³,最低在 5 mg/m³ 以下。

3.2.5 电弧炉系统节能技术

1. 废钢预热技术

利用烟气所携带的热量来预热废钢原料是电炉炼钢节能降耗的重要措施之一。利用电弧炉余热对装料废钢进行预热以降低电弧炉(EAF)的电耗。废钢预热技术理论上废钢预热温度每增加 100℃,可节约电能 20 kW·h/t。若考虑到能量的有效利用率,一般而言,废钢预热温度每增加 100℃,可节约电能 15 kW·h/t 左右。废钢预热技术从设备结构形式来分,可分为整体式和分离式,不同的电炉炉型采用不同形式。几种较新的废钢预热炉简介及节能效果如下。

(1)康斯迪技术。此项技术理念的核心是废钢不间断装炉,在连续装炉中完成能效转换及增产。此种炉子设计达到效果的关键在于控制熔池温度、废钢给进速率及废钢成分。此系统的优点之一是用炉子管道内废气对废钢进行局部预热,将预热的废钢连续装入炉内,使炼钢人员能在泡沫渣覆盖下全功率启动炉子。这也是电炉能将变压器规格降低 10% 而产钢量能与传统大变压器炉子产量相等的原因之一。在整个熔炼过程中电弧始终埋没于泡沫渣中,因而电弧状态极为稳定,很少发生闪变及谐波,噪声也大为减少。在采用康斯迪系统时,废钢温度可达 315~450℃,废气进入预热系统热端即可达到这么高的温度,而相邻炉一般仅能节能 15~40 kW·h/t。但随着炉子运行更为高效及出钢时间进一步缩短,废钢预热变得越来越困难。到后来废钢预热实际是以牺牲炉子产量及提高维护费用为代价的。康斯迪废钢预热产生的一些效益是：增产10%，降低了电耗，使废钢脱湿及电极吨钢消耗量下降。

（2）手指式竖电炉及环保型高效电炉（Economical Arc Furnace，ECOARC）。这两种系统的主要优点是能100%预热废钢以及能降低电耗和电极消耗。采用手指式电炉可使能耗降至70 kW·h/t。而ECOARC炉是将废钢连续装入起预热作用的竖炉中，与熔炼室内的熔融金属接触，在熔炼期电炉与竖炉一起后倾。据报道，ECOARC炉电耗指标可达到150 kW·h/t。这两种炉都是将竖炉装在电炉炉壳上方，因而厂房需要更高的高度，另一缺点是竖炉及指状结构水冷会带来高达30 kW·h/t的能量损失。

（3）EPC预热系统（环保预热连续装炉系统）。在电炉熔炼废钢的炼钢过程中采用废钢预热技术，利用炉子所排废气显热预热废钢至700～800℃可明显降低电力消耗及相应地提高炉子生产率。这种EPC系统结合了100%废钢预热及连续供料这两大优点，无需加炉顶或在炉身上开洞，与其他常见炉子弊端不同，EPC系统在炉子上料期间无粉尘排放及热损失。EPC系统与传统电炉相比可减少电力消耗约100 kW·h/t。

2. 超高功率供电技术

超高功率炼钢法是通过增大熔化功率，加大熔电流，缩短熔化时间，来达到节能目的，在电炉炼钢的生产中，电能主要是对炉料进行加热和熔化，在进入氧化期和还原期时由于有炉料反应放热，电能消耗相对少[95]。在熔化废钢并将钢水温度保持在1 520℃这段时间内，电炉的热效率仅有55%～65%，熔化期所需要的能量为360～380 kW·h/t，占总电耗的60%～70%，时间占全炉冶炼时间的一半多。现在发展的超高功率电炉就是为了强化熔化期供热而缩短熔化时间和用能，从而大大提高生产率。例如，某厂70 t电弧炉改造为超高功率电弧炉后效果如表3.3所示[96]，可节约电耗15.38 kgce/t，约占总体电耗的21%，此外冶炼生成率还提高了近300%。

表3.3 70 t电弧炉超高功率化的效果

电弧炉	额定功率/MVA	融化时间/min	冶炼时间/min	融化电耗/(kgce/t)	总电耗/(kgce/t)	生成率/(t/h)
普通功率	20	129	156	538	595	27
超高功率	50	40	70	417	465	62

3. 泡沫渣埋弧冶炼技术

泡沫渣埋弧冶炼技术是指在电弧炉冶炼过程中，吹氧的同时向熔池内喷碳粉或碳化硅粉，加剧碳氧反应，在渣层内形成大量的CO气体泡沫，使渣层厚度达到电弧长度的2.5～3.0倍，电弧完全被屏蔽，从而减少电弧辐射，提高电弧炉的热效率，缩短冶炼时间，降低电能消耗，延长炉衬和炉顶的使用寿命，大幅度地提高生产率。据某厂统计，采用泡沫渣冶炼工艺后，可使每炉钢的平均冶炼时间缩短17 min，每吨钢节电116.3 kW·h，炉衬寿命提高65%。另外，由于加入碳粉等还原剂，渣中FeO的还原率可达60%，金属收得率得到提高。同时由于电弧被渣层屏蔽，电弧的辐射热相对于普通渣工艺减少，环境温度相对较低，因而可减少电极的氧化，也使噪声减小，噪声污染得到控制。

4. 铁水热装技术

我国是发展中大国，也是钢材消费大国，废钢资源短缺，同时电价昂贵，这都增加了电炉炼钢的成本。电炉铁水热装技术是近年来电炉炼钢发展的重要趋势,铁水热装技术化解了电炉炼钢原料资源短缺的矛盾,同时在节能降耗方面具有重要意义,取得了良好效果,尤其是在缩短冶炼时间,降低电能消耗,减少电极消耗,稀释钢水中有害元素(如 As、Sn、Pb、Cu、Cr)从而改善钢水质量等方面具有良好效果。表 3.4、表 3.5 和表 3.6 所示分别为铁水热装技术在缩短冶炼时间、降低电耗和减少电极消耗的实际生产对比数据。

表 3.4 铁水热装技术缩短电炉冶炼时间实际生产对比数据

钢厂名称	热装铁水比/%	热装前冶炼周期/min	热装后冶炼周期/min	缩短时间/min
天津无缝钢管厂	30	89	54	35
涟钢一炼钢	30	155	130	25
莱钢 50 t 电炉	22	91	84	7
安阳 100 t 电炉	35	59	47	12
广钢 60 t 电炉	25.5	49.6	43.3	6.3

表 3.5 铁水热装技术降低电耗实际生产对比数据

钢厂名称	热装铁水比/%	热装前电耗/(kW·h/t)	热装后电耗/(kW·h/t)	节电/(kW·h/t)
天津无缝钢管厂	30	520	338	182
涟钢一炼钢	30	519	426	93
莱钢 50 t 电炉	22	519	470	49
安阳 100 t 电炉	35	320	210	110
广钢 60 t 电炉	25.5	306	250	56

表 3.6 铁水热装技术减少电极消耗实际生产对比数据

钢厂名称	热装铁水比/%	热装前电极消耗/(kg/t)	热装后电极消耗/(kg/t)	节省电极/(kg/t)
涟钢 60 t 电炉	30	5.39	4.23	1.16
南昌钢铁电炉厂	35	6.1	3.7	2.4
南钢 100 t 电炉厂	25	4.3	2.6	1.7
巴西 MJS 84 t 电炉	35	2.6	2.2	0.4

虽然与理论计算数值存在一定差距,但热装铁水技术对电炉节能降耗效果仍是显著的。

5. 使用一次能源技术

为了提高电炉炼钢的生产率,除了使用电能外,在过去电炉炼钢中也越来越多地使用化石能源(煤、石油和天然气),即利用安装在炉壁上的烧嘴向炉内喷入化石能源。然而,在电炉炼钢过程中有效利用一次能源(化石能源)的时间范围被限制到一个很短的期间段内,不仅输入的能源密度增加,使出钢时间缩短,而且通过废钢表面的热传导,能源得到了有效利用。一次能源冶炼炉(Primary Energy Metallurgy,PEM)概念的特点如下。

(1) 熔化炉中的电力消耗小于 530 kW·h/t。

(2) 废钢收得率大于 90%。

(3) 熔化炉出钢口与过热炉倾转轴成直线排列。

为了直接进行各种能源数值比较,特别选定了一些现有电炉的指标数据,这些数据来自:国际钢铁协会对 95 座电炉研究的数据、德国图林根钢厂电炉数据(现属于西班牙 Alonso Gallardo 集团)、萨尔茨基特钢铁公司 Peiner Trager 钢厂电炉数据与 PEM 进行了对比,如表 3.7 所示。

表 3.7 各生产线能源需求量 （单位:kW·h/t）

项目	国际钢协研究	图林根厂	萨尔茨基特公司	PEM
电能	1 238	1 142	1 061	245
天然气	40	55	32	531
氧气	52	61	49	132
煤	135	128	153	90
电极	20	15	15	13

3.2.6 轧钢高效炉窑定制化与系统集成技术

以高效燃烧、新型筑炉材料开发和应用、炉型结构优化、余热回收和利用、加热炉自动化控制、炉窑系统与工艺优化融合六大节能技术为项目研究内容,并通过对节能技术的适宜性、应用条件、集成关系、成败案例的分析研究,通过技术集成,以支撑形成定制化高效炉窑系统技术集成方案,实现炉窑能效最大化,实现"轧钢高效炉窑定制化与系统集成"。

3.2.7 新技术新工艺进展

从近期看,以碳-氧冶金为主的长流程冶金工艺具有高效、大型化、规模经济、品种质量高、成本低的优点,还将持续相当长的时间。典型流程的技术创新主要包括:以连铸—连轧流程取代了模铸—初轧开坯—轧制的工艺流程;非高炉碳冶金炼铁技术依然是钢铁工业单体工艺技术进步、节能降耗的重点方向;以废钢为主要原料的以电炉炼钢为特征的短流程工艺是节能、降耗、环境友好的钢铁工业可持续发展的流程进步的方向。特别是在废钢及电力资源丰富的发达国家,在其严格的环保政策的要求下,以废钢-电炉炼钢为特征的短流程生产工艺得到了大力发展与应用。我国将主要依赖于中国钢铁消费结构、废钢资源及电力资源的发展而稳步发展;以薄板坯连铸连轧、双辊薄带连铸连轧等工艺为代表的铸—轧—材一体化新流程还将得到进一步的发展。从远期看,非高炉炼铁技术氢气冶金理论、技术及其装备的研究与开发,应该尽早开展相关基础研究。

1. 非高炉炼铁技术进展

根据其工艺特征、产品类型及用途不同,非高炉炼铁技术可分为熔融还原和直接还原两大类。熔融还原法是以非焦煤为能源,在高温熔态下进行铁氧化物还原,渣铁完全分离,得到类似高炉冶炼的含碳铁水。直接还原法则是以气体燃料、液体燃料或非焦煤为能源,在铁矿石(或含铁团块)软化温度以下进行还原得到金属铁的方法,其产品呈多孔低密度海绵状结构,称为直接还原铁(Direct Reduced Iron,DRI)或海绵铁[97]。非高炉炼铁的各种方法在克服高炉冶炼对焦煤的依赖上有突破,但在矿石品质、粒度上还有一定要求,目前的工艺能耗还未有明显优势;特别是在与现有高效转炉炼钢工艺的匹配上,难以与高炉冶炼相比。

发展非高炉炼铁工艺,作为废钢资源的主要补充,以满足短流程工艺发展需要。

2. 薄板坯连铸连轧技术进展

20 世纪第 1 代薄板坯连铸连轧工艺以低成本、普通品种及较低产量为主要技术、经济特征:一是降低成本,与传统板带生产相比,吨钢成本降低 60 美元;二是生产品种主要以低档的普碳钢和低合金钢为主,在高品质板如汽车板、石油管线钢、硅钢、不锈钢等领域尚未形成工业化生产技术,无法与传统流程相比;三是产线产量较低,一般双流薄板坯连铸生产线年产能力为 160 万~200 万吨。第 2 代薄板坯连铸连轧生产线在高档次品种、超薄规格品种、高性能产品及产线产量上进行有效的创新与突破。

目前,薄板坯连铸连轧技术还在进一步向前发展,其主要特征表现为:与传统流程嫁接,实现长流程的连续生产;用高炉-转炉冶炼工艺提供更纯净的钢水;终轧产品越来越薄,以 1 mm 的薄规格产品为目标,部分热轧品种将替代冷轧产品,同时,薄板坯连铸工艺生产硅钢有其特有的快速冷却优势,将进一步提高硅钢的性能,正在积极开展理论研究与技术开发。因此,薄板坯连铸连轧工艺与传统连轧工艺的产品规格将进一步调整其厚度规格及品种分工。此外,半无头轧制和铁素体轧制两项新技术的成功开发和应用将大大降低薄板坯连铸连轧工艺生产超薄带的成本,产品更加具有市场竞争力。薄板坯连铸连轧技术工艺流程在我国钢铁工业结构调整、工艺流程进步上还将进一步发挥积极作用。另外,薄板坯连铸连轧工艺在 1~3 mm 板厚规格热轧产品有成本优势,部分产品还可以以热轧产品代替冷轧产品,在质量不断完善的基础上,还可以生产部分冷轧基料(这方面还需进一步了解),应该还有适当的发展。

3. 双辊薄带连铸连轧技术进展

双辊薄带连铸连轧工艺革新能够使生产组织灵活性增加、产线流程缩短、能耗降低,这是各国竞相研究开发的主要原因。自 1846 年英国 Bessemer 提出将金属直接浇入两个铸辊直接成形为薄带设想后的 140 多年来,钢的双辊薄带连铸难以实现工业化。直至 20 世纪 80 年代,钢铁业面临能源危机与工艺革新的需求,基础支撑技术的迅猛发展,该技术又成为各国竞相研究开发的热点。1989 年,新日铁与三菱重工合作研制 800~1 300 mm 宽双辊薄带连铸机,成功地浇铸出 10 t SUS304 不锈钢薄带,铸带坯经冷轧后,力学性能和抗腐蚀性能相当于或优于用传统工艺生产的带钢性能。2000 年 3 月,NUCOR、澳大利亚 Bluescope 和日本 IHI,以 47.5∶47.5∶5 的参股比例,合资建立 Castrip LLC,目标是将 Castrip® 技术应用于商业化生产,2002 年 5 月建成投产。Castrip® 目前可生产厚度在 0.9~1.5 mm 的产品,已经实现商业化生产的钢种主要是普通低碳钢,强度等级为 400~550 MPa,采用铌微合金化。在总结了第一个 Castrip® 厂的成功经验后,纽柯于 2008 年投资建设第二座 Castrip®,位于阿肯色州布莱斯维厂,于 2009 年投产。我国也开展了类似的跟踪、开发和工业试验,宝钢已取得突破性进展。

3.3 热工装备节能技术发展重点任务

由于能源结构和生产结构的差异是由我国的具体国情所决定的,所以钢铁企业能够挖掘的潜力主要体现在以下四个方面。

（1）通过设备大型化等技术改造使企业的生产线先进化，从而具备技术竞争力。落后装备相比先进大型设备，能耗明显高，而且二次能源回收利用率低。如果我国的钢铁企业将这些落后产能全部淘汰，将会节约大量能源。

（2）同时，我国的钢铁企业还需要加强管理节能。宝钢的能源中心自1991年投产以来，每年为全厂节能的贡献率在5%以上，为宝钢的能耗水平国内领先甚至达到世界先进水平作出了重要的贡献。如果我国的钢铁企业都建立能源中心，加强管理节能，钢铁能耗又会有一个大幅度的降低。

（3）大力推广现有成熟的节能技术，如TRT发电、转炉煤气回收等（在小型设备上基本无法应用）。减少高炉煤气放散，发展高炉顶压压差发电，推广纯高炉煤气加热和发电技术，建设热电联产项目；加强转炉煤气净化回收利用工作，提高余热回收利用率。

我国钢铁企业需要发展和推广的节能技术很多，应大力加强焦炭显热、烧结废气显热、炼铁热风炉烟气余热、转炉煤气显热、轧钢加热炉烟气余热等余热资源的回收利用（目前我国300 m³以上高炉换热器的设置率为30%左右；80%以上大中型轧钢加热配备了空气/煤气换热器）。提高二次能源回收利用水平，推广大型节能设备的应用（CDQ、TRT、转炉煤气回收等），减少高炉煤气放散，发展高炉顶压压差发电，推广纯高炉煤气加热和发电技术，建设热电联产项目；加强转炉煤气净化回收利用工作，提高余热回收利用率。如果钢铁厂全部实施CDQ技术、TRT技术、高炉喷煤技术、球团矿技术、转炉负能炼钢技术、连铸坯热装热送和直接轧制技术这6项节能技术，冶金过程吨钢标准煤能耗将下降132.27 kgce/t。目前，我国宝钢、武钢、鞍钢等一些大钢厂已经较好地实施了以上6项节能新技术，并取得了很好的节能效果。

（4）重视低温余热的回收，将会有大量的节能潜力。如果将钢铁全流程中目前还未引起重视的低温余热全部回收，冶金过程吨钢标准煤能耗将下降33.55 kgce/t[98]。在对低温余热的回收方面，宝钢已经开始探索纯低温ORC发电技术。另外，很多中小型企业由于设备小型化，装备落后，很少采用最新的节能技术，吨钢综合能耗和可比能耗与国内先进值相比竟相差1倍左右。可见，对于我国一些中小型钢铁企业尤其是一些节能技术很落后的钢铁企业，节能的空间还很大。

3.4 热工装备节能技术发展技术路线图

3.4.1 高效加热与工序排放减量化节能技术

开发的目标为降低板、带材加热能耗15%，降低烟气排放量55%。开发的配套技术如下。

（1）新型薄壁辐射管现场推广应用示范。
（2）密排火焰快速加热技术与装备研究。
（3）炉内气氛循环利用技术研究。
（4）工业炉氧燃料烟气循环燃烧技术研究。

(5) 节能型热轧非高压水热坯除鳞技术开发。
(6) 碳纤维复合高温炉辊和高温构件技术开发。

3.4.2 全流程余热逐级回收梯级利用与储热技术

以钢铁高温热工装备为核心,开展余热资源回用工作,提升装备能效,降低能源消耗,可减少装备能源消耗10%以上。配套的主要技术如下。
(1) 余热逐级回收与梯级利用方法研究。
(2) 特殊场合高温换热器技术及标准研制(焦炉荒煤气上升管换热器研制)。
(3) 焦炉等以装备为中心的多热源能量系统耦合技术开发。
(4) 炉渣等高温余热高效综合利用技术。
(5) 废气循环烧结工艺技术优化与推广应用。
(6) 高温相变材料的特性研究。
(7) 相变储热材料封装技术及储热系统结构研究。
(8) 低温余热ORC发电技术。

3.4.3 减少工序内产品热损失缩短热过程时间

开发的目标为减少产品工序热损失15%。开发的配套技术如下。
(1) 节能型机械搅拌+真空精炼技术开发,缩短钢水精炼时间,减少钢水温降。
(2) 直供液态保护渣减少连铸结晶器内钢水热损失,降低连铸钢水温度的液态保护渣保温技术。

3.4.4 加热炉、热处理炉过程数值模拟与精确控制技术

开发的目标为过程模拟精度达到1%。配套的技术如下。
(1) 加热炉数值模拟与精确预报模型。
(2) 热处理炉工艺过程数值模拟与热过程控制技术。

3.4.5 副产煤气深度资源化技术

副产煤气深度资源化利用基于节能与减排的平衡思想,核心目的是经济价值、环境效益与社会效益的多元创造。钢铁联合企业副产煤气的特点是种类多样性、数量巨大化和分散式分布。目前可回收利用的主要有焦炉煤气、高炉煤气和转炉煤气。

国际同行日本JFE公司采用物理吸附法分离回收CO和CO_2,处于中试研究阶段;新日铁基于化学吸收法,正在进行高炉煤气的脱碳中试试验;浦项同时在研究两种碳捕捉方法,包括变压吸附法(Pressure Swing Adsorption, PSA)和化学吸收法;安赛乐米塔尔在TGR-BF项目中采用了变真空吸附(VPSA)法分离CO_2;上述的三大区域的公司同时都在进行氢气炼铁的研究。宝钢三种副产煤气发生量巨大,目前主要作为燃料,少量焦炉煤气用于化产,占总量一半的高炉煤气用于发电。

焦炉煤气、高炉煤气和转炉煤气,是钢铁联合企业重要气态副产品。由于被定义为副产品,其价值并没有得到最大体现。传统上,只是把副产煤气当作燃料,甚至部分副产煤气仅

被当作低品质燃料用于粗放的燃烧加热。而实际上,钢铁企业的高温冶炼炉,不仅是钢铁制造反应器,也是优质煤气发生器。以焦炉煤气为代表,其价值体现不仅是可以作为燃料,它更是优良的化工原料和还原剂。

梯级利用、等效替代和低质高用,是副产煤气综合利用的未来发展方向。打破传统思维的束缚,借用高新技术的发展,用低品质煤气替代高品质煤气,把置换出来的高品质煤气和高纯度气体资源,用于向社会输出高附加值的绿色能源产品和绿色化工产品。实现钢铁联合企业的多元产品输出模式,使钢铁联合企业不仅是钢铁材料供应商,也是高效绿色能源的发生与转换基地。促进钢铁与城市的真正融合与和谐,实现钢铁公司与化工企业的联合生产,提升资源的高效高质利用,引导物质流与能量流的完美对接。

3.4.6　高低品位能源使用成本最低技术

降低能源使用成本1%,配套的技术如下。

(1) 热设备使用高炉煤气、转炉煤气、焦炉煤气、天然气、电能等能源使用时的成本最低组合模型技术。

(2) 高炉煤气CO_2分离与提纯技术。

3.4.7　钢铁产品生命周期评价研究及生态设计模型开发

开发的目标为研究钢铁厂主要产品全生命周期的环境绩效收益,建成生命周期评价(Life Cycle Assessment,LCA)在线功能扩展系统,完成绿色制造量化定义工作、宝钢环境绩效指数完善与发布;完成产品环境声明和产品类别规则,并通过第三方认证,逐步完成主要供应商的环境绩效评估,完成与1—2类牌号钢铁产品生态设计,制定钢铁产品LCA国家标准。

钢厂主要产品(硅钢、高强钢、深冲钢)全价值链生命周期节能评价包括以下几方面。

(1) LCA在线应用功能扩展开发。

(2) 绿色制造、绿色产品量化定义及宝钢产品环境声明。

(3) 绿色采购环境绩效评估。

(4) 钢铁产品生态设计示范研究。

(5) 钢铁行业生命周期评价技术标准(系列标准)制定。

3.4.8　其他值得关注的技术

(1) 多孔介质加热技术之炉用平面辐射板气体技术所(Gas Technology Institute)开发的能砌入炉壁的平面辐射板(Flat Radiant Panel),能增加辐射表面、降低表面温度、延长炉子使用寿命,提高炉温均匀性,减少炉衬、使炉子尺寸缩小50%,加快炉子升温和冷却速度,产生的NO_x很少。

(2) 反向循环单管封闭式辐射管(Reverse Annulus Single-Ended Radiant Tube)由北美制造公司(North American Manufacturing Company)和燃气研究所(GTI)共同开发。热辐射率高,用相同材料制造此种管能经受更高温度、提高燃烧效率10%,减少50%的NO_x,使用寿命长。

（3）低 NO_x 燃气强烈内循环(Forced Interval Recirculation)辐射管 GTI 开发的 U 形辐射管延管长、温度均匀。当炉温为 1 010℃，空气遇热温度从 455℃提高到了 480℃时，产生的 NO_x＜0.008%(vol)。而一般预热空气辐射管所产生的 NO_x 大于 0.02%～0.25%(vol)。

（4）直焰冲击燃烧技术(Direct Flame Impingement Technology，DFIT)使用多喷嘴平嵌入炉壁的高速燃烧器，喷射速度达到 1 马赫(1 马赫约为 330 m/s)，可在空气过剩系数 $α=1$ 的条件下工作，提高能源利用率 35%、减少 70%的 NO_x 排放、提高生产率 25%、减少 50%的氧化烧损，具有年节约 1 亿～1.5 亿美元的潜力。

（5）智能实时测控生态工业炉技术，通过开发能实时检测炉内炉温、O_2、CO(及其他可燃物)、H_2O 的新型传感器系统(如 ROMT 等)，实现燃烧系统的闭环控制，实现工业炉在提高能源效率、减少氧化烧损、设备诊断(含烧嘴、换热器、管道等)、安全报警等方面全方位的提升，形成智能工业炉技术。

（6）工艺热能评价的鉴定软件(Process Heat Assessment and Survey Tool，PHAST)，该软件为美国能源部计划项目，供用户按不同燃烧方式和热回收参数进行热能转换的工具，可比较炉子在工作状态下的性能，计算各种工作条件下的节能潜力。

（7）加热炉能源分析工具(Furnace Energy Analysis Tool)可计算按小时、年度或每磅零件的燃料、电能消耗成本数据。

（8）能源有效利用分析软件。

（9）工艺流程变革引起装备技术提升。

3.5 重点支持的节能技术研发项目

（1）钢铁全流程余热余能资源逐级回收与梯级利用技术。
（2）荒煤气显热回收及焦炉能量系统耦合优化及排放物协同治理技术。
（3）烧结矿竖式冷却技术及系统节能减排集成技术。
（4）熔融渣干式粒化及显热高效回收与综合利用技术。
（5）与工艺融合的纯低温余热发电装备与系统。
（6）高效低碳高温热工装备智能化集成技术。

第4章

我国钢铁工业高温热工装备节能科技发展政策建议

4.1 国内外钢铁工业装备节能政策对比分析

总体看,我国节能技术装备产业化水平与节能挖潜需求相比仍有一定差距,主要表现在:一是自主创新能力不强。以企业为主体的节能技术创新体系不完善,产学研结合不够紧密,技术开发投入不足,一些核心技术尚未完全掌握,部分关键设备依靠进口。二是产业集中度低。企业规模普遍偏小,龙头骨干企业带动作用不强,节能产品设备成套化、系列化、标准化水平低。三是政策不完善。相关法规、标准体系以及财税、金融政策不健全,中小型节能产品制造企业融资困难。四是市场化推广体系不健全。

当前,绿色、循环、低碳发展已成为全球发展的大趋势。许多国家都在向绿色低碳经济转型[99-103]。美国、欧洲分别提出了钢铁能效提升计划、欧洲钢铁低碳路线图 2050 等发展规划。《欧盟 2050 低碳经济路线图》提出欧盟将在 2020 年实现 CO_2 减排 25%,同时将现有能效提高 20%,相较 1990 年的排放值,2050 年实现温室气体减排 80%~90%。为了达到欧盟 2050 年减排 80%~90% 的目标,路线图规划:欧盟希望 2030 年达到温室气体减排 40%,2040 年减排 60%。根据路线图要求,以 1990 年排放值为基准,2020 年之前,年减排目标应每年递增 1%,2020~2030 年,年减排目标应每年递增 1.5%,而 2030~2050 年,年减排目标应每年递增 2%。

欧盟要想实现 2050 年减排 80%~90% 的目标是有先决条件的。首先,保证欧洲减排交易体系(ETS)充分利用。其次,欧盟必须实现新能源的使用率占到欧洲总体能源使用量的 20%。最后,欧盟需要保证在 2020 年前,现有能耗强度提高 20%。为了满足如上条件,欧盟出台了"打包政策"。2011 年 1 月 31 日,欧盟委员会于布鲁塞尔发布了其《面向 2020 年——新能源计划》,包括计划将新能源投资翻倍,总数额将达到 700 亿欧元。同时加大利用多样化金融工具,包括公共债券、风投、夹层融资、证券基金以及保险投资等。除了能源方面的政策,2 月 22 日,欧盟委员会发布了《2010~2020 欧盟交通政策白皮书》(简称《白皮书》),主要内容包括加大使用新能源汽车,将未来欧盟的交通核心放在公共运输上。同时提出了 2050 年交通方面的温室气体排放减少 60% 的目标。《白皮书》预计,欧盟未来将每年至少减少 5 000 万吨的二氧化碳排放量。虽然欧盟针对各个主要行业均出台了政策细则,但还是在路线图中将减排目标细分到了行业,并加大低碳经济投资力度。

我国正处于工业化、城镇化和农业现代化加快发展、全面建设小康社会的关键阶段,生态环境和温室气体减排压力日益加大。从生态环境分析,我国能源结构以煤为主,开发及利用方式仍然粗放,排放了大量污染物,居世界前列,环境污染日益严重,资源环境压力加大;从温室气体减排来看,我国已是世界第一大二氧化碳排放国,人均排放也超世界平均水平。当今世界,围绕气候变化的博弈错综复杂,已成为涉及各国核心利益的重大全球性问题,围绕排放权和发展权的谈判博弈日趋激烈。随着我国经济发展和应对气候变化国际谈判深入,要求我国明确排放峰值量和时间点的压力越来越大。未来相当长时期,能源需求仍将不断增长,面临巨大的节能减排压力。特别是随着节能工作深入推进,进一步挖掘节能潜力的难度加大,节能的任务更加艰巨。这迫切需要在节能技术装备创新、产业化和推广应用方面,实现更大突破。

为贯彻落实《关于加快培育和发展战略性新兴产业的决定》(国发〔2010〕32号)、《"十二五"国家战略性新兴产业发展规划》(国发〔2012〕28号)、《"十二五"节能环保产业发展规划》(国发〔2012〕19号)、《关于加快发展节能环保产业的意见》(国发〔2013〕30号)等文件精神,加快重大节能技术与装备产业化和推广应用,制定并发布《重大节能技术与装备产业化工程实施方案》。主要任务如下。

(1) 培育节能科技创新能力。包括加强自主创新支撑体系建设、加快节能领域研发创新平台建设、强化协同创新能力建设、推动钢铁高温热工装备产业技术创新联盟建设。鼓励以企业为主体,围绕产业技术创新链条,运用市场机制集聚创新资源,形成技术标准合作、人才信息交流、知识产权共享的创新集群,加快节能技术创新成果向现实生产力转化。

(2) 突破重大关键节能技术。围绕节能领域重大、关键、共性的材料、技术和装备,加大研发投入力度,开展节能科技研发攻关,突破核心技术瓶颈,掌握专利技术和自主知识产权,为大规模推广节能产品和装备奠定科技基础。重点突破煤炭高效清洁燃烧、锅炉自动控制技术、节能高效循环流化床技术、主辅机匹配优化、锅炉智能燃烧控制技术、锅炉系统能效诊断与专家咨询系统、燃料品种适应、高效换热等关键技术。攻克高温熔渣显热回收、焦炉荒煤气显热回收、低品位余能有机朗肯循环发电、基于吸收式换热的集中供热等重大技术和关键设备。

(3) 推动钢铁工业绿色发展工程科技战略。到2020年,我国钢铁工业绿色发展的总体目标是:有效控制钢铁工业的总规模;能耗强度和污染物排放强度进一步下降,能源消耗总量和主要污染物排放总量得到遏制;基本形成中国特色的钢铁工业绿色发展的技术支撑体系;具备"产品制造、能源转换和废弃物处理-消纳再资源化"三大功能和动态-有序以及连续-紧凑运行特点的钢厂比例约占30%;按循环经济原则,钢铁行业大部分企业与其他行业以及社会实施生态链接,使各类资源(包括再资源化的排放物)的高效综合利用取得突破;绿色的高附加值钢材自给率提高到90%。钢铁工业绿色发展的工程科技战略思路是:钢铁工业发展将从依靠规模经济转向收缩、控制产能,发展绿色经济。在科技创新方面,从依赖国外引进技术转向以我国自主知识产权技术为主;能源由单体的局部优化转向系统优化;关注非常规有毒有害污染物种类的控制;发挥钢厂三大功能,拓展工业生态链接,与其他产业及社会协同发展,与城市共存;信息化在钢铁工业"三大功能"中将发挥重要作用。

4.2　我国钢铁工业装备节能科技发展的资助机制和政策建议

1. 资助机制

（1）在以内需为主和合理消费的引导下，控制生产规模，淘汰落后的生产工艺，推动钢铁工业结构调整和工艺优化，使我国钢铁工业布局在支撑国民经济发展中不断合理化和优化。政府部门严格执行环境和能耗的标准，严格控制准入门槛，实现淘汰落后的目标和减少过剩产能，发展新型高温热工装备。

（2）聚焦节能减排热点、难点，加强学科建设与研发投入，设立钢铁节能减排重大专项资金，积极组织绿色钢铁工业中高温热工装备共性及关键技术的研究、开发，形成支撑钢铁工业绿色发展的持续创新能力。建立、完善以企业为主体的技术创新体系，加强钢铁工业绿色发展的人才培养，加强创新型人才的培养，建立科研机构、高校创新人才和企业之间的人才流动机制。建立产学研用绿色产业联盟，推动上下游多产业合作。

（3）建立能源精细化管理机制。充分发挥能源管理中心在提高企业能源利用效率及能源利用水平方面的重要作用；充分发挥信息化技术的渗透性和创新性优势，促进信息化技术与节能技改项目的有效融合，强化通过提高信息化水平对节能降本增效的贡献；充分发挥能源管理体系对能源精细化管理的作用，充分体现创效优先、能源利用效益最大化的原则。

（4）对钢铁企业实施节能环保予以扶持补贴。对钢铁企业余能、余热利用及向社会供暖等，城市废弃物消纳和城市中水处理予以支持和经济补贴。积极完善对钢铁企业余能、余热发电并网上网的鼓励优惠政策。对运行成本高的环保设施（如烟气脱硫、脱硝等）予以经济补贴。对企业实施技术先进的环保节能减排项目予以低息贷款或实行减免税收等措施支持，鼓励高耗能生产工艺实施节能改造、更新换代。

2. 政策建议

（1）加强法规标准引导。建立钢铁工业实现绿色发展的公平竞争机制。严格执行环保标准和相应的法律法规，推动修订节约能源法，完善能评、节能监察等相关制度；加强节能标准制修订工作，健全节能标准体系，建立节能标准动态更新机制；鼓励地方制定更加严格的能效标准；严格节能执法监察，依法查处各类违反节能法律法规和标准的行为；加快落后产能工艺和设备退出市场，支撑淘汰落后、化解过剩产能。

（2）支持废钢回收形成产业。为使对社会废钢形成回收—分类—加工配送—利用的完整体系，使废钢回收成为我国重要的资源性产业，对符合准入条件的废钢加工配送企业给予增值税即征即退60%的税收减免政策；规范并简化废钢进口管理程序，在零关税基础上，建议进口废钢的增值税降低到8%~10%，鼓励资源性产品（废船、废旧汽车、废旧家电等含铁资源）的进口。

（3）规划我国钢铁工业（整个产业）的绿色发展方向。全面确立钢铁绿色发展理念，建立钢铁制造、能源转换、废弃物消纳的绿色环保生产体系；完善节能环保技术的开发、推广应用，资源与能源高效合理利用等研发应用体系；建成钢铁企业环保技术设备普遍应用、污染物达标排放、厂区和周边社区环保监测的监控体系，实现企业效益与社会效益的高度统一。

（4）树立碳战略思维。合理核算碳排放量，明确碳排放特点及减排路径规划；通过技术创新实现碳排放强度降低、提高能效、改善环境、降低成本，开展碳资产管理及低碳产品认证；确定企业低碳管理水平和体系，制定监督考核机制；利用多种融资模式，推广应用先进成熟低碳技术和产品。

（5）严格落实目标责任。完善节能目标责任考核制度，将重大节能技术与装备产业化工作情况纳入对地方政府节能目标责任评价考核范围；强化万家企业节能考核，严格落实企业节能任务目标；加强节能考核结果运用，强化社会舆论监督；通过加大节能目标责任考核问责力度，形成促进重大节能技术与装备产业化应用的倒逼机制。

（6）强化政策扶持。利用中央预算内资金加大对钢铁重点节能技术与装备产业化项目的支持。鼓励政策性银行、商业银行、融资担保机构开展金融产品和服务方式创新，加大对节能技术与装备产业化的支持；建立多元化投资机制，鼓励风险投资基金、民间投资和外资加大对节能技术研发示范和节能装备制造企业的投入；支持符合条件的节能技术装备制造企业上市融资、发行企业债券；通过完善和落实相关金融政策，建立促进钢铁工业重大节能技术与装备产业化的绿色融资机制。

（7）加快推行市场化机制。建立并实施能效"领跑者"制度，推广超高能效产品，通过评选、宣传能效"领跑者"促进先进节能技术装备应用；鼓励采用合同能源管理、设备租赁等方式，促进钢铁工业重大节能技术装备的推广应用；加强节能产品认证，扩大能效标识实施范围，及时发布能效标识产品目录；落实政府向社会力量购买公共服务的有关要求，积极培育节能服务第三方机构。

（8）营造良好氛围。充分发挥舆论导向和社会监督作用，积极开展多种形式的宣传教育活动，加大节能法规政策和相关知识科普宣传，增强用能单位的节能意识，推动用能单位由要我节能向我要节能转变。加强复合型节能人才培养，为推进节能技术装备开发创新与产业化应用提供人才支撑。积极倡导节约、绿色、低碳的生产、生活方式和消费模式。加强节能技术对外交流合作，搭建多种形式的平台，鼓励引进来、走出去，提升我国节能技术装备的研发、制造水平。

（9）国家相关部门结合中国能源资源特点，突破能源资源瓶颈，研究开发低碳技术；研发生产全生命周期理念下绿色产品；运用信息化技术研发推广主工艺专家智能控制系统。

3. 组织实施

（1）着力构建企业主体、地方组织、国家政策引导的实施格局。充分发挥战略性新兴产业发展部际联席会议的统筹协调作用，明确有关部门职责分工，加强协调配合，突出各自优势，推动节能技术与装备产业化工程的各项工作任务落到实处。

（2）中华人民共和国国家发展和改革委员会、工业和信息化部会同相关部门依据职责共同落实本方案。地方政府有关主管部门要按照国家统一部署，加强组织领导，结合当地实际，抓好相关任务的落实。有关行业协会和中介机构要充分发挥专业技术和信息优势，配合有关部门做好技术论证、项目评审和政策咨询等工作，为企业开展节能技术装备研发、产业化和推广应用提供支持。

（3）把节能减排作为向环境污染和低效浪费宣战的有力武器，坚持用"铁规"和"铁腕"推进节能减排，进一步硬化考核指标、量化工作任务、强化保障措施，更多地利用市场机制，深入推进重点领域和重点单位节能减排,加大污染特别是大气和水污染治理力度,确保实现"十二五"节能减排约束性指标。

(4) 强调市场在资源配置中的决定性作用和更好发挥政府作用有机结合,加快产业结构调整步伐,积极促进钢铁工业结构调整,将化解钢铁产能过剩矛盾作为钢铁工业结构调整、转型升级的主攻方向。加强行业运行监测分析,开展专项产品市场协调,减少恶性竞争,稳定市场,促进"增效益"目标实现。

(5) 全面确立钢铁绿色发展理念,建立钢铁制造、能源转换、废弃物消纳的绿色环保生产体系;完善节能环保技术开发、推广应用,资源与能源高效合理利用等研发应用体系;建成钢铁企业环保技术设备普遍应用、污染物达标排放、厂区和周边社区环保监测的监控体系,实现企业效益与社会效益的高度统一。

(6) 加强钢铁企业环保设施技改及运行维护,以保证污染物排放达标成为重头戏,企业进一步重视环保改造项目完成后的达效评估和运行维护。结合不同区域的环境管理要求,更多钢铁企业将环保风险管控融入业务流程,深化环保事前管理,强化基础管理和过程受控,提升异常突发设备和作业引发的污染问题的应急处理能力;强化建设、生产和环保管理的有效协同,重视建设项目环保程序合规性;深入开展节能领域、大气污染治理领域、废水处理领域、固废深度处理及资源循环与综合利用领域共性关键技术的研发。

(7) 加快推动钢铁生产方式绿色化,构建科技含量高、资源消耗低、环境污染少的产业结构和生产方式,大幅度提高经济绿色化程度,加快发展绿色产业,形成经济社会发展新的增长点。以建设钢铁强国为目标,以全面提高钢铁工业综合竞争力为主攻方向,秉承绿色发展理念,要充分理解和支持国家在能效对标、环境保护及污染防治工作方面的各项法令及政策要求,努力建成资源节约、环境友好、可持续发展、创新活力强、经济效益好、具有国际竞争力的现代化钢铁工业,更好地实现"低污染、高收益"。

参 考 文 献

[1] 王维兴. 2013年重点统计钢铁企业能源消耗述评[N]. 世界金属导报,2014-03-11(B11).
[2] 刘勇. 首钢京唐钢铁公司能源消耗及影响因素分析[D]. 东北大学硕士学位论文. 沈阳:东北大学,2011.
[3] 马春. 国内外钢铁企业能耗及环保指标比较研究[J]. 上海情报服务平台,2006,3:22.
[4] 翟启杰,洪新,等. 上海钢铁产业及其关键技术发展研究报告[R]. 上海金属学会委托调研报告,2009.
[5] 郑文华. 我国焦化工业现状及"十二五"发展[J]. 鞍钢技术,2012,(4):1-8.
[6] 国家环境保护总局. HJ/T 126—2003 清洁生产标准 炼焦行业[S]. 中华人民共和国环境保护行业标准,2003:1-12.
[7] Worrel E, Blinde P, Neelis M, et al. Energy efficiency improvement and cost saving opportunities for the US iron and steel industry[R]. Environmental Energy Technologies Division,2010.
[8] 李士琦,纪志军,吴龙,等. 钢铁企业能源消耗分析及节能措施[J]. 工业加热,2010,39(5):1-4.
[9] 孟祥荣. 我国焦化环保技术进步与发展[N]. 世界金属导报,2013-01-01(B10).
[10] 赵爱华. 煤调湿技术在炼焦生产中的应用[J]. 洁净煤技术,2013,19(2):66-68.
[11] 张志宏,籍晋英. 再论捣固炼焦技术[J]. 山西冶金,2005,(1):17-18.
[12] 武荣成,许光文. 焦化过程煤调湿技术发展与应用[J]. 化工进展,2012,31:149-153.
[13] 潘登. 我国捣固炼焦技术的进步与发展方向[J]. 燃料与化工,2013,44(2):1-3.

[14] 郑文华.捣固炼焦技术的发展和应用[J].河南冶金,2008,16(1):6-9.
[15] 廖洪强,余广炜,张振国,等.炼焦工业节能环保新技术集成[A].第七届中国钢铁年会论文集(补集)[C],2009.
[16] 加藤健次.焦炉处理废塑料的节能及环保效果[J].燃料与化工,2005,36(4):56-58.
[17] 合利军.焦化自动控制系统的设计及实现[J].冶金自动化,2013,(S2):45-47.
[18] 丰恒夫.炼焦余热余能回收利用技术[N].世界金属导报,2012-09-04(B03).
[19] 宋新南,王恒,胡自成,等.铁矿烧结过程料饼表面的散热行为研究[J].中北大学学报,2009,30(3):301-306.
[20] 王维兴.2012年重点钢铁企业能源消耗述评[N].世界金属导报,2013-03-05(B11).
[21] 祝林峰.烧结余热发电技术的应用及技术改进[J].安徽冶金,2011,(2):33-35.
[22] Sector Policies and Programs Division Office of Air Quality Planning and Standards. Available and Emerging Technologies for Reducing Greenhouse Gas Emissions from the Iron and Steel Industry[M]. September 2012.
[23] 周翔.我国烧结余热发电现状及有关发展建议[J].烧结球团,2012,37(1):57-59.
[24] 李绍俊.烧结余热发电技术的应用[J].矿业工程,2013,11(1):64-66.
[25] 于树彬,王正严.烧结余热发电技术探讨[A].第七届中国钢铁年会论文集[C],2009.
[26] 夏江涛,莫亚平.烧结机漏风治理技术研究现状与发展[A].2012年全国炼铁生产技术会议暨炼铁学术年会文集(上)[C],2012.
[27] 金永龙,何志军,张军红,等.从降低漏风率的角度分析烧结过程能量利用的优化[A].第七届中国钢铁年会论文集[C],2009.
[28] 颜善韬.降低烧结工序能耗措施的研讨[J].鄂钢科技,2012,2:63-66.
[29] 张义明,薛凤萍,李素芹,等.降低烧结工序能耗的实践[A].2011年河北省炼铁技术暨学术年会论文集[C],2011.
[30] 黄晓蓉.浅谈钢铁行业烧结自动化技术现状及发展趋势[J].山西电子技术,2004,3:47-48.
[31] 刘文超,蔡九菊,董辉,等.烧结过程余热资源高效回收与利用的热力学分析[J].中国冶金,2013,23(2):15-20.
[32] 孙德民,李兴文,何玉红,等.济钢热风烧结工艺技术改进[J].山东冶金,2009,31(2):16-17.
[33] 邹琳江,李洪福,段锋,等.济钢热风烧结技术的实验研究[J].工业炉,2007,29(4):9-11.
[34] 工业生产力研究所.唐钢南区炼铁生产过程能量系统优化案例.2014.
[35] 李秀,齐俊茹,张维彬.唐钢南区3 200 m³高炉降低生铁成本的实践[J].甘肃冶金,2011,03(33):7-10.
[36] Worrell E, Blinde P, Neelis M, et al. Energy efficiency improvement and cost saving opportunities for the US iron and steel industry[R]. 2010:36.
[37] 汪洪涛,程艳玲,杨天助.220 t/h全烧高炉煤气高温高压电站锅炉的研究[J].节能技术,2005,9(5):422-425.
[38] 王红斌,唐顺兵,杨志荣.太钢4 350 m³高炉强化冶炼操作实践[J].炼铁,2010,29(3):5-8.
[39] 回瑞萍,王铁钢.鞍钢股份第二炼钢厂负能炼钢生产实践[A].第八届中国钢铁年会论文集[C],2011.
[40] 田敬龙,侯晓闻.宝钢转炉工序能耗分析及节能方向[J].冶金管理,2008,(4):59-60.
[41] 储茜.杭钢转炉厂全工序负能炼钢的生产实践[J].企业技术开发,2011,30(7):51-53.
[42] 翟有有.炼钢-工序转炉炼钢能耗现状分析[J].甘肃冶金,2008,30(1):62-63.
[43] 富志生.转炉炼钢工序能耗计算与分析[J].冶金能源,2010,04:15-33.
[44] 侯祥松,贾艳艳.转炉生产效率对炼钢工序能耗的影响[J].冶金能源,2011,30(4):9-12.

[45] 中国钢铁工业协会科技环保部. 中国钢铁工业能耗现状与节能前景[J]. 冶金管理, 2004, (9): 15-19.
[46] 赵显久, 冯黎明, 程申涛, 等. 宝钢股份炼钢厂300 t转炉工序能耗分析[J]. 上海冶金, 2011, 33(5): 57-59.
[47] 王维兴. 2013年上半年重点钢铁企业能源利用状况评述[A]. 第九届中国钢铁年会[C], 2013.
[48] 曹先常. 电炉烟气余热回收利用技术进展及其应用[J]. 钢铁, 2008, 43: 418-423.
[49] 计玉珍, 郑赟, 鲍崇高. 真空电弧炉设备与熔炼技术的发展[J]. 铸造技术, 2008, 6: 827-829.
[50] 李士琦, 郁健, 李京社. 电弧炉炼钢技术进展[J]. 中国冶金, 2010, 4: 1-16.
[51] 马竹梧. 交流变频调速在钢铁工业中的进展、问题与展望[J]. 变频器世界, 2007, (09): 34.
[52] Rao W T, Zhu T, Zhang H S. Studying of HTAC for very vow heat value gas and regenerative burner structure[R]. Forth International Symposium on High Temperature Air Combustion and Gasification, Rome, 2001.
[53] Hiroshi Tsunji, et al. High Temperature Air Combustion[M]. New York: CRC Press, 2003.
[54] Newby J. High-performance heat recovery with regenerative burner[J]. Iron and Steel Engineer, 1987 (2): 20-24.
[55] Joachima D I. Wunning, burner design for flameless oxidation with low no-formation even at maximum air preheat[J]. Industrial Heating, 1995: 24-28.
[56] 李茂德, 程惠尔. 高温空气燃烧系统中陶瓷蓄热体传热特性分析研究[J]. 热科学与技术, 2004, (3): 255-260.
[57] 胡定军, 石红梅. 新型蜂窝陶瓷的研制[J]. 山东陶瓷, 2004, (3): 5-8.
[58] 李爱菊, 张仁元, 王毅, 等. 新型蜂窝陶瓷的研制[J]. 耐火材料, 2004, (3): 208-210.
[59] 沈君权, 沈弘涛. 蓄热燃烧技术及其在工业窑炉上的应用[J]. 陶瓷, 2001, (5): 40-44.
[60] 吴光亮, 李士琦, 郭汉杰, 等. 高温低氧空气燃烧(HTAC)技术在我国冶金工业中应用的现状分析[J]. 钢铁, 2004, (9): 69-73.
[61] 钟水库, 马宪品, 赵无非, 等. 蜂窝陶瓷蓄热体换热器热性能的实验分析[J]. 上海理工大学学报, 2004, (4): 333-335.
[62] 贾丽娣. 蜂窝蓄热体易损原因分析及其解决措施[J]. 工业加热, 2004, (1): 37-39.
[63] 李朝祥, 王雪松, 王志贵. 陶瓷蓄热材料的损坏机理[J]. 冶金能源, 2003, (4): 43-45.
[64] 曹丰平, 刘江. 蓄热式燃烧技术实际应用中几个问题的探讨[J]. 工业炉, 2002, (4): 18-20.
[65] 刘光临, 王玺堂, 李俊, 等. 蓄热室三维非定常流动与传热数值研究[J]. 武汉科技大学学报(自然科学版), 2005, (2): 148-151.
[66] 芦成新. 鞍钢热轧带钢厂1780加热炉能耗分析[J]. 钢铁, 2002, 37(11): 61-63.
[67] 潘爵芬. 微机在加热炉上应用的经济性[A]. 中国金属学会热能与热工学术会议[C], 1988.
[68] 李昆. 昆钢二五零加热炉的节能技术改造[J]. 冶金能源, 1996, (02): 26-28.
[69] 李勇, 李玉军, 王维佳. 加热炉优化状态自动控制系统的应用[J]. 油气田地面工程, 2003, (06): 40.
[70] 闫文红. 蓄热式燃烧技术——工业炉窑节能降耗的先进技术[J]. 金属加工: 热加工, 2004, (04): 5.
[71] 戴祝平, 徐永圣. 蓄热式燃烧技术的应用[J]. 江苏冶金, 2005, 33(6): 37-38.
[72] 刘凤芹, 胡伟. 蓄热式燃烧技术在唐钢二高线步进梁式加热炉的应用[J]. 冶金能源, 2006, 25(1): 24-25.
[73] 许鸣珠, 吴并臻, 林颖, 等. 高效蓄热燃烧技术在加热炉上的应用[J]. 矿冶, 2003, 12(2): 85-87.
[74] 刘新宇, 张以波. 空、煤气双蓄热燃烧技术问题分析与改造[J]. 宽厚板, 2003, (4): 19-21.
[75] 邝国强, 孙艳萍. 蓄热式燃烧技术的工业应用[J]. 化学工程师, 2006, 20(4): 62-64.
[76] 曹先常. 轧钢低品位余热资源综合梯级利用研究[J]. 宝钢技术, 2011, (6): 15-19.

[77] 王亮超,夏焕梅,张怀东,等.自动控制技术在邯钢焦炉节能降耗中的应用与实践[A].河北省冶金学会炼铁技术暨学术年会论文集[C],2010.
[78] 陈毅,赵希超.焦炉炭化室压力自动调节技术[J].科技创新导报,2012,(12):63-64.
[79] 赵树民,王海燕,宁芳青.焦炉红外自动测温技术及在加热自动控制中的应用前景[A].冀苏鲁皖赣五省金属(冶金)学会第十六届焦化学术年会论文集[C],2012.
[80] 张欣欣,张安强,冯妍卉,等.焦炉能耗分析与余热利用技术[J].钢铁,2012,47(8):1-4.
[81] 倪秀英,张磊,赵婷,等.烧结自动配料技术的开发及应用[J].电气时代,2009,(4):108-109.
[82] 王小轶.高炉热风炉自动控制系统[A].全国炼铁生产技术会议暨炼铁学术年会文集(上)[C],2010.
[83] 马竹梧.高炉热风炉自动换炉的研究和应用实践[J].冶金自动化,2007,(2):29-32.
[84] 孟祥荣.我国焦化环保技术进步与发展[N].世界金属导报,2013-01-01(B10).
[85] 曹先常,程乐意,等.焦炉荒煤气显热回收中试试验分析与研究[C].全国能源与热工学术年会论文集,2015,8:647-651.
[86] 徐志栋,曹银平.宝钢干熄焦节能技术进步[J].中国冶金,2005,15(2):30-33.
[87] 郑文华,史正岩.焦化企业的主要节能减排措施[J].山东冶金,2008,30(6):17-21.
[88] 王洪兴.装炉煤干燥脱水技术在太钢焦化厂的应用[J].煤质技术,2010,(5):15-17.
[89] 王亮超,夏焕梅,张怀东,等.自动控制技术在邯钢焦炉节能降耗中的应用与实践[A].全国能源与热工2010学术年会[C],2010.
[90] 闫为群,栾颖.烧结余热回收利用途径探讨[J].河南冶金,2007,15(3):23-25.
[91] 徐国群.烧结余热回收利用现状与发展[J].世界钢铁,2009,(5):27-31.
[92] 单继国,石红梅.采用小球烧结法促进烧结节能减排[A].全国炼铁生产技术会议暨炼铁年会文集(上册)[C],2008.
[93] 马克,王振东.浓相喷煤技术在鞍钢的开发与应用[A].全国炼铁生产技术会议暨炼铁学术年会文集[C],2012.
[94] 潘秀兰,常桂华,冯士超,等.转炉煤气回收和利用技术的最新进展[J].冶金能源,2010(29)5:37-42.
[95] 邱绍岐.电炉炼钢原理及工艺[M].北京:冶金工业出版社,2004.
[96] 阎立懿.现代超高功率电弧炉的技术特征[J].特殊钢,2001,10(22):1-4.
[97] 储满生,赵庆杰.中国发展非高炉炼铁的现状及展望[J].中国冶金,2008,18(9):1-9.
[98] Worrell E, Blinde P, Neelis M, et al. Energy efficiency improvement and cost saving opportunities for the US iron and steel industry[R].2012,36.
[99] 殷瑞钰.新世纪以来中国钢铁工业概况[A].中日双边技术交流与考察文集[C],2011.
[100] 国务院.中国制造2025(国发[2015]28号).北京:人民出版社,2015.
[101] 国家发展和改革委员会,工业和信息化部.关于印发重大节能技术与装备产业化工程实施方案的通知.发改环资[2014]2423号,2014.
[102] 张春霞,王海风,张寿涛,等.钢铁工业绿色发展的工程科技战略[J].钢铁,2015,50(10):1-7.
[103] EUROFER, The Eoropean Steel Association. A steel roadmap for a low carbon Europe 2050[R]. The European Steel Association,2013.

石油与化学工业篇

第5章

石油与化学工业的战略地位与应用价值

5.1 石油与化学工业在国民经济中的地位及工业发展概况

石油与化学(以下简称石化)工业是能源和基础原材料工业,是生产油品、农用化学品、有机和无机基本原料、合成材料、精细化学品等多种产品的基础工业,也是国民经济的重要支柱产业,为经济社会各领域提供能源和基础原材料及产品,对经济与社会建设、国防科技发展及人们日常生活有着巨大影响。

进入21世纪以来,我国石化工业得到了迅猛的发展,规模不断扩大。至2010年,全行业规模以上企业实现总产值达到8.88万亿元,其中化工行业总产值达到5.23万亿元,首次超过美国,位居世界第一位,实现了历史性的跨越。近五年来,我国工业总产值及石化工业产值变化如图5.1所示,图中同时给出了石化工业产值在工业总产值中的比例,其平均占比为13.05%,且石化工业年平均增长率达到12.47%,近两年平均增加率为9.53%,持续保持较高增长势头(国务院发展研究中心信息网统计数据库)。

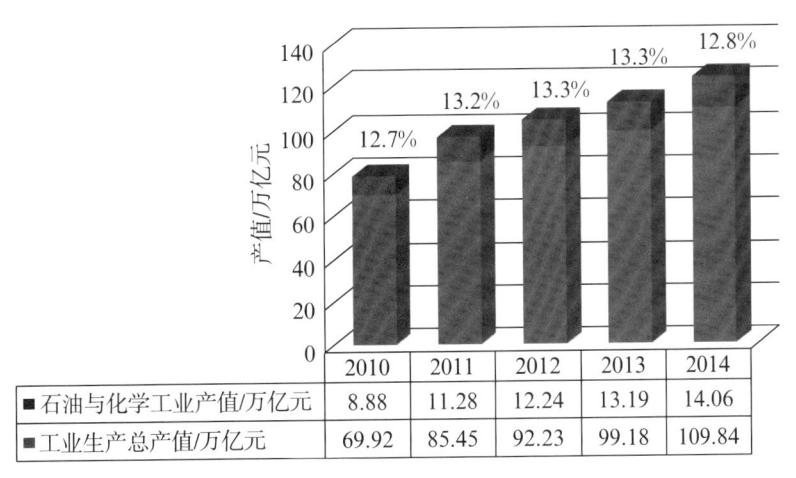

	2010	2011	2012	2013	2014
石油与化学工业产值/万亿元	8.88	11.28	12.24	13.19	14.06
工业生产总产值/万亿元	69.92	85.45	92.23	99.18	109.84
占比	12.7%	13.2%	13.3%	13.3%	12.8%

图5.1 石油与化学工业和规模以上工业总产值对比(后附彩图)

经过几十年的发展,我国石化工业已取得了巨大成就,为我国经济和社会建设及国计民生作出了巨大贡献,目前已具备了相当大的规模和基础,并形成了包括石油和天然气开采、石油产品精炼、基础化学原料、肥料、化学农药、涂料及类似产品、橡胶加工、制碱、化工新材料、煤化工、生物化工等专属行业。2014年各行业的主营业务收入比例如图5.2所示(国研网统计数据库),其中与国计民生息息相关的精炼石油产品和基础化学原料位居整个行业的前两位,占全行业的42.64%。

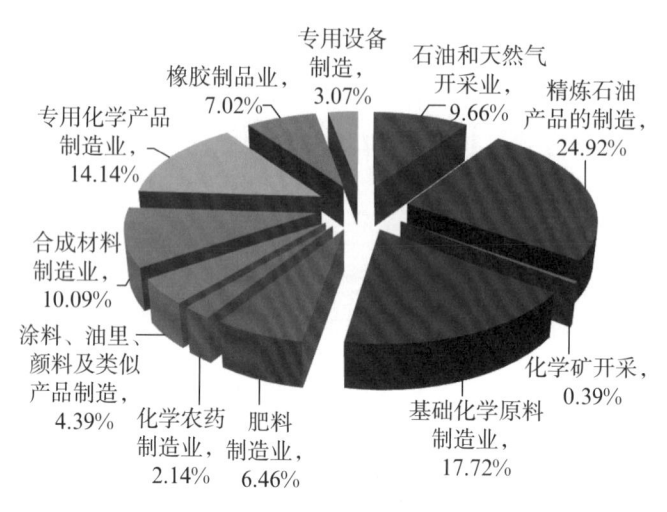

图 5.2　2014年石油与化学工业各行业主营业务收入(后附彩图)

虽然石化工业在我国经济、社会建设中发挥了重大作用,但是由于技术基础薄弱和核心技术的相对匮乏,其运行水平及能耗居高不下。中国化工节能技术协会编制的《2012中国石油和化工行业节能进展报告》显示,2011年我国石化工业能源消费总量为44 515万吨标准煤,占全国工业能耗比重为18.6%,其中石油和天然气开采业耗能3 614.84万吨标准煤(8.12%)、石油加工及石油制品耗能9 006.86万吨标准煤(20.23%)、化工原料及制品业耗能31 029.11万吨标准煤(69.70%)、橡胶制品业耗能864.14万吨标准煤(1.94%),可见石化工业能源消耗主要集中在原油加工和化工原料及化学制品的生产过程,此在近年的《国民经济和社会发展统计公报》中也得到清晰体现,被列入六大高耗能行业。

据统计,2012年我国经济总量占世界的比重为11.6%,但消耗了全世界21.3%的能源,我国工业领域的能源消耗量约占全国能源消耗总量的70%,主要工业产品单位能耗平均比国际先进水平高出30%左右[1]。例如,在石化工业中,以石油加工、乙烯工业和合成氨为代表的工业过程能耗虽然连年降低,但由于技术、操作、管理等多方面的原因,能耗距国际先进水平还有一些差距,要达到国家节能减排目标(单位国内生产总值能耗降低16%)并推进中国制造2025"绿色制造工程"的实现,任务十分艰巨。

5.2　石油与化学工业能源结构与消耗现状分析

《2012中国石油和化工行业节能进展报告》显示,石化工业能耗主要集中在石油加工及石油制品和化工原料及制品业等,下面根据各自部分的典型过程对能耗情况进行概述。

5.2.1 石油加工过程

能耗构成：我国经济发展方式长期以来一直停留在粗放型发展模式上(以大量消耗资源、能源为基础)。石化工业是能源的生产大户，也是资源和能源的消耗大户，它属于能源密集型高耗能产业。2014年，我国炼油加工能力居世界第二位，达6.93亿吨/年，而全年原油加工量累计达到5.02亿吨。图5.3为近年来中国石油化工股份有限公司(以下简称中国石化)和中国石油天然气集团公司(以下简称中国石油)的炼油燃动能耗数据。由图可知，炼油企业炼油燃动能耗虽然连年下降，但是整体能耗水平仍然较高，造成了能源浪费和环境污染，又对自身的发展和国际竞争力的提升带来了限制。随着能源供需矛盾的不断加大，能源消耗在产品成本中必将占据极其重要的地位。因此，炼油燃动能耗直接影响石油资源的综合利用、炼油企业的总体经济效益以及行业发展等。

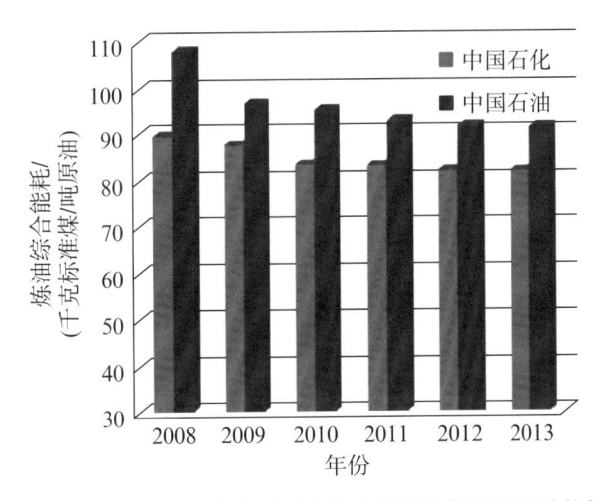

图5.3　2008～2013年中国石化和中国石油的炼油燃动能耗

炼油燃动能耗(按照中国石化炼油燃动能耗的计算方法)，是指在统计期内，炼油企业对实际消耗的各种燃料、动力(电、蒸汽)和耗能介质进行综合计算所得的能源消耗总量[2]。即在完成从原油到油品的储存、加工、输送等生产过程中，炼油企业所消耗的能源可以按一定的折算指标转换为加工每吨原油的一次能源消耗量。通常炼油企业能耗值越大，其加工成本越高。一般来说，炼油企业的燃动能耗介质由五部分构成，即水(如新鲜水、循环水、除盐水)、电、蒸汽(1.0 MPa、3.5 MPa等)、燃料气、催化烧焦等，其中燃料消耗、催化烧焦、电耗、蒸汽能耗占总能耗95%以上[3]。

国内外能耗水平对比：近年来，虽然国内炼油企业大力开展行业内多方面的节能降耗工作，如单元装置升级改造、工艺优化等，取得了显著成果。但是，与世界先进水平相比，我国炼油企业的耗能水平总体上还有一定的差距；而且，就国内同类装置而言，其能耗水平也良莠不齐。这些差距主要表现在管理水平相对较低、能耗指标较高、炼厂加热炉的热效率偏低及生产辅助系统节能和计量考核不完善等方面。根据统计，2013年中国石化炼油燃动能耗为81.7千克标准煤/吨原油，中国石油炼油燃动能耗为91.4千克标准煤/吨原油[4]，两者存在不小的差距。目前，我国部分炼油企业如中国石化的青岛石化、镇海炼化、茂名石化、上海石化以及中国石油的辽阳石化等,炼油燃动能耗已降到57.1~71.4千克标准煤/吨原油,接近世界和亚太先进水平(中国石化网),但国内不少炼厂仍处于85.7~100.0千克标准煤/吨原油,小炼厂的综合能耗数据甚至高达114.3~128.6千克标准煤/吨原油[5]。另外,就单装置比较,仅有常减压蒸馏装置与世界先进水平差距较小,其他主要炼油装置的能耗与国际先进水平还有较大差距。

典型装置能耗:随着我国原油加工量的不断提高,炼油过程中的二次加工装置炼制量也十分巨大。相关数据表明,2013年催化裂化、延迟焦化、加氢裂化、催化重整等加工量分别占原油总处理能力的30.68%、15.63%、8.34%和7.11%[6]。根据中国石化炼油事业部《炼油生产装置基础数据汇编》相关装置能耗数据及文献[7],常减压蒸馏、催化裂化、催化重整装置能耗在炼油燃动能耗中占据着较大比例。

常减压蒸馏装置是石油加工过程中的龙头装置,也是炼厂高能耗装置之一,其能耗占炼油总能耗的25%~30%[8]。常减压蒸馏装置能耗一般由燃料、电、水、蒸汽等部分构成。在常减压蒸馏装置的能耗结构中,燃料、电、蒸汽等消耗所占比例可达到89%~96%。近年来,随着先进技术与设备的应用,有些常减压装置的能耗已明显降低,如2012年天津石化1000万吨常减压装置燃动能耗达10.9千克标准煤/吨原油,在中国石化系统同类装置中位居第一[9],已达到国际先进水平。但由于各炼油企业装置投产年代不同,技术工艺状况各异,如装置分离精度、换热网络优化、换热终温、加热炉负荷等方面存在差异,从而使装置能耗水平各不相同,但总体上相当大部分的炼厂装置能耗较高。因此,可从降低燃料消耗、节汽节电等方面入手,降低常减压蒸馏装置能耗。例如,通过优化换热流程、改进加热炉、采用高效节能设备、设置余热回收系统、回收蒸汽、优化工艺流程等方法,提高燃料利用率,并减少蒸汽消耗等。

催化裂化是炼油过程重要的二次加工工艺,在重质油轻质化过程中发挥着不可替代的作用,但同时也消耗大量的能源。催化裂化装置的能耗主要由水、蒸汽、低温热输出、电、烧焦等部分构成,其中烧焦是影响装置能耗的最主要因素[10]。由于工艺中焦炭产率偏高、烟机负荷率整体偏低、烟气余热锅炉运行不理想、气压机耗能较高、低温余热没有充分利用等,与国外同类催化裂化装置的能耗(85.4~102.6千克标准煤/吨原料)相比,我国催化裂化装置能耗(95.6~119.6千克标准煤/吨原料)普遍较高[11]。因此,降低催化裂化装置能耗的关键是提高能量利用率和余热回收率。

催化重整装置是高能耗的炼油装置之一,主要用于生产高辛烷值汽油或芳烃。该装置能耗较高主要是由于加热炉效率低、燃料单耗高、压缩机消耗高、非计划停工较多等。在其能耗构成中,燃料和电消耗占90%以上[12]。其中,仅催化重整装置加热炉的能耗就占到了整个生产装置能耗的70%~90%[13]。因此,降低催化重整装置能耗的最直接有效的方法就是提高加热炉的热效率及降低压缩机的功耗。

5.2.2 化工原料及制品生产过程

能耗构成:我国化学工业(以下简称化工)经过几十年的发展,已取得了长足的进步,至2014年,我国乙烯、合成氨、烧碱、纯碱等产量分别达到1704万吨、5699万吨、3180万吨和2515万吨(中国产业信息网和中商情报网),均位列世界前列;但是,我国化工行业普遍存在着高污染、高能耗、高资源消耗的现象,尤其以乙烯、合成氨、纯碱、烧碱等高耗能行业最为突出,它们是节能降耗和治理三废的重点行业。此外,我国工业部门终端能源消费结构主要依赖煤炭资源,造成我国化工行业产品的能耗一直较国外同类产品的能耗偏高。表5.1为我国2010~2013年化工行业重点产品能耗表(中国工业节能进展报告2013),虽然主要耗能产品能耗普遍逐年下降,但重点产品单位能耗下降速度减缓甚至有些出现反弹,例如,电石2013年较2012年的能耗增加了1.87%。

表5.1 2010~2013年石油和化工行业重点能耗产品燃动能耗变化表　　(单位:千克标准煤/吨)

能耗产品＼年份	2010	2011	2012	2013
乙烯	879.42	850.75	849.30	835.89
合成氨	1 377.48	1 371.91	1 359.62	1 342.2
电石	1 040.61	1 051.58	1 022.48	1 041.57
纯碱	306.71	300.58	322.60	321.20
烧碱	454.88	433.51	405.77	383.95

国内外能耗水平对比:根据表5.1所示的从2010~2013年我国乙烯、合成氨等工业过程的能耗情况可以看出,虽然我国这些装置的运行水平逐年提高,但与国际先进水平的差距仍然存在,例如,乙烯装置的燃动能耗国际先进水平为629千克标准煤/吨乙烯(中东地区裂解乙烷等气相原料的统计值),合成氨装置综合能耗的国际先进水平为990千克标煤/吨合成氨(2013年中国能源统计年鉴)。对乙烯装置,2014年中国石油吨乙烯平均燃动能耗为881.02千克标准煤,中国石化吨乙烯平均燃动能耗为816.29千克标准煤,而最先进的中国石油独山子石化分公司吨乙烯能耗达751.44千克标准煤(表5.2),表明国内同类装置的能耗水平也存在一定差距。乙烯能耗数据差别较大的原因主要包括:① 乙烯装置的原料种类不同,如国外较多使用乙烷、页岩气等轻组分原料,而我国则以石脑油为主;② 主要产品结构略显不同,如当乙烯市场发生变化时,有时在生产操作中适当调整操作条件,从而影响单位乙烯能耗统计。对合成氨装置,2013年的综合能耗数据高出国际先进水平的35.58%,出现这个差距是因为国内的数据是以煤、天然气为原料的平均综合能耗,而国际的数据是以天然气为原料的平均能耗。若以天然气原料为基准,2014年我国合成氨综合能耗最先进水平也达到1 010千克标准煤/吨(表5.2),与国外先进水平基本相当,但总体水平还存在一定差距。

表5.2 2014年我国石油与化学工业典型过程能耗先进水平[①]

项目	标杆企业	能耗/(千克标准煤/吨)
乙烯燃动能耗	中国石油独山子石化分公司	751.44
	中国石化茂名分公司	755.73
	中国石化镇海炼化分公司	774.30

---

① 中国石油和化学工业联合会.2014年度石油和化工行业重点耗能产品能效领跑者标杆企业及指标(公示稿)。

续 表

项 目	标杆企业	能耗/(千克标准煤/吨)
合成氨综合能耗(以天然气为原料)	重庆建峰化工股份有限公司	1 010
	四川天华股份有限公司	1 026
	中海石油化学股份有限公司	1 033
合成氨综合能耗(以烟煤为原料)	山东华鲁恒升集团有限公司	1 381
	灵谷化工有限公司	1 441
	陕西渭河重化工有限责任公司	1 466

典型装置能耗：《2012 中国石油和化工行业节能进展报告》显示，在石油及化学工业中，化工原料及制品业能耗占整个行业的 42.64%，而乙烯和合成氨作为化工行业的重要原材料产品或成品又是重中之重。

乙烯装置生产的总燃动能耗包括加工能耗和产品构成能耗两个部分。图 5.4 为乙烯能耗构成图，从图中可以看出，乙烯装置除裂解炉反应热及热损失外，通过消耗蒸汽产生的能耗(做功及加热)约占 58%，而蒸汽透平做功约占 44%，加上电力做功合计约占 51%[14]，所以，做功和蒸汽分别是乙烯装置能耗的主要表现形式和主要来源。此外，裂解炉是石油路线制乙烯流程中的核心装备，其中的燃料燃烧提供的能量占整体装置能量需求的 60% 或以上。

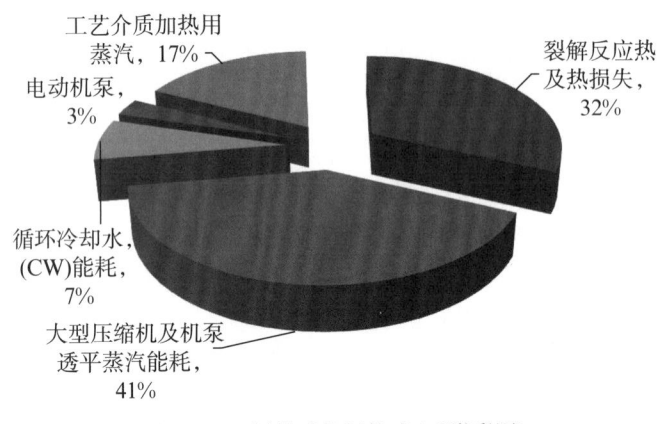

图 5.4 乙烯燃动能耗构成(后附彩图)

合成氨装置是另一个能源消耗大户，全世界大约有 10% 的能源用于生产合成氨。我国合成氨生产的特点是原料多样化，包括煤、渣油、天然气、焦炉气等，其中以煤为原料的占合成氨总产能 76% 以上，这也导致了我国合成氨平均综合能耗较高。从能源输入与输出的构成分布看，原煤是合成氨的最主要能耗，占总能耗的 51.52% 以上；其次是蒸汽，约占总能耗的 41.43%。

5.3 石油与化学工业节能潜力分析

根据资料和调研显示，我国石化工业整体运行和能耗水平与国际先进水平仍存在一定差距,而且就国内范围看,同一类型、同一规模的装置能耗水平也良莠不齐,因此具有很大的节能潜力。

对石油加工装置,2013年中国石化和中国石油的炼油燃动能耗分别为81.7千克标准煤/吨原油和91.4千克标准煤/吨原油,而国际先进水平已低于57.1千克标准煤/吨原油,如果按照我国2014年原油加工量5.02亿吨计算,每年可节约1 478.4万吨标准煤[①];对乙烯工业,国际最先进水平达到629千克标准煤/吨(中东地区裂解乙烷等气相原料的统计值),2014年我国乙烯平均燃动能耗为848.66千克标准煤/吨(中国石油和中国石化算术均值),国内最先进的企业已达到751.44千克标准煤/吨。按照2014年我国乙烯产量1 704万吨,若装置燃动能耗均达到国内最先进水平,每年可节约165.66万吨标准煤[②];对合成氨工业,2013年我国合成氨平均能耗为1 342.2千克标准煤/吨,而国际最先进水平则达到990千克标准煤/吨,国内最先进的企业已达到1 021.45千克标准煤/吨。按照2013年我国合成氨产量5 700万吨,若装置能耗均达到国内最先进水平,每年可节约1 828.3万吨标准煤。

在这些工业生产过程中,高温热工装备起着非常重要的作用,也是重点耗能对象。例如,在炼油装置的常减压装置中,加热炉消耗的燃料能耗约占整个装置的63%,而在连续重整催化装置中,加热炉的能耗则占约71%;在化工过程的乙烯装置中,裂解炉消耗的燃料气占整个装置能耗的60%以上。因此,对这些高温高耗能热工装备进行研究,分析其运行特性、能耗状况及运行效率等,对重点领域进行研究、提出节能减排的措施和方法、推进中国制造2025重点工程非常重要。

目前已有部分技术在相关高温热工装备和系统上使用,并达到节能减排的效果。根据国家发改委推出的《国家重点节能技术推广目录》,相关技术使用后取得了明显的节能效果,具体如下。

(1) 对工业加热炉采用高辐射陶瓷覆层技术(2013年)。该技术从2008年9月至2013年11月在全国各炼化企业的40多台加热炉上使用,包括常减压炉、四合一重整炉、制氢转化炉等,取得了明显节能效果。全国适合使用该技术的加热炉约5 000台,预计到2015年使用比例为30%,年可节能11万吨标准煤,年可减排29万吨CO_2。

(2) 对气化炉采用粉煤加压气化技术(2009年)。该技术主要用于合成氨和甲醇装置。2008年我国合成氨和甲醇工业合计总氨产品产量超过6 000万吨,消耗能源1.1亿~1.2亿吨标准煤。总氨产品产量中约75%以煤气化为源头,其中约50%采用常压固定床煤气化技术。预计到2015年,30%的装置采用该技术,年可节能130万吨标准煤。

(3) 对余热锅炉采用低压工业锅炉高温冷凝水除铁技术(2012年)。该技术的使用可减少锅炉燃料消耗,提高锅炉给水温度的同时减少锅炉补给水,降低蒸汽生产成本。预计到2015年,可在全国低压工业锅炉推广10%,年可节能约83万吨标准煤。

(4) 对蒸汽系统采用运行优化和节能技术(2012年)。预计到2015年,该技术可在80%的炼油、石化企业以及10%小型热电厂使用,年可节能约158万吨标准煤。

(5) 对石化企业采用能源平衡与优化调度技术(2013年)。针对石化企业最主要能源系

---

① 此处计算以国际先进为基准,以中国石化和中国石油能耗算术均值为依据,计算获得节能潜力。
② 由于不同装置的技术、规模、原料、操作等不同,都达到国内先进水平难度很大,这里只说明理想状况。

统(瓦斯、氢气、蒸汽)建设能源平衡和优化调度系统,实现节能减排。预计到 2015 年,在 30%的千家能耗最大企业中实施,年可节能约 160 万吨标准煤,年可减排 422 万吨 CO_2。

综上所述,对石化工业所涉领域,其装备种类多、技术复杂、可节能装备和措施广,从单个装备优化、到工艺优化、再到系统优化,均可实现系统节能减排的目的,且潜力巨大。

第6章

石油与化学工业高温热工装备能效分析与节能技术发展趋势

6.1 石油与化学工业研究目标界定与内涵

石油与化学工业过程是典型的流程工业，其流程长、工艺复杂、设备种类多样。以原油炼制过程为例，其涉及原油输送、原油调合、初次加工（常压蒸馏、减压蒸馏）、二次加工（催化裂化、加氢裂解、连续重整等）、产品精制（汽油加氢、柴油加氢、蜡油精制等）、产品调合、产品储存和输送等过程，过程装备包括多种反应器、各式加热炉、塔器、换热设备、泵、压缩机、汽/气轮机等；再如，乙烯工业过程，其涉及裂解反应、压缩、深冷、产品提纯等，工艺过程最高温度在1 000℃以上、最低温度可在零下120℃及以下，最高压力要高于100个大气压、最低压力则低于1个大气压。对不同工业过程，虽然有不同的工艺路线和生产方式，但从生产过程装备看，总是由静设备（如反应设备、加热炉、塔器、换热设备、余热锅炉、管道、阀门等）和动设备（如机泵、汽/气轮机、压缩机等）构成。在这些过程装备中，又以反应设备、加热炉、余热锅炉、汽/气轮机等热工装备为主。例如，在原油加工过程中，所需的大部分能量来自于燃料气（油）在热工装备——加热炉中燃烧所产生的热量，正常工况条件下加热炉在常减压蒸馏装置能耗中占82%～92%、焦化装置约占90%、连续重整装置约占82%、柴油加氢装置约占30%等[15]，因此石油化工装置中的关键高温热工装备运行水平和状况直接决定整个生产过程的能耗水平。

所谓热工装备，泛指将热能直接利用或转换为机械能及电能的装备，而高温热工装备，是指在高温条件下运行的热工装备。根据石化工业的过程和装备特点及传热过程特性，可将热工转换过程分为三类，即化学能转换为热能、热能转换为热能和热能转换为机械能，因此提高不同能量转化过程的效率就成了提高装置运行和降低能耗水平的关键。围绕石化工业过程，本书主要研究运行在较高温度条件下（如500℃以上）的热工装备，具体研究对象包括加热炉、裂解炉、制氢转化炉、气化炉、焚烧炉、余热锅炉等。由于在石化工业过程中，热能转换为机械能主要体现在蒸汽轮机、烟气轮机对外做功上，而蒸汽轮机在整个石化工业中所占比例相对较小，且工作温度相对较低，因此在本书中不包括对该部分的讨论，仅对烟气轮机的使用进行简单概述。通过对相关研究对象的技术水平发展、运行状况、能耗水平、管理方法、法规政策等方面的现状进行调研，为相关高耗能高温热工装备的技术发展和研究提供指导。

6.2 高温热工装备能效分析

6.2.1 管式加热炉能效

加热炉是以消耗能源获取热量、以热能的形式进行工作并完成某种过程功能的生产设备。在石化行业,加热炉被广泛应用于原油炼制、天然气生产、化工产品制造以及合成制品等过程。

目前,石化行业常用的加热炉分为管式加热炉、水套加热炉、相变加热炉和热媒加热炉等,其中以管式加热炉应用最为广泛。石化行业使用的管式加热炉主要存在设备老化、小型加热炉偏多、效率偏低、炉内腐蚀结垢严重等问题,因此如何设计、使用和管理加热炉成为提高石化行业技术水平的重要环节。加强加热炉新技术的开发和推广对石化工业安全生产、节能和提高生产效率均具有重要意义。

1. 设备工艺特点

管式加热炉一般由三个部分组成:辐射室、对流室和烟囱。炉底的油气联合燃烧器(火嘴)喷出温度高达1 000～1 500℃的火焰,以辐射传热方式将大部分热量传递给辐射室炉管内介质。高温烟气沿辐射室上升到对流室,再以对流传热的方式进一步将热量传给对流室管内介质,温度从800～900℃降至200～450℃或更低,最终从烟囱排入大气;管内介质一般先进入对流段管后再进入辐射室管,最大限度地减少加热炉热损失。

辐射室是加热炉的核心。从火嘴喷出的燃料需要一定的空间才能燃烧完全,同时还要保证火焰不直接扑到炉管上,以防局部过热烧坏炉管,所以辐射室的体积一般较大。由于火焰温度很高(最高处可达1 500～1 800℃),又不允许冲刷炉管,所以热量主要以辐射方式传递。在对流室内,烟气冲刷炉管,以对流传热方式将热量传递给管内介质。烟气冲刷炉管的速度越快,传热的能力越大,所以对流室一般窄而高,排满炉管,且间距较小。有时为增加对流管的受热表面积以提高传热效率,还常采用钉头管和翅片管等。烟气离开对流室时还含有不少低位能热量,一般用空气预热器进行部分热量回收,使烟气温度降至200℃左右,再经烟囱排出。

管式加热炉可按炉型结构、用途以及炉管排列方式进行划分。普遍使用的是按炉型结构进行划分,可分为箱式炉、立式炉、圆筒炉和大型方炉等。

(1) 箱式炉:箱式炉又可分为烟气下行式、大型箱式、横管和立管大型箱式、顶烧式和斜顶式。图6.1所示为大型箱式炉。各炉型特点如下:① 烟气下行式炉和大型箱式炉由于成本高、效率低,近年来几乎不使用;② 横管和立管式炉炉型结构基本一致,只是一为横管,一为立管,它们可有效利用炉膛的空间,而且只需增加中央的隔墙数目,即可在炉膛热强度不变的前提下,"积木组合式"地把炉子放大,因而特别适用于大型加热炉,但它们成本较高,敷管率低,需设独立烟囱;③ 顶烧式炉顾名思义,火嘴在炉子的顶部,而对流室在底部,炉内燃烧器和炉管交错排列,单排管双面辐射,使加热更为均匀,其缺点在于体积大、造价高,目前主要用于合成氨厂大型烃类蒸汽转化炉;④ 斜顶式炉是箱式炉的改进版,其炉膛内烟气流动没有死角,相比于箱式炉,传热均匀性有所提升,处理量也增大了,但并没有克服老式箱式炉的其他缺点,因而仅在老装置上使用。

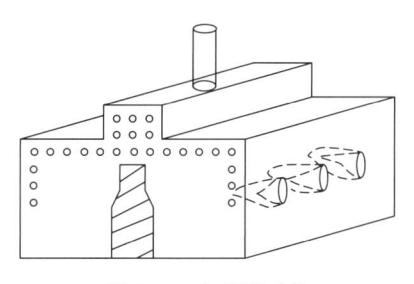

图 6.1 大型箱式炉

(2) 立式炉:立式炉分为底烧横管式、附墙火焰式、环形管立式、立管立式、无焰燃烧式和阶梯式。各炉型特点如下:① 图 6.2 为底烧横管立式炉,它是众多立式炉中使用最为广泛的一种,其传热机理与箱式炉类似,结构与立式大型箱式炉也较类似,它的主要特点在于燃烧器热负荷低、数量多、间距小,从而在炉中央形成一道火焰膜,增加了传热效果;② 附墙火焰式加热炉主要特点在于炉内火焰附在炉膛墙壁,使墙壁成为热辐射体,进而提高辐射传热效果,相较于底烧横管式,附墙火焰式传热更为均匀,为高压加氢、焦化等装置使用的主要炉型;③ 环形管立式炉使用环型炉管,主要优势在于传热面积大,效率较高,而且随着炉子热负荷增加,炉管的 U 形弯可增加,但炉管的弯度较多,限制了应用场合,工业上环形加热炉主要适用于炉管数多、压降小等情况;④ 立管立式炉的炉管为纵向排列,为我国首创炉型,与横向排列的加热炉相比,立式炉的优势在于节省合金钢材,常用于石化过程中的大负荷加热;⑤ 无焰燃烧式炉和阶梯式炉结构类似,均为单排管双面辐射炉型,该炉燃烧器能量较小,且安装在炉壁上,热负荷能分区调节,从而控制不同区域的温度,它的优点在于加热均匀,温度可控,缺点在于造价过于昂贵,这类炉型主要适用于乙烯裂解和烃类蒸气转化。

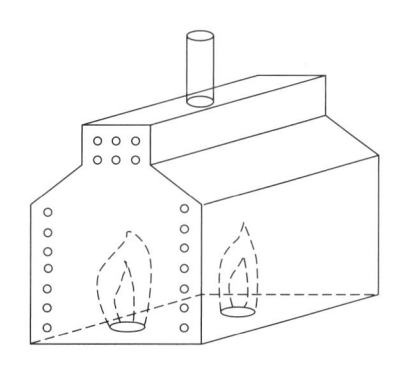

图 6.2 底烧横管立式炉

(3) 圆筒炉:圆筒炉可分为螺旋管式、纯辐射式和辐射-对流式。各炉型特点如下:① 螺旋管式加热炉具有立管式和横管式两种炉型,它们的优势在于成本低、管内压降小,缺点在于热介质只宜走一路(即管程数为 1);② 纯辐射式加热炉火嘴位于炉子底部,没有对流室,如图 6.3 所示。炉内结构相对简单,质量也较轻,但传热效率偏低;③ 辐射-对流式加热炉是在纯辐射式炉的基础上增加了水平管对流式,并采用钉头管和翅片管,相比于前面两种炉型，辐射-对流式加热炉传热效率高，但结构较为复杂，金属用量大。

图 6.3　纯辐射式圆筒炉

（4）大型方炉：大型方炉的炉膛被两排炉管分隔成多个小间，每个小间内设置一到两个大容量高强度燃烧器，如图 6.4 所示。小间分隔一般沿两个方向，简称"十字交叉"分隔法。这种炉型的一个特点是可将多个小间的烟气用烟道汇集好，并送至一个公用对流室或余热锅炉。炉子结构简单，相对体积较小，便于回收余热，主要适用于超大型加热场合。

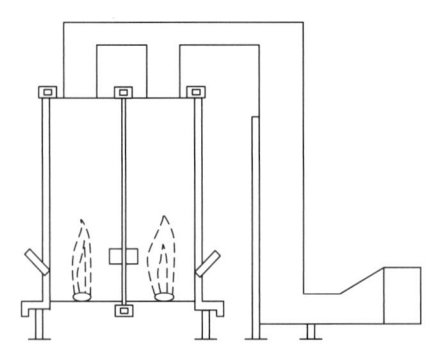

图 6.4　大型方炉

2. 能源消耗结构和状况

管式加热炉的加热方式为直接式，主要的供能介质为燃料油或燃料气。燃料油一般来自于炼厂，如减压渣油、常压渣油、裂化残油等，其中以减压渣油使用最为广泛；燃料气则一般是自产或者来自国家天然气管网，主要组分包括氢气、一氧化碳、硫化氢和碳一至碳五烃类气体等。

随着国民经济的发展，能源需求量不断增大，能源供需关系日益严峻，节能意识逐渐增强。炼化企业已成为石油炼制行业中的最大耗能对象，其中加热炉的能源消耗量约占国民经济各部门各种能源消耗量的 25%[16]。管式加热炉几乎参与了石化行业各类工艺过程，成为裂解、转化反应的核心设备，支配着整个工厂或装置的产品质量、能耗等。以炼油过程为例，常减压塔和催化重整是两个加热炉能耗占比最大的炼油装置，其能量消耗结构如图 6.5 所示。

在常减压装置的能耗组成中，燃料能耗约占 63.3%，电消耗约占 12.9%，蒸汽消耗约占

(a) 常减压装置　　　　　　　　(b) 连续重整装置

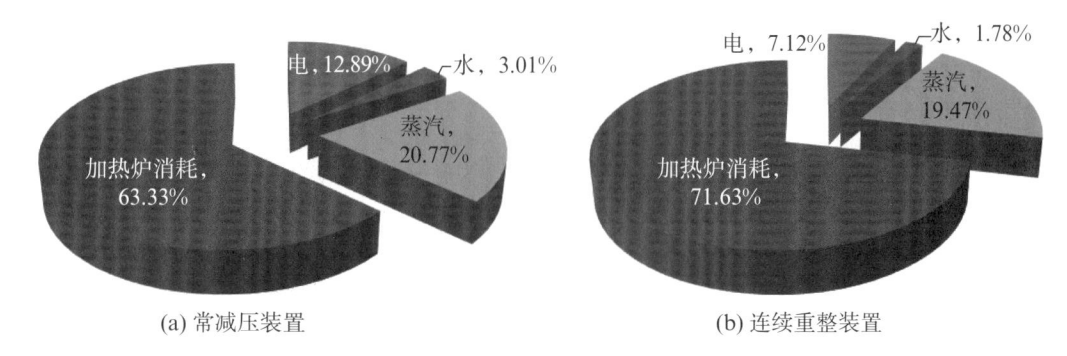

图 6.5　某炼油装置能量消耗结构(后附彩图)

20.8%；在连续催化重整装置的能耗组成中，能耗大户是加热炉和压缩机，其中加热炉能耗约占整个装置能耗的 71.6%，压缩机能耗约占装置能耗的 19.5%[①]；而对于半再生重整装置，加热炉能耗占整个装置能耗的 76.0% 左右，压缩机能耗占装置能耗的 11.0% 左右[17]。从炼油燃动能耗的组成看，加热炉所消耗的燃油和燃料气占比排名第一。

除炼油装置外，其他化工装置如二甲苯装置、苯乙烯、聚酯、氯乙烯及乙二醇装置等也使用管式加热炉，而且加热炉的能耗在部分装置总能耗中占有很大的比例，如二甲苯装置中加热炉消耗的能量在燃动能耗中占比约 75.1%、苯乙烯装置中加热炉能耗占比约 48.1%，具体能耗分布如图 6.6 所示。

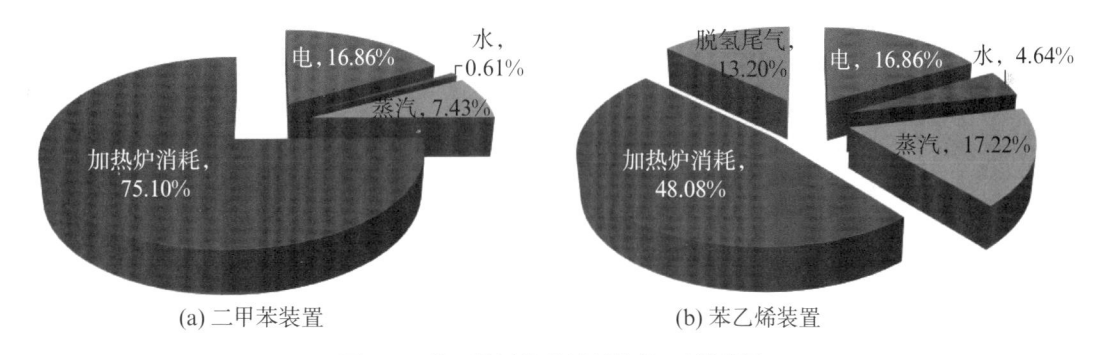

(a) 二甲苯装置　　　　　　　　(b) 苯乙烯装置

图 6.6　化工装置能量消耗结构(后附彩图)

6.2.2　裂解炉能效

裂解炉是用于石油烃裂解制乙烯、丙烯、丁二烯等产品的一种生产设备，被世界上大型石油化工厂所普遍采用。裂解炉按炉型分有方箱式、立式、梯台式和门式等；按燃烧方式分有直焰式、无焰辐射式和附墙火焰式；按烧嘴位置分有底部燃烧、侧壁燃烧、顶部燃烧和底部侧壁联合燃烧等。具体分类如图 6.7 所示。

裂解炉是乙烯生产过程的核心设备，其作用是将天然气、炼厂气、石脑油等各类石油烃原料在高温条件下加工成乙烯、丙烯及各种副产品。裂解炉生产能力及技术的高低，直接决

---
① 某石化内部资料。

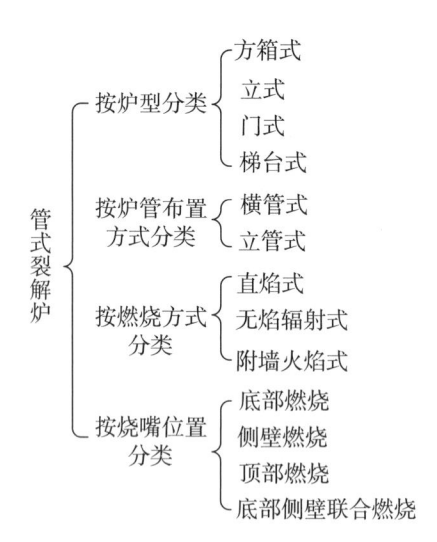

```
                    ┌ 按炉型分类 ─┬ 方箱式
                    │           ├ 立式
                    │           ├ 门式
                    │           └ 梯台式
                    │
                    ├ 按炉管布置 ─┬ 横管式
        管式         │  方式分类  └ 立管式
        裂解 ───────┤
        炉          ├ 按燃烧方式 ─┬ 直焰式
                    │   分类     ├ 无焰辐射式
                    │           └ 附墙火焰式
                    │
                    └ 按烧嘴位置 ─┬ 底部燃烧
                       分类      ├ 侧壁燃烧
                                ├ 顶部燃烧
                                └ 底部侧壁联合燃烧
```

图 6.7 管式裂解炉分类

定乙烯整套装置的生产规模和产品品质，在乙烯生产装置乃至整个石油化工生产中均处于核心地位。乙烯裂解炉具体炉型包括如 CBL 型、SRT 型、USC 型、GK 型、毫秒炉、Pyrocrack 型等不同形式，主要来自乙烯专利商如法国德西尼布公司(Technip)、美国 ABB Lummus 公司、S&W 公司和 KBR 公司、德国林德公司(Linde)等；经过多年的发展和技术创新，我国已经有了裂解炉自主设计能力，主要专利商包括中国石化北京工程建设有限公司(SEI)和中国寰球工程公司等。

1. 设备工艺特点

裂解炉从结构上看，由炉管、管架、燃烧器和炉墙等组成，主要分为辐射段和对流段两个部分。对流段作用是回收烟气余热，用来预热并汽化原料，并将原料和稀释蒸汽加热至可触发裂解反应的横跨温度，部分热量用来过热超高压蒸汽和预热锅炉给水。裂解炉对流段每一组盘管主要由换热炉管(光管或翅片管)通过回弯头组焊而成，有些盘管的进出口通过集箱汇集到一起。混合后的裂解原料与水蒸气进入对流段炉管内加热，温度升高到横跨温度后进入辐射段炉管发生高温裂解反应，生成的裂解气从炉管出来后被立即引进急冷换热器冷却。图 6.8 为典型的裂解炉工艺流程图。

反应炉管通常排列在裂解炉辐射室的中间位置，裂解反应所需的热量则由炉管外的燃料燃烧供给；在炉膛底部的两侧和(或)侧壁分别布置着烧嘴，燃料气与空气通过烧嘴进入炉膛发生燃烧，放出的热量主要以辐射及对流方式通过高温管壁传递给反应管内的介质。裂解炉辐射段内进行的是反应、流动、燃烧高度耦合的过程。沿着反应管长度方向不同位置的热通量分布是影响裂解反应的关键因素。

2. 能源消耗结构和状况

裂解炉的燃动能耗占乙烯装置总能耗的 60% 以上，它是乙烯装置的能耗大户。裂解炉的燃动能耗在很大程度上取决于裂解炉系统本身的设计和操作水平，降低裂解炉的燃动能耗是降低乙烯生产成本的重要途径之一。裂解炉燃动能耗下降的主要措施有提高裂解选择性、提高裂解炉热效率、延长运转周期、改善高温裂解气热量回收和实施新型节能技术等。

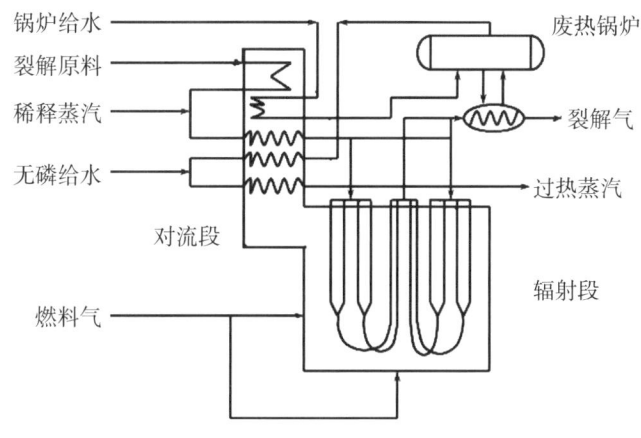

图 6.8 裂解炉工艺流程图

对整个乙烯装置供能分配而言,燃料燃烧约占 50.1%,余热回收约占 29.6%,电、气和水约占 20.3%;对裂解炉而言,在燃料供热分配结构中,辐射段占 38%~42%,对流段占 52%~56%,热损占 5%~10%,如图 6.9 所示。

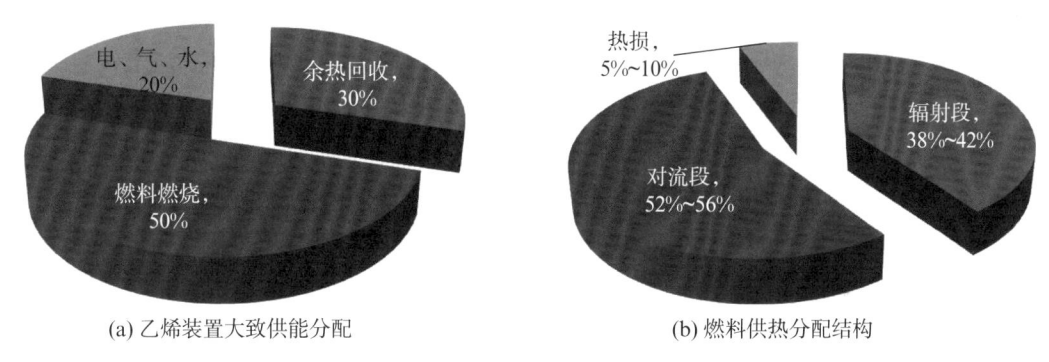

(a) 乙烯装置大致供能分配

(b) 燃料供热分配结构

图 6.9 乙烯装置和乙烯裂解炉燃动能耗(后附彩图)

6.2.3 制氢转化炉能效

制氢转化炉是一种非常特殊的外热式列管反应器,是烃类蒸汽转化法制氢的核心装置[18]。烃类在转化炉中和蒸汽反应转化为氢气,因此转化炉的投资通常占制氢装置的 25%~30%[19]。由于转化反应的强吸热及高温等特点,这种反应器被设计成加热炉的形式,催化剂装填在转化炉管内,在炉膛内直接加热,反应介质通过炉管内的催化剂床层进行反应。由于转化炉的操作条件相对苛刻,和其他加热炉的差异较大,在设计转化炉时,需要精心考虑转化炉结构、炉管材料、耐火材料、管路支撑、应力和膨胀及烟气流动和分配等。

1. 设备工艺特点

按照辐射室供热方式和结构的不同,可以将制氢装置转化炉分为以下四种形式。

(1) 顶烧炉:顶烧炉的燃烧器布置在辐射室的顶部,炉管与燃烧器火焰平行,产生的烟气从炉膛底部的烟道离开辐射室。该炉型的辐射室旁边布置有对流室,采用并流的传热方式。顶烧炉的特点在于燃烧器的火焰主要集中在炉膛顶部,因此该处的热强度非常高,且具有最高的管壁温度,从而造成炉管的设计壁温往往也比较高。由于顶烧炉的炉管在炉膛内排列得比较紧凑,相对于其他炉型比较节省占地面积,有利于大型化应用。顶烧炉的燃烧器密集排列在炉顶且数量相对较少,燃料和空气的配管也相应简化。顶烧炉在操作时需注意协调燃料放热和反应吸热的分布问题,使反应最剧烈的部位能获得最多的能量供给,需避免管壁局部温度过高对炉管寿命造成的影响。由于顶烧炉的燃烧器都集中在炉顶,炉顶的局部温度明显高于其他部位,因此如何调节燃烧器是顶烧炉正常操作过程中的难点。

(2) 侧烧炉:侧烧炉因燃烧器布置在辐射室的侧墙而得名,燃烧火焰附墙。侧烧炉炉管的受热形式有双排管双面辐射和单排管双面辐射两种形式,其中前者由于操作条件苛刻且受热形式不好,炉管容易弯曲变形,目前大部分侧烧炉都采用后者的形式。该炉型的辐射室顶部布置有对流室,燃烧产生的烟气向上流动。对于大型装置来说,由于需要考虑到检修等问题,往往在辐射室侧边设置对流室,通过辐射墙对炉管进行传热,此时炉内燃烧产生的烟气与管内介质相向而行,采用错流的传热方式。侧烧炉的燃烧器分布比较均匀,使辐射传热也较为均匀,从而能够降低设计壁温、减少炉管壁厚,节约制造成本。例如,侧烧炉的设计管壁温度相同,则平均管壁热强度会有较大幅度的提高,这样会相应减少总的传热面积,降低所需炉管数量。侧烧炉在炉管数量相同时,占地面积较大,这是由于炉内的两个辐射室是并列排列,这给大型化应用带来了一定的困难。侧烧炉的燃烧器均布置在侧墙且数量较多,从而燃料配管及空气配管也相应增加且复杂,导致点火时花费的时间比顶烧炉要长。侧烧炉的操作条件相对和缓,日常操作相对简单,能适应不同的操作工况。

(3) 梯台炉:此种炉型的辐射室炉墙倾斜,呈梯台形,燃烧器的火焰通过倾斜炉墙向炉管辐射传热,平行燃烧。炉管既可以为双排也可以为单排。该炉型将所有对流室置于辐射室顶部,采用自然抽风,无须引风机,燃烧产生的烟气向上流动。梯台炉的燃烧器排数比侧烧炉要少,是一种改进的错流传热。总体来说,梯台炉在传热方式、管壁温度分布和对工况的适应情况上都和侧烧炉比较类似。

(4) 底烧炉:底烧炉应用最多的是小型制氢装置。该炉型的辐射室底部布置有燃烧器,燃烧产生的烟气向上流动,采用逆流的传热方式。底烧炉在传热性能上,具有炉顶热强度低、炉底热强度高的特性,因而炉管壁温变化最大,特别是炉底部炉管壁温是所有炉型中最高的,对炉管寿命较为不利,为了控制最高管壁热强度不超标,只能选用很低的平均热强度,造成管材的巨大浪费,所以大型装置都不采用底烧炉。

目前,国内广泛应用的只有顶烧炉和侧烧炉两种,但如果采用变压吸附(PSA)净化流程的制氢工艺,则只能采用顶烧炉。制氢转化炉的炉管大多采用单管型,可分为转化管、上下尾管和上下集气管。大型制氢转化炉的上下集气管一般还分为总集气管和支集气管。

2. 能源消耗结构和状况

制氢转化炉在开工时消耗的燃料气通常以液化石油气为主,转化炉正常运行时可改烧装置副产气,既可单烧高压燃料气(催化裂化干气),也可单烧低压燃料气(脱附气)。整个制氢装置的能耗中燃料气的消耗通常占据主导地位。表 6.1 中给出了中国石油某分公司两套制氢装置的能耗构成[20]。从表中可以看出,制氢装置的能耗构成主要包括:燃料气、蒸汽、水、电等,其中燃料气消耗最大,占总能耗的比例为 48%～68%;其次是蒸汽和电的消耗,占总能耗的比例为16%~30%。

表 6.1 制氢Ⅰ套、Ⅱ套装置的综合能耗构成

项目	制氢Ⅰ套/(千克标准煤/吨原料)	在总能耗中所占比例/%	制氢Ⅱ套/(千克标准煤/吨原料)	在总能耗中所占比例/%
新水	0.03	0.07	0.002	0.01
循环水	2.22	5.04	1.32	3.55
除氧水	3.66	8.30	5.53	14.89
1.0 MPa 蒸汽	−48.35	−109.69	3.42	9.21
3.5 MPa 蒸汽	58.07	131.74	−9.49	−25.54
电	6.88	15.61	11.24	30.25
燃料气	21.57	48.93	25.13	67.63
总能耗	44.08		37.15	

6.2.4 气化炉能效

根据气化原料在常温常压下的状态,气化炉可分为液体原料气化炉和固体原料气化炉。液体原料气化炉主要以渣油等液态烃为原料,在转化炉中经高温部分氧化生成合成气,同时也可处理部分有机废液等,具有一定的环保价值;固体原料气化炉主要以煤、石油焦、生物质等含碳固体为原料,是我国目前应用最为广泛、发展最快的气化炉类型。

1. 设备工艺特点

按照气化原料在炉内的流体力学行为,气化炉可以分为固定(移动)床、流化床和气流床等不同形式。对液体原料通常采用气流床气化炉,而对固体原料则三种形式气化炉均可采用。液体原料气化目前最常见的是以渣油为原料进行气化,主要技术有 Texaco 渣油气化和 Shell 渣油气化。

Texaco 渣油气化炉:该炉操作压力较高,约为 8.7 MPa。合成气在操作条件下体积流量较小,有利于下游变换、合成等工艺操作。该炉采用的烧嘴为双通道,汽化剂氧气走中心通道,渣油和蒸汽的混合物走外通道,烧嘴头部设有冷却水夹套保护。气化炉下部为急冷室,急冷室内设有急冷环和下降管,高温合成气在急冷水的作用下被冷却,然后进入后续洗涤净化装置。

Shell 渣油气化炉:该炉采用多通道烧嘴,中心通道为加热烧嘴(正常生产时停用);第二层环隙通道通入蒸汽与氧气的混合物;第三层环隙通道为渣油通道;第四层环隙通道也为蒸汽与氧气混合物通道;最外层通道为保护蒸汽通道,通过射流剪切实现渣油的雾化。Shell 渣油气化炉下部通过合成气通道连接气化炉废锅,高温合成气通过火管式废热锅炉冷却,同时副产蒸汽。降温后的合成气进入后续冷却净化装置。

固定床气化炉:该炉的原料通常要求为块煤(焦、半焦、无烟煤)或成形煤,在气化炉内与汽化剂逆流接触,反应后的残渣(灰渣)及合成气的显热可分别用于预热入炉的汽化剂和煤,所以该气化炉一般热效率较高。该类型气化炉多采用移动炉箅将灰渣从炉底排出,也有采用熔融排渣法。典型的固定床气化炉有 UGI 气化炉、鲁奇(Lurgi)加压气化炉、BGL 熔融

排渣气化炉。

流化床气化炉：该炉适用于劣质煤的气化，气化强度比一般的固定床气化炉要高，且产品气中不含焦油和酚类等。典型的流化床气化技术有 Winkler、高温 Winkler(HTW)、循环流化床(CFB)、KBR 输运床及灰熔聚气化等。

气流床气化炉：又称射流携带床气化炉，是利用流体力学中射流卷吸的原理，将煤浆或煤粉颗粒与气化介质通过喷嘴高速喷入气化炉内，射流引起卷吸，并高度湍流，从而强化了气化炉内的混合，有利于气化反应的充分进行。气流床煤气化炉从进料方式分，有干煤粉进料(Shell、GSP、Prenflo 等)和水煤浆进料[GE、E-Gas、多喷嘴对置气化炉(OMB)等]；从喷嘴设置看，有上部进料的单喷嘴气化炉、上部进料的多喷嘴气化炉以及下部进料的多喷嘴气化炉。国外已产业化或文献报道已完成中试的气流床煤气化炉主要有 K-T、Shell、Prenflo、GSP、Texaco、E-Gas、Eagle 等技术。我国在气流床煤气化技术方面的研究已步入世界前列，如华东理工大学、清华大学以及中国航天科技集团北京动力研究所在该领域的研究均取得了卓越成绩。

华东理工大学洁净煤技术研究所长期从事煤气化技术研究，基于对置撞击射流强化混合的原理，提出了多喷嘴对置水煤浆或粉煤气化炉技术方案，在气流床煤气化技术的应用基础研究和产业化方面取得了重要进展。先后完成了多喷嘴对置式水煤浆和粉煤中试实验，建设了多喷嘴对置式水煤浆气化工业装置。实践表明，开发的多喷嘴对置式水煤浆气化技术有明显的优势。截止到 2015 年 9 月底，多喷嘴对置式水煤浆气化技术以专利实施许可形式转让给国内 36 家企业、国外 1 家企业，共计 111 台气化炉，累计原料煤处理能力约 13 万吨/天。

清华大学通过将燃烧领域的分级送风概念引进水煤浆气化技术，改进火焰结构，降低喷嘴壁温，提高碳转化率，形成了分级给氧两段气化技术，并在山西丰喜化肥股份公司进行了日处理 500 吨煤的工业示范。2007 年 10 月通过了石油化工协会组织的专家现场考核，同年 12 月份通过了石油化工协会的科技成果鉴定。目前采用该技术的有大唐集团呼伦贝尔化肥有限公司、上海惠生控股(集团)有限公司等大型煤化工企业。

2. 能源消耗结构和状况

1) 渣油气化技术

根据文献中的报道，Texaco 渣油气化和 Shell 渣油气化生产合成氨时的主要工艺指标如表 6.2[21]所示。

表 6.2 Texaco 和 Shell 渣油气化技术能耗指标

工艺指标	Texaco 工艺	Shell 工艺
操作温度/℃	1 350	1 100
操作压力/MPa	8.7	5.8
合成气 CO/(mol%)	45.16	48.03
合成气 H_2/(mol%)	47.01	48.30
CO+H_2/(mol%)	92.17	96.33
吨氨渣油消耗/kg	716.0	682.4

从消耗指标上看，Shell 渣油气化工艺的吨氨原料消耗要低于 Texaco 气化工艺，合成气

中有效气含量也高于 Texaco 工艺。但是，Shell 气化工艺在原料进料中设置有氧气预热器，出预热器的氧气温度约 230℃，然后与 7.0 MPa、442℃的过热蒸汽混合进入气化烧嘴，而 Texaco 气化工艺中氧气没有预热。此外，在合成气预热回收方面，Texaco 工艺采用急冷流程通过急冷室内高温合成气与急冷水的直接接触换热，产生大量水蒸气，合成气的水气比较高，在后续的变换单元中无须额外添加水蒸气；而 Shell 气化工艺采用废热锅炉回收高温合成气中的显热，在火管式废锅中将高温合成气冷却至约 350℃，同时副产高压蒸汽。两种工艺流程各有优劣，具体评价时应当结合下游产品和工艺进行综合评价。

2) 煤气化技术

表 6.3[22] 列出了不同煤气化技术的典型工艺指标。需要指出的是，不同类型的煤气化技术是在技术不同发展阶段为适应不同的工艺要求而发展起来的。离开煤种、煤气化配套的下游转化装置等具体问题，直接比较不同气化技术的优劣没有实际意义。

表 6.3　几种典型的煤气化技术能耗指标

项　目	固定床		流化床	气流床		
	Lurgi①	BGL①	Winkler①	OMB②	GE②	Shell②
给料方式	块煤	块煤	煤粒	水煤浆	水煤浆	粉煤
气化炉出口温度/℃	230	~500	~1 000	~1 300	~1 300	~1 500
操作压力/(MPaG)	2.5~3.0	2.17	3.0	4~8.7	4~8.7	3.0
干基有效气含量/($CO+H_2$,mol%)	57.5	86.5	89.3	83	80	90.7
出口 CH_4 含量/(mol%)	8.6	4.54	3.5	—	—	—
出口烃类含量/(mol%)	0.8	0.48	—	—	—	—
比煤耗/(kg/1 000 Nm^3($CO+H_2$))	750	520	517	581	631	~450
比氧耗/(Nm^3/1 000 Nm^3($CO+H_2$))	280	230	324	400	412	~300

注：① 煤种为烟煤，煤耗为干燥无灰基煤耗；
　　② 煤种为烟煤，煤耗为干基煤耗

从热量回收角度看，固定床和流化床出口处合成气温度都在 1 000℃以下，可以直接采用废锅回收合成气的热量，而气流床气化炉出口处合成气温度一般都在 1 300℃以上，无法直接进入对流式废热锅炉，必须进行降温，或用完全急冷，或用循环合成气急冷，降低温度后再进入废热锅炉。

从消耗指标看，汽化温度越高，氧耗越高，就这一点而言，生产单位体积合成气，气流床气化炉的氧耗要高于固定床和流化床。水煤浆原料的气流床气化炉，由于进料中含有 35% 以上的水，这些水在气化炉内蒸发需要大量的热量，由燃烧反应来提供，因此水煤浆气化的比氧耗一般要比干煤粉气化高 15%~20%。

除了水煤浆为原料的气化炉，其他形式的气化炉在气化过程中都需要加入水蒸气，一方面水蒸气是气化介质，另一方面又是温度调节剂，通过水蒸气量与氧气量的匹配，可以调节汽化温度。水蒸气耗量与煤种、汽化温度等相关，不同的工艺其消耗量没有可比性。

碳转化率的高低是原料煤消耗的一个重要指标。气流床气化炉的碳转化率远远高于固定床和流化床。气流床气化炉的碳转化率既与操作温度和气化炉平均停留时间有关，也与喷嘴的雾化或弥散混合性能密切相关。

6.2.5 焚烧炉能效

焚烧炉是一种利用煤、燃料油、燃料气等燃料的燃烧将废气、废液、固体废弃物进行高温焚烧处理，达到量化数减少或缩小，同时利用部分焚烧介质热能的一种环保装备，被处理的废弃物和空气混合在焚烧炉内进行复杂的氧化燃烧反应，在高温条件下，废弃物中的有毒、有害物质被氧化、热解而被彻底净化。焚烧炉对废弃物的处理可同时完成无害化、减量化和资源化。

1. 设备工艺特点

总体而言，根据所要处理的废弃物的种类、性质和可能的燃烧方式，一般可将焚烧炉分为三类，即城市垃圾焚烧炉、一般工业废弃物焚烧炉和危险废弃物焚烧炉。不同类型的焚烧炉具有不同的焚烧方式，此取决于所要处理的废弃物的形态。目前在石化工业中，使用较多的炉型包括炉排炉、流化床焚烧炉及回转窑焚烧炉等；而两室炉、多膛炉、固定膛炉等在使用上受到一定的限制，因为它们在化工危险废物进炉、出炉及温度控制等方面存在一定缺陷[23]。

（1）炉排型焚烧炉：该炉为机械炉排焚烧炉，常被用于焚烧石化工业中的固体废弃物。该炉在相互交错排布着的运动炉排作用下，实现对固体废弃物的搅动、翻转，使被处理废弃物依次通过炉子的各个功能区域，使废物得到充分燃烧，最终将残渣排出焚烧炉。该炉对材质要求高，加工的精度要求非常严格，炉排间的接触面要保持光滑。另外，由于该炉机械结构复杂，因此损坏率较高；而且，该炉在处理具有腐蚀性和性状危险的废弃物上有一定的局限性。

（2）流化床焚烧炉：该焚烧炉适用于处理各种不同形态的废弃物，如固态、液态及气态等化工废弃物。该炉设备结构相对比较简单，容量大，热量传递效率高，温度可控性也强；但是，在处理固体废弃物时对粒度有一定的要求（小于 50 mm），这就需要对装备设置前处理过程，否则某些具有较大粒径的废弃物将不能充分燃烧，可能引起二次污染。

（3）回转窑焚烧炉：它是通常以石油、天然气及煤炭粉等为燃料、外壳由耐火砖砌成的一种较为常见的焚烧炉，其结构简单、操作方便、技术成熟、成本适当，且能够有效处理固态、液态及危险废弃物等，在石化工业废弃物处理中较为实用和可靠。

2. 能源消耗结构和状况

焚烧炉的能源消耗与其处理的废弃物形态、介质特性、炉型密切相关，液体废物焚烧炉、气体废物焚烧炉和固体废物焚烧炉等各有不同，其中废气焚烧炉一般以柴油、重油或天然气为燃料，待处理的废气在上述燃料燃烧的火焰中燃烧、氧化分解。例如，在 10 万吨/年丙烯腈装置的燃动能耗组成中，焚烧炉燃料消耗占 40% 以上，使装置能耗较高，具体数据如表6.4所示[24]。此外，在对废弃物焚烧的同时如果能够有效地回收利用焚烧炉的余热，可有效降低装置能耗。

表 6.4 丙烯腈装置能耗分布

	能源单耗/(kg/t)	百分比/%
燃料气	115.64	40.04
蒸汽	52.56	18.20
电	66.80	23.13
循环水	36.97	12.80
其他	16.84	5.83
燃动能耗	288.80	100.00

6.2.6 余热锅炉能效

余热锅炉又称废热锅炉,是利用各种工业过程中的工艺介质(如废气、废液或反应产物等)中的余热或可燃物质燃烧产生的热量把工质水加热到一定温度和压力下的高温水或蒸汽再供给其他工段使用的一种热工装备,它既是工艺流程中高温物流的冷却器,又是利用余热为动设备提供动力的装置。

1. 设备工艺特点

余热锅炉主要有锅炉本体和汽包,辅助设备包括给水预热器、过热器等。余热锅炉作为通用型设备,在各行各业中均有广泛应用,是回收热能用得最普遍、最多的热工装备之一,其在石化工业过程的高温介质(如烟气、高温工艺气等)余热回收中应用同样非常广泛。余热锅炉的本质是一个气-水/蒸汽的换热器,可利用各种生产过程中的工艺介质余热和燃料燃烧后产生的热量。

由于余热锅炉的热工介质多含尘量大、腐蚀性物质较多,易造成余热锅炉积灰和磨损等,因此防腐蚀和积灰是余热锅炉设计和应用中要注意的重点,如设置除尘室、振打吹灰装置等。另外,在余热锅炉设计中,需合理划分温度区段以保证能够合理布置余热锅炉的受热面和最大限度利用余热;对于中低温余热回收,则需考虑窄点温差(节点温差)对余热锅炉的蒸发量以及受热面的布置的影响,确保窄点温差设置较为合理,此是保证余热回收经济性能的关键。

2. 能源消耗结构和状况

工业生产过程中能耗的损失主要集中于热效能的损失,因而余热锅炉的研究对于能源节约和能效提高具有重要意义。据文献报道,我国工业余热资源占燃料总热量的17%～67%,其中可回收率达到60%[25],如在石化工业中的合成氨、乙烯等工业过程的化学反应产生大量热量可供回收。总体而言,石化行业中余热来源包括高温气体、化学反应热、高温产品、燃料燃烧放热等,余热资源非常丰富,若能充分有效利用部分或全部余热资源必将产生较大的经济效益,同时可节约能源。随着化石能源的供应趋于紧张,国内外对能源节约问题的研究已获得重视。目前,对大型石化工业过程,基本能够回收各个主要工艺过程产生的余热,不同类型的余热锅炉也陆续产生,但从余热回收效果方面看,还具有较大的改良空间。

6.3 主要高温热工装备节能技术发展趋势

6.3.1 管式加热炉

排烟温度高、燃烧不完全和散热是造成加热炉能量损失的直接原因。减少热量损失和提高燃烧效率一直是加热炉节能技术的目标。根据近年来的研究情况,加热炉节能降耗的技术发展趋势主要体现在提高加热炉运行水平、提高加热炉辐射和保温材料性能以及开发热联合工艺三方面。

1. 提高加热炉自动化程度

管式加热炉运行情况是否良好可以通过监测加热炉的排烟温度、空气过剩系数、一氧化碳含量、外表面温度和热效率这五个指标进行判别[26]。近年来,中国石油对部分下属企业的石油化工加热炉运行水平进行了监测,结果如图 6.10 所示[27]。从结果来看,5 年来综合监测合格率逐年上升,但平均合格率仅为 37.4%,处于较低的水平;从热效率来看,2007～2011 年工艺加热炉监测的热效率平均合格率为 69.7%。造成加热炉热效率偏低的主要原因在于加热炉的排烟温度、空气过剩系数和炉外表面温度合格率不高,如图 6.11 所示。因此,采用自动化监控和控制提高加热炉运行效率乃是当务之急。提高加热炉自动化程度主要体现在加热炉热负荷、排烟温度以及空气过剩系数三个方面的自动化控制。

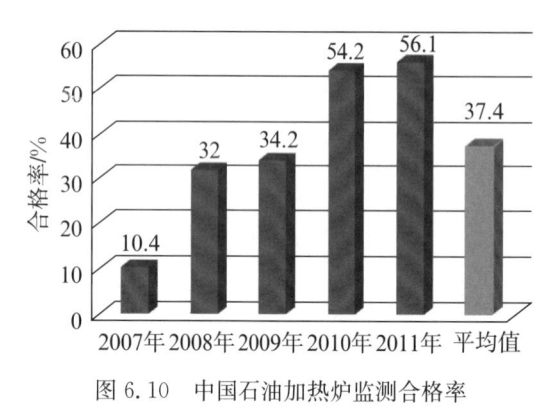

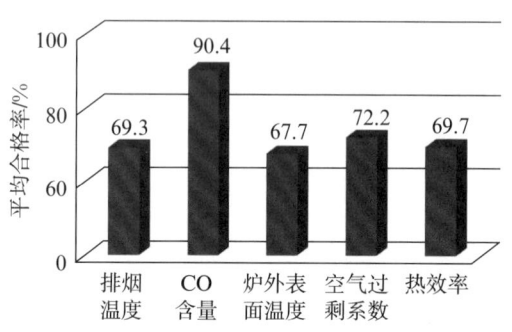

图 6.10 中国石油加热炉监测合格率

图 6.11 加热炉各项指标合格率

加热炉热负荷方面:新型的管式加热炉一般集成了微机自动控制系统和电动机控制系统。通过电动机控制系统可以实现管式加热炉的热负荷大小随装置换热流程的不同而变化;鼓风机和引风机随炉内氧含量和炉膛压力自动调节。加热炉热负荷下降有利于提高热效率,而且加热炉热效率越高,负荷下降带来的热效率增加幅度越大。

排烟温度方面:据统计,对于热效率较高的加热炉(>90%),高温烟气带走的热量占总能量损失的 70%～80%;而对于热效率较低的加热炉(<70%),高温烟气带走的热量占总能量损失 90% 以上。通过先进控制技术,综合考虑燃料组成和烟气压力,控制排烟温度尽可能接近烟气冷凝点,在保证设备不被腐蚀的情况下,最大限度地提高烟气余热回收比例,有效提高加热炉热效率。

空气过剩系数方面：对于工业加热炉，燃料无法在理论配比的氧气（空气）量的条件下实现完全燃烧，一般都要保证一定的氧过剩。然而，过剩的空气过多，会导致烟气带走较多热量，增加能量损失，降低加热炉热效率。由此可见，在允许的范围内降低过剩空气系数，减少多余空气带走的热量损失是提高加热炉效率的有效途径。空气过剩易造成物理热损失，反之，空气偏少则易引发燃料燃烧不完全，造成化学热损失，同时还会产生一氧化碳，污染环境。选用性能优越的燃烧器可以实现低氧燃烧，是降低燃烧过剩空气系数、提高热效率的有效途径。目前可选用的燃烧器有旋流式燃气燃烧器、平流式机械雾化燃烧器、长型电动旋杯式燃烧器和外混式双气道气动雾化燃烧器。采用这类燃烧器可以使燃油加热炉过剩空气系数控制在1.2以下，燃气加热炉过剩空气系数控制在1.1以下。

2. 研发新型高温辐射涂层和保温材料

对流和辐射是加热炉的主要传热方式，其中辐射传热占比70%左右，其传热效果直接决定了加热炉的热效率。鉴此，在管式炉炉膛内表面喷涂高温辐射涂料，增加热源对炉壁的辐射传热量，使炉壁表面温度上升，可有效增加炉管的传热量和加热炉的热效率。

加热炉产生的热量除被产品带出外，其余均为散热排弃至环境。开发新型保温材料，减少炉体散热对提高加热炉热效率具有较大的现实意义。

3. 采用联合回收余热技术降低热损失

石油化工行业中存在很多分馏与反应耦合的流程，而且使用的加热炉大多数采用对流-辐射炉型。针对这类情况可根据加热介质沸点使用热集成技术，例如，将分馏塔塔釜回流物料先引入反应炉对流段进行预热，再回到分馏塔加热炉对流段加热，如此可同时降低两个加热炉的排烟温度，有利于提高热效率，实现节能降耗。

6.3.2 裂解炉

裂解炉系统本身的设计和操作水平决定了裂解炉燃动能耗。要使裂解炉能耗下降，可以通过改善裂解选择性、提高裂解炉热效率、延长运转周期、改善高温裂解气热量回收和实施新型节能技术等措施。因此，裂解炉节能技术的发展趋势也主要体现在裂解炉大型化设计、实现长周期运转以及开发先进的燃烧技术等方面。

1. 裂解炉大型化设计

随着乙烯产量的逐年增加，过去较小炉型技术的简单放大已不能适应生产能力的大幅度提高的要求，必须重新开发出与较小规模裂解炉结构不同的大型裂解炉来满足实际生产的需要。由于大型裂解炉可以减少工业实际中所需要的裂解炉数量，所以既可以降低单位乙烯投资费用和减少占地面积，又可以降低散热损失、节约能量、方便设备的操作和管理。

2. 实现长周期运转

在裂解炉运行过程中，炉管内表面不断结焦，导致炉管压降增大，生产能力逐渐下降，使裂解炉需要周期性地开、停车。实现长周期运转的技术主要有三种途径：① 添加结焦抑制剂。例如，可以通过将结焦抑制剂添加到裂解原料或稀释蒸汽中，对炉管表面起钝化作用，从而延长炉管的运行周期。② 炉管表面涂层。可以运用炉管内表面的两种涂层技术改善结焦状况，起到延长运行周期的作用。③ 新型炉管材料及表面预处理技术。例如，新型陶瓷炉是一种抑制结焦的新型炉，在这种炉管内可以进行超高温裂解，从而提高裂解深度；改变炉管材料的合金成分;改善炉管结构;炉管内表面预处理等。美国的 Stone & Webster 公司的 USC 裂解炉采用 1-1 型辐射炉管[28],华东理工大学①曾对该 USC 型石脑油裂解炉炉管的排布方式进行修改,利用 CFD 耦合模拟的方法对两种炉管进行模拟。修改后的炉管排布形式使炉膛温度分布更均匀,有效吸收热量,单管吸收热量增加了 3.75%,停留时间缩短了 17.1%,炉管出口压力降低 9.4%,出口管外壁最高温度降低 1.34%,双烯收率增加 2.37%。

3. 开发先进的燃烧技术

大力完善和推广高温空气燃烧技术;在保证高温、高效火焰的基础上提高炉膛温度,开发新型烧嘴结构,优化炉膛温度分布以及控制 NO_x 的排放。

6.3.3 制氢转化炉

在制氢装置的综合能耗构成中,燃料气、蒸汽和电的消耗占总能耗的比例较大,是未来降低能耗的重点目标。因此,转化炉节能技术未来的发展趋势也主要体现在如何降低燃料气的消耗、如何降低电能和蒸汽的消耗以及如何提高余热回收系统的利用率方面。

1. 提高转化炉的热效率

制氢装置中的能耗主要集中在制氢转化炉上。因此,如何提高转化炉的热利用效率,降低转化炉能耗,从而降低制氢装置的综合能耗是未来制氢转化炉节能技术发展的主要趋势。在正常运行的转化炉中,转化炉内部构件的表面温度都明显高于周围的空气温度,因此,由于内外温差造成的热量传递,会不可避免地造成热量的损失。为了尽可能减少这种热量损失,可在转化炉内采用高辐射陶瓷覆层技术,通过在内壁上喷涂高发射率陶瓷涂层,增强加热炉内衬对炉管的有效辐射能力,提高炉管对辐射热的吸收,从而有效提高加热炉的热利用效率,降低转化炉燃料气的消耗;同时,加热炉内的温度分布也会随着炉内辐射传热效率的提高而有所改善。

2. 降低电能和蒸汽的消耗

电能和蒸汽的消耗占制氢装置总能耗的比例仅次于转化炉燃料气消耗,也是制氢装置的主要能耗。在降低电能消耗方面,在鼓引风机上采用变频技术是未来发展的方向。这是因为在现有的通风系统中,往往是根据最大流量来选择风机的功率,而实际使用过程中,风机的流量则是经常发生改变,影响的因素主要有工艺、温度、季节和产量等。在没有采用变频技术时,由于实际运行的风机流量小于设计值,就造成了电能的浪费。通过投用鼓引风机变频器有望解决这一问题,其最大的作用是调速节能,从而减少运行过程中不必要的浪费,降低制氢装置电能的消耗。在降低蒸汽消耗方面,可以通过优化蒸汽运行流程,提高蒸汽的利用率,采用国家重点推广的节能技术——蒸汽系统运行优化与节能技术等,有望较大幅度地降低蒸汽的消耗。

3. 提高余热回收系统的利用率

提高转化炉回收系统过热蒸汽的温度和降低转化炉烟气排放温度是提高余热回收系统效率的主要手段。因此,如何解决这两方面的问题是余热回收系统节能技术的未来发展趋

---

① 内部资料。

势。一方面,可通过增加转化炉过热段的取热面积来提高过热蒸汽的温度,充分回收转化炉余热。另一方面,为了减少由于烟气带出造成的热量损失,可适当在转化炉内增加烟道挡墙、挡板,增加烟气流动的湍动程度,使烟道内的温度分布均匀,消除"烟气走廊"对排烟温度的影响,降低转化炉的排烟温度,提高转化炉的热利用效率。

6.3.4 气化炉

根据不同的气化原料物态形式和特点,采用的气化炉形式及其运行特性各异,对节能方法和效果的详细讨论需要结合原料品种、形态、技术方法、运行条件等多种因素,但总体而言,发展趋势主要包括提高生产强度、装置大型化、合理利用热能等。

1. 提高装置的生产强度

生产强度(或气化炉单炉的最大处理能力)是气化炉的重要衡量指标之一,作为龙头的气化技术尽可能提高单炉能力也是煤气化技术发展的应有趋势。气化炉作为一种特殊的反应器,高温、加压无疑有利于提高反应速率和单位体积的处理能力,从这一点而言,气流床气化炉具有提高单炉处理负荷的最大潜力,而固定(移动)床和流化床气化炉要提高压力和温度则有许多工程因素的限制。

2. 发展大型化气化装置

现代过程工业(化工、发电、多联产、制氢等)发展的一个显著标志就是大型化、单系列,这就对作为龙头的气化技术提出了更高的要求,即必须向大规模高效的方向发展。气化装置的大型化意味着可减少气化炉台数,节约占地面积和降低投资;此外,气化炉大型化是其先进性的重要标志之一,先进性不仅体现为运行技术指标先进,而且还体现在操作方便、技术可靠、运行及维修费用低等方面。

3. 实现能量的高效转化与合理回收

非催化气化是在高温下进行的,合理回收气化合成气高温显热是提高气化炉整体效率的重要环节。尤其对整体煤气化联合循环发电(IGCC)系统而言,合理高效的能量回收可显著提高整体发电效率,降低发电成本。相对于煤化工行业,发电用煤十分巨大,合理回收高温气化合成气显热关系到气化技术能否在发电行业立足,是必须要迫切解决的技术问题。

回收气化合成气显热的技术有两种,即激冷工艺和废热锅炉工艺,前者特别适合于化学品的生产,后者更适合于 IGCC 发电。激冷工艺设备简单,投资省,但能量回收效率低。废热锅炉热量回收效率高,但设备庞大,投资巨大,以 Shell 技术为例,日处理 1 000 吨煤气化炉废锅高达 50 余米,投资 1.5 亿元人民币以上。因此开发新的热量回收技术势在必行。

6.3.5 焚烧炉

焚烧炉主要是对工业生产中不同物态的废物(废气、废液、废料等)进行有效焚烧做无害化处理,达到保护环境和高效利用资源的目的,其主要发展趋势包括大型化、能效高效转化与回收以及零污染。

1. 综合性焚烧设施规模化

设施规模化可以节约投资,降低运行和维护费用,同时便于操作、管理和优化。根据某一地区或工业园区的总体规模和发展目标,由国家或地方政府进行统一规划,制定统一的执行标准,充分吸取工业废水处理模式的教训,分地区地集中建设大型焚烧装置,形成地区焚烧中心,使运行经济化、高效化、节约化和清洁化。

2. 能量的高效转化与合理回收

根据需处理废弃物的形态、特性及处理负荷等选择合适的焚烧炉型;当处理的废弃物中可燃物组分含量较少时,适当补充燃料,并根据可用燃料进行优化;同时,在可能的条件下,建立余热回收装置,用以回收焚烧过程中产生的余热,从而降低废弃物处理成本,使焚烧过程获得较好的经济收益。

3. 避免二次污染和无害化

焚烧的目的是尽可能使废弃物在高温条件下彻底氧化,使其变为无害的洁净物质并最大限度地减少容量,同时尽可能减少新污染物质的产生和排放,避免二次污染。在焚烧炉相关的科学问题研究中,飞灰、重金属和二噁英等研究是未来的热点和重点,通过改进焚烧炉结构或燃烧方法可有效控制二次污染物的产生。

6.3.6 余热锅炉

随着能源形势日趋严峻,节能减排越来越成为当前石化工业面临的重要问题。实际上,自20世纪70年代,国外就已开始对余热回收利用进行了研究,且十分重视余热利用过程中关键技术的研究,文献[29]在有关余热回收利用技术的专利检索("六国两组织"专利数据库)分析中指出,1970~2010年日本的发明专利占54.78%,德国占15.66%,美国占15.58%,我国则远远落后。

总体而言,我国在余热回收利用技术普及率上当前不如其他工业国家,我国应加大力度推广普及这方面技术的实际应用。一方面,应从整个工艺系统出发,分析能源供给的实际需求,优化工艺系统及其相应的余热利用技术;另一方面,加强研究有机朗肯循环等低温余热发电新技术,积极进行工程应用推广[30]。另外,可融合多学科发展余热回收利用的新工艺和新材料,如纳米复合相变储能材料等[31]。

在石化工业过程中,余热的温度分布范围广,余热载体形式多样,同时所处工艺流程不同及现场固有条件的限制,导致余热回收设备形式多样化,如常用的有空气预热器、蓄热室、余热锅炉、低温汽轮机等,其中余热锅炉是石化工业余热利用最主要设备之一,且随着节能工作的不断深入推进,国内主要余热锅炉设计制造业也获得了快速发展机遇,目前余热锅炉正朝着大型化、高参数方向发展,安全、高效、可靠也已成为余热锅炉运行的新要求。

1. 提高防腐能力

由于余热介质中酸性物质的存在,长期以来各式换热设备的受热面由于温度的变化而引起的结露腐蚀时有发生,因此在余热锅炉的设计中不得不通过调节排烟温度或运用传热效果较差的非金属材料(可抗腐蚀)来缓解结露和腐蚀的发生,但仍不能从根本上解决问题,因此提高余热锅炉的防腐能力是一个主要的发展趋势,主要包括工艺过程优化、新式材料开发等。

2. 提高锅炉传热效果和余热利用效率

随着余热锅炉大型化和高参数化的发展,锅炉的结构、流体流动、传热特性都趋于复杂,优化设置锅炉内外部结构和换热管排、改善换热介质流动场和温度场等与提高传热效果和余热利用效率息息相关。

3. 减轻积灰和磨损

余热锅炉运行中经常伴随着管排表面积灰、磨损、省煤器腐蚀等问题,严重影响着余热锅炉的长期、安全、稳定运行。因此,必须加强完善烟气除尘、净化、脱硫脱硝等设备的长期使用,同时采用先进的吹灰设备和措施,降低不必要的热阻损失。

6.3.7 节能技术发展

1. 新型燃烧技术

1) 新型燃烧器

燃烧器是一种将燃料和空气以一定方式喷出燃烧,然后转变成火焰并产生光和热的设备。燃烧器的作用是使燃料燃烧优良,有效地利用热量,提高燃料的雾化质量和与助燃剂(如空气)的混合程度。锅炉及各式燃烧炉的安全性和经济性直接受到燃烧器安全和经济运行好坏的影响。例如,目前在非预混式燃烧方面的应用有风城油田注汽锅炉上使用的安诺基 EBR9MNV 型燃烧器和扎克 SG-180 型燃烧器[32]。通过应用这两种燃烧器,大大缩短了燃料与氧化剂混合的时间,甚至小于燃料进行化学反应所需的时间。由于影响燃烧工况的最主要因素是天然气与空气的混合程度,所以这两种燃烧器燃烧过程受到燃料扩散影响较小,该新型燃烧器具有如下优点:① 更精细、多元地对天然气与空气的混合方式进行控制;② 更精细地控制配风流体流动;③ 使火焰形态、参数随不同需求工况的可调性和可控性得到提高。

2) 燃烧过程优化

裂解炉炉膛内一般需要保持一定的过剩空气来保证燃料完全燃烧。保证燃料完全燃烧的措施可以通过增大过剩空气系数来实现,但是在相同排烟温度下,会增大排烟热损失,从而降低裂解炉的热效率。所以,在保证燃料完全燃烧的条件下,可以通过降低过剩空气系数来提高裂解炉的热效率。燃料气、油烧嘴和油气联合烧嘴的过剩空气系数通常分别为10%、20%和15%,但实际操作时往往偏高。过剩空气系数下降10%一般可以使裂解炉热效率提高2%[33]。可以通过采取如下措施来保证裂解炉在合适的过剩空气系数下运转[34]。

(1) 改进烧嘴性能。例如,可以采用新型烧嘴将燃料气和油烧嘴的过剩空气系数分别降至6%~8%和12%~15%,从而使烟气中 NO_x 含量大幅度降低。

(2) 保证炉体的密闭性。可以采取如下措施保证炉体的密闭性,从而最大可能地提高热效率:加强裂解炉维护与管理;提高炉体的施工与检修质量以保证其密闭性;减少烧嘴的看火孔、侧壁窥视孔和炉顶保温与辐射段炉管进出的间隙等部位空气漏入。

(3) 保证烟气氧分析仪精确可靠。裂解炉一般用烟气氧分析仪测量烟气的氧含量。但是该仪器需要平时多注重维护,否则会出现指示不准。要保证过剩空气系数控制在合理的范围内,首先就需要确保烟气氧分析仪指示准确,然后调整炉膛负压与烧嘴风门开度来实现。

3) 助燃剂预热技术

利用空气或废气余热对助燃剂进行预热的技术称为助燃剂预热技术。这种技术既能够回收余热、降低排烟损失,又可以通过预热的热空气提高燃烧温度,降低不完全燃烧损失,是一种非常有效的节能技术。利用烟道气排烟余热是空气预热的最常用方式,利用低压蒸汽、中压蒸汽凝液或急冷水等介质是近年来采用的空气预热措施。例如,2011年,大庆油田设计院利用空气预热技术对油田加热炉进行改造,使排烟温度从原来的197.0℃下降到175.0℃,各项热损失之和从原来的20.77%下降到14.54%,加热炉热效率从原来的79.13%提高到85.46%[34]。除此之外,目前国内很多乙烯装置如大庆、独山子、兰州等石化公司都采用了北京航空动力研究所裂解炉燃烧空气预热专利技术,节能效果显著。

4) 燃烧技术

(1) 高温空气燃烧技术。高温空气燃烧技术[35](High Temperature Air Combustion, HTAC技术)是指燃料在温度高于800℃,而氧体积分数低于15%的气氛中的燃烧。作为一项新型燃烧技术,高温空气燃烧技术自20世纪90年代以来在冶金、机械和化工等领域得到大力推广与应用。它利用热回收装置回收烟气带走的余热,并高效预热燃烧空气,极易实现高温低氧的燃烧方式,因此具有高效节能、降低污染物排放等优点。

HTAC技术具有如下优点:① 炉膛内的气流循环流动增强,气体混合均匀,对流传热得到了增强;② 燃料在高温低氧气氛中燃烧,火焰的燃烧区域扩展到炉膛边界,炉膛内烟气温度分布比较均匀;③ 由于炉膛平均温度提高,炉膛内气体的辐射能力增强,加强了炉膛内的传热,从而提高了相同尺寸热工设备的产量,降低了设备的成本,同时起到了间接节省燃料的作用;④ 换热效率的提高使炉膛尺寸减小,从而减少了炉墙、炉衬等的热损失,导致燃料的热能利用率得到了提高,实现了节能的目的。

但是HTAC技术也有不足之处,助燃空气温度的增高导致火焰温度增高,NO_x的排放量大大增加,对大气环境造成一定的污染。为了弥补这一不足,当前国内外学者采用的措施主要是降低助燃空气中的氧气浓度来抑制氮氧化物的生成,采用的技术手段主要有传统分级燃烧技术、烟气再循环技术和扩散燃烧技术等,或是它们综合在一起的技术措施。该技术具有以下特点:采用高速射流使助燃空气与燃料气在混合前就卷吸大量烟气,降低空气中的氧气浓度;使局部燃烧强度均匀,从而避免出现局部高温区,降低NO_x的排放。

(2) 富氧燃烧技术。富氧燃烧(Oxygen Enriched Combustion),简单来讲,是指用比通常空气(含氧21%)含氧浓度高的富氧空气进行燃烧,它是一项高效节能的燃烧技术,在玻璃工业、冶金工业及热能工程领域均有应用。该技术在现有电站锅炉系统基础上,用高纯度的氧气代替助燃空气,同时辅助以烟气循环的燃烧技术,可以在排放烟气中产生高浓度的CO_2,这样就有利于对CO_2的捕获和封存;具有相对成本低、易规模化、可改造存量机组等诸多优势,被认为是最可能大规模推广和商业化的碳捕集、利用与封存技术之一。

采用富氧燃烧技术,可以实现高温热工装备节能和环保的目的。① 节能效果显著。应用于各个燃烧领域均能大幅提高燃烧热效率,如在工业锅炉、加热炉等应用该技术,节能量可达20%~50%,显著提高热能使用效率。② 环保效果突出。烟气中携带的固体未燃尽物充分燃烧,排烟黑度降低,燃烧分解和形成的可燃有害气体充分燃烧,减少有害气体的产生。同时,排烟量明显降低,减少热污染。

(3) 分层燃烧技术。层燃链条锅炉在我国工业锅炉中得到广泛应用,原因在于其运行比较可靠,但是结构比较复杂,存在燃烧强度较低、热损失较大等问题。例如,煤层燃烧不均匀造成了大量的机械不完全燃烧损失,降低锅炉的热效率;由于炉渣含碳量高使烟筒冒黑烟,进而使锅炉对煤种的要求较高等。分层燃烧装置是采用机械筛分的方法,将原煤经过分层后通过炉排送入炉膛,通过自上而下的方式逐层燃烧起来。这种技术使煤层通风均匀,增加了氧气与煤的接触机会,显著提高了燃烧煤层燃尽速度。

(4) 循环流化床燃烧技术。目前世界上商业化程度最好的洁净煤燃烧技术是常压循环流化床锅炉燃烧技术。但是,对常压循环流化床燃烧技术来说,循环流化床燃烧技术[36]的优点有燃烧效率高、燃烧适应性强、污染物排放低、易于操作和维护以及灰渣便于综合利用等,所以具有较大的发展前景。

与其他燃用固体燃料的锅炉相比,循环流化床锅炉最主要的特点是其燃料颗粒处于流态化的燃烧反应与热交换的过程中。循环流化床的流化速度一般较高,吹起很多的小颗粒,导致在稀相区的颗粒浓度很高,所以,炉膛出口处烟气浓度很高,于是,大量的细物料从炉膛出口带走。经过分离器捕集后,由返料装置回送到炉膛。简而言之,循环流化床锅炉燃烧区域两相流的重要特征就是大量的物料在炉膛→分离器→返料装置→炉膛之间循环。

2. 设备结构与材料优化技术

1) 强化辐射传热技术

辐射传热是高温设备中的主要传热形式。例如,在锅炉炉膛、工业窑炉、燃烧室和发动机等高温能源转换系统中,辐射传热占主导地位。根据波尔兹曼定律,对辐射节能涂层材料的性能要求是本征发射率高、晶粒尺寸纳米化和高温不氧化。

强化辐射传热有两条途径,一是增大有效热辐射面积;二是提高表面热辐射率。由于前者受结构设计的制约(结构设计首先要满足产品功能及对流传热的要求),所以后一种方法更为常用。对于辐射管而言,内表面涂层充分吸收火焰燃烧热量,外表面将热量充分地散发出去从而强化热流传输。其一是可运用热辐射涂料,如油漆、碳化硅、纳米碳球、红外辐射涂料及 PW-XS 型多功能热吸收强化剂等,增强热辐射的传递;其二可采用陶瓷炉管。因为陶瓷炉管内能进行高温裂解,且克服了金属炉管容易结焦的缺点,抑制了高温裂解时形成催化结焦物生成。所以,它比普通裂解炉的转化率有显著的提高,运行周期有明显的增加[29]。S&W 公司正在研究陶瓷裂解炉,采用此技术气体原料裂解炉单炉能力可以达到 700 kt/a。IFP(法国石油研究院)和 Gaz de France 公司开发了工艺温度超过 1 000 ℃、乙烷转化率超过 90% 的高温陶瓷炉[29]。

2) 强化对流传热技术

从传热的原理可知,增大传热速率,实现强化传热的方式有三种:增大传热系数、传热面积和温度梯度。所以,在工业设计和实际生产中,主要考虑这三个方面的因素来强化传热。

例如,在装置规模已经确定的前提下,可以通过两种方式对炉管内外壁面进行处理,从而提高传热速率。其一为增大炉管的表面积,从而增大其在炉膛内的辐射面积;其二为通过改变炉管的表面形状增大管内外的传热面积。再如,通过增加冷热流体的温度差和改变冷热流体的流动形式来增加温度梯度,从而提高传热速率。随着先进制造技术的发展,强化传热技术的新课题就是通过改变传热表面的结构、形状和工质的流动状态,从而提高综合传热系数,并在工业实际的相关领域中取得显著的应用效果。

(1) 强化传热管元件。强化传热管元件有两种方式:改变传热面的形状和在传热面上或传热流路内设置各种形状的插入物。改变传热面的形状有多种,一般通过改变管径、管程数等组合方式来强化炉管传热,例如,采用螺旋槽纹管、横纹管、缩放管、螺旋扁管等异形管和内螺纹管等措施增大炉管比表面积,改善管内流体的流动状态,从而强化传热。

(2) 增大传热面积。强化换热最直观、简单的方式是增大传热面积,管外加装翅片就是常用的一种方法。翅片不仅可以增大换热面积,而且可增强流体的扰动,从而强化换热效果。例如,在裂解炉的对流室中,由于管内介质比管外烟气的膜传热系数大得多,所以烟气一侧的热阻起控制作用。为了提高对流室的传热速率,一般在对流室设置翅片管或钉头管。

(3) 注入多孔材料。多孔材料包括加入金属基多孔材料和天然的多孔材料,前者如加入铝基或者是铜基的多孔材料,后者如石墨等。石墨是一种非常好的增强热传导材料,具有高的热传导性。增强相变材料传热的有效方式是在石墨层间通过浸渍或者挤压熔融盐等相变材料[37]。膨胀化石墨因具有良好的吸附性能,成为最佳的选择。

(4) 纳米流体的传热强化。最先提出纳米流体这一强化传热新技术的单位是美国Argonne国家实验室。纳米流体是指将金属或非金属纳米粉体分散到水、油、醇等介质中而构成的悬浮液,制备成均匀、稳定、高导热的新型换热介质,其中,纳米粒子不与传热流体发生化学反应,且纳米粒子不易团聚。目前,已经研究出了Cu、Al、CuO、Al_2O_3、TiO_2、SiO_2及碳纳米管等纳米粒子。由对流传热的基本理论可知,流体的对流传热系数与它的物性有关。纳米流体改变了流体的热导率和流体的密度、比热容、黏度等物性。纳米流体实际应用的前提和基础是研究它的传热性能。目前的相关研究工作主要包括纳米流体的对流传热强化、纳米粒子的粒径大小和体积分数对传热性能的影响。

3) 设备结构优化技术

(1) 燃烧器排布方式优化。烃类热裂解的热量是由炉墙和烟气通过辐射传热到反应炉管,在管内发生的是吸热反应。裂解炉一般有单排、错排和双排炉管,辐射墙在管排的两侧。裂解炉燃烧器布置在辐射炉管两侧,并且要求底部燃烧器提供火焰形状为扁平扇形火焰,是为了有利于管排传热和管排安全。裂解炉加热炉管中的物料的供热方式大多采用底部和侧壁联合供热,也有部分采用100%底部供热或100%侧壁供热。

对于裂解炉燃烧器布置方面的进展,100%底部供热是近年来一个关注的焦点。为了降低建设和维护费用,采取减少燃烧器数目的措施,以便与空气预热器和大型裂解炉相配套,世界各大公司都在大力开发长火焰超大能力底部燃烧器。侧壁燃烧器的排数逐渐减少至一排,甚至不用侧壁燃烧器。

炉膛内进行的是一个反应、流动、燃烧高度耦合的过程,对裂解反应的影响就在于沿着反应管长度方向的不同位置的热通量分布。由于裂解的复杂性及其对反应温度的敏感性,热通量分布的变化对裂解反应的深度、产物产率分布等都有很大的影响,而最能影响热通量分布的则是炉膛内的燃烧过程。对于裂解炉设计来说,烧嘴结构以及烧嘴在炉膛内位置的不同都会导致燃烧传热过程的变化,进而影响沿反应管的热通量分布。在对裂解炉进行设计优化时,就要调整上述结构,改变炉膛内的流动及温度分布,获得更高的烯烃收率。

(2) 翅片技术。翅片技术就是通过在需要进行热传递的换热装置表面增加导热性较强的金属翅片,从而增大换热装置的换热表面积,提高换热效率。

(3) 中空立交盘。中空立交盘是一种管内嵌入物强化换热方法,近年来越来越受到社会的关注。它成本低、工艺简单且容易清洗。立交盘的摩擦系数在爬流和层流条件下与雷诺数基本上呈一次方的关系。加入立交盘使流体的压降增加7~10倍,在湍流条件下压降增加40倍左右。换热实验表明,在爬流条件下($Re<0.1$),管路水平放置时,传热效果提高2倍以上,而垂直放置时传热效果提高2.5倍以上。在相同压降条件下,中空立交盘的传热增加倍数比SMX静态混合器高,具有较好的应用前景[38]。

3. 余热综合利用技术

工业余热以温度划分可分为600℃以上的高温余热、230~600℃的中温余热和230℃以下的低温余热[39];亦可划分为可燃性余热、载热性余热和有压性余热[40]。从全国范围看,高能耗行业在余热方面的节能潜力超过1000万吨标准煤,仅上海地区年能耗万吨标准煤以上的重点用能单位就超过300家,80%的余热潜力集中于钢铁、化工和建材三个行业[41]。余热资源被认为是继煤、石油、天然气、水力之后的第五大常规能源,在反应、精馏等过程中大量存在,例如,金川集团股份有限公司化工厂工艺系统可回收的中低温余热就相当于10万吨标准煤释放的热量[42]。

化工生产过程中存在大量的余热利用系统和设备,如余热锅炉、换热器等。根据余热资源在利用过程中能量的传递和转换特点,余热回收利用技术包括热交换技术、热功转换技术和余热制冷与热泵技术[31]。

1) 热交换技术

这类技术设备对余热的利用不改变余热能量的形式,只是通过换热设备将余热能量直接传递给工艺其他物流或过程,是一种具有较高效率的余热利用技术。传统形式的换热器、余热锅炉及热管换热器属于这一类设备。

余热锅炉在石化工业过程的烟气余热回收中广泛应用,是利用各种工业过程中废物中的余热及可燃物燃烧产生的热量把工质水加热到一定温度的热工装备。余热锅炉通过回收余热生产热水或蒸汽为其他工段提供能量,也可为汽轮机等动力设备提供蒸汽工质。由于余热锅炉烟气含尘量大、腐蚀性物质多,易造成锅炉积灰和磨损,因此防腐蚀和积灰是余热锅炉设计的重点,如除尘室、振打吹灰装置。对于中低温余热利用而言,窄点温差(节点温差)直接影响着余热锅炉的蒸发量以及受热面的布置,确定合理窄点温差是保证余热回收的经济性能的关键。余热锅炉朝着大型化的方向发展,在锅炉循环方式、受热面结构、烟气流道及吹灰等结构设计方面取得了较大的革新。

热管是一种具有高导热性能的传热元件,其在全封闭真空管壳内注入热载体工质,通过其蒸发与凝结的相变过程来传送热量。热管具有良好的导热性和等温性,传热面积可根据实际情况灵活改变,而且可远距离传热等。陶瓷热管可以更好地处理高温、腐蚀等工况。热管换热器的工作温度分布较宽,可以根据不同的换热温度分布选择相应的管材和工质,实际应用中热管换热器的使用温度大多在0~400℃。热管技术的发展是提高热传递效率的重要途径之一。

2) 热功转换技术

热功转换技术可提高余热的品位,是回收工业余热的一项重要技术。按照工质分类,热功转换技术可分为传统的以水为工质的蒸汽透平发电技术和低沸点工质的有机工质发电技术[30]。

蒸汽透平(或称汽轮机)是用蒸汽做功的旋转式机械装备,它将蒸汽的热能转变成机械能,再带动其他转动设备对外做功。在化工和冶金等工业过程中,以余热锅炉与蒸汽透平或者膨胀机所组成的低温汽轮机发电系统的应用广泛,能有效利用大于350℃的中高温烟气余热资源。

常规的余热利用技术主要是基于水-水蒸气的循环系统。化工等工业过程中还存在着大量低沸点工质和混合工质,这类低品位热能或混合工质热能的发电或拖动技术可以采用膨胀动力机技术。新型的低沸点有机朗肯循环(包括改进的混合工质循环、Kalina循环等)发电系统也是当前回收低品位热能的有效技术,其工艺大体为换热器将余热传给蒸发器,有机工质蒸发成符合工艺要求的蒸汽进入汽轮机做功带动发电机发电,做功后的工质在冷凝器中冷凝,通过循环泵回到蒸发器实现工质的循环。目前国内外已经对有机工质发电技术开展了广泛的应用研究,美国、意大利、德国等公司均设计开发了专门的工业产品,美国建立了回收冷凝碳氢化合物余热的有机朗肯循环发电厂,输出功率为780 kW。但有机朗肯循环受制于膨胀机的功率,多数在1 000 kW以下,主要用于余热规模较小的场合。

3) 余热制冷与热泵技术

推广余热制冷与热泵技术回收利用低温余热已成为各行业提高能源利用效率的有效手段。余热制冷的基本原理是通过制冷剂在制冷机中"解吸—冷凝—蒸发—吸收"的循环过程,不断地将热量从一种介质搬运给另一种介质,工业中常用的制冷工质有氨水、溴化锂水溶液等。热泵技术则可将低品位的热能转移到具有高品位热能的热源中,是目前倍受关注的新能源技术。按工作原理可将其分为蒸汽压缩式热泵、吸收式热泵和化学式热泵等;整个热泵机组主要包括压缩机、蒸发器、冷凝器、膨胀阀等部件。由于基于热泵技术可有效提高余热品位,从而提高能源利用效率,近年来获得快速的发展,已在蒸发、干燥、制冷等化工过程中取得了良好的应用效果和经济效益。例如,中石油吉化公司通过校企合作,应用高效填料、塔内件等节能设备对炼油厂气分装置进行优化扩产和节能研究,实施了热泵精馏工艺,使丙烯和丙烷的分离能耗下降90%,节能效益显著[43]。

4. 新型设计方法

石化装备在设计过程中必须考虑装备的操作、工艺和机械限制。采用工艺软件及计算流体力学软件(如计算流体动力学)等,考虑操作、工艺及机械限制,对装备进行模拟以确保产品在设计之初就考虑到下游阶段的可装配性、可制造性等,帮助设计人员预见设计结果,从而避免产品结构设计中的错误,对产品结构设计进行验证,减少甚至达到产品设计的零回溯更改,使产品的开发周期和成本最小、产品设计质量最优、生产效率最大。同时,实现设计系统、分析系统与展示系统的集成也十分重要,这可以创造一个崭新的、人性化的集成仿真系统,大大改善产品设计、分析过程及预演示过程。

传统的设计方法,往往追求推动力来强化过程,但增加了长期运行的能耗费用。虽然在能源充足、价格相对低廉的条件下这种做法是可行的,但从节能的观点分析是不合理的。在不增大设备而又能保证必要的过程速率的情况下,适当地减少推动力,就得设法降低过程的阻力,这就需要研制新型、高效的设备。例如,传热过程采用板式换热器、热管换热器、高效换热器等。所以,采用计算流体动力学、多场耦合技术和虚拟现实技术等新型的设计方法对设备进行设计和改造,就能最大限度地提高设备的效率,降低能耗,从而达到节能的效果。

1) 计算流体动力学

计算流体动力学(Computational Fluid Dynamics，CFD)是由流体力学理论、计算机技术和数值方法等交叉产生的应用基础学科。随着计算机硬件的飞速发展,CFD 已成为人们解决实际工程问题的重要手段,在涉及流体流动的各个领域的应用日趋广泛。狭义的 CFD 只研究流体流动现象,但是随着其他各研究领域(如燃烧、辐射及化学反应等)的不断发展,使 CFD 的触角越伸越长,覆盖面也越来越广,如模拟流体流动以辅助储罐、风机、泵、阀等的设计;可以描述化学反应及反应速率,进行反应器模拟;有效模拟分离、过滤及干燥等设备及装置内的流动;还可有效研究混合器、燃烧器、聚合物加工等过程。从理论上讲,凡是存在流体流动的地方都有 CFD 的用武之地。目前比较好的 CFD 商业软件包括 CFX、Fluent、Phoenics、Star-CD、CFdesign、6SigmaDC 等。

2) 多场耦合技术

现实工程中,物理场以多种形式呈现,如温度场、应力场、湿度场等,而要解决的许多问题是这些物理场的叠加,这些物理场是相互影响的。随着计算机技术的迅速发展,有限元分析(Finite Element Analysis，FEA)越来越多地用于工程领域的仿真模拟,实现实际工程问题的求解。近年来,采用求解偏微分方程(Partial Dfferential Equation，PDE)的方法求解许多物理现象已经被越来越多的工程师、应用数学家和物理学家所证明,而且世界上的流动、电磁场以及结构力学可以用这些偏微分方程来描述等。这些众所周知的数学方程可以用有限元方法转化为近似的数字式图像。有限元方法早期主要应用于某个专业领域,如应力或疲劳。但是物理现象一般来说都不是单独存在的。例如,运动产生热,而热影响物质的属性,如导热率、化学反应速率、黏性等。1990 年以前,多物理场模拟多是理论模拟,有限元建模只是对单个物理场的模拟,如力学、传热、流体和电磁场模拟。现在这种情况已发生改变。随着计算科学的高速发展,多场耦合的研究有了更灵巧简洁而又快速的计算平台。随着越来越强的硬件配置,对多物理场的有限元模拟成为可能。新兴的有限元方法既满足了工程师对真实物理系统的求解需要,又为多物理场的分析提供了一个新的机遇。目前,有限元分析常用软件包括 COMSOL、ADINA 和 ANSYS 等。

3) 虚拟现实技术

20 世纪末兴起了一门崭新的综合性信息技术,称为虚拟现实(Virtual Reality，VR)技术。它融合了数字图像处理、计算机图形学、多媒体技术、网络、传感器技术、并行实时计算技术、人工智能、仿真技术等多个技术分支的最新发展成果,创建直观的人机交互方式来实现高效的人机协作,为参与者有"真实"体验虚拟世界提供了有力的支持。VR 技术有 3 个重要的特征:沉浸感(Immersion)、交互性(Interactivity)、构想性(Imagination)。虚拟现实技术强调的是一种身临其境的方式,已经成功地应用于美国的军事演习、飞机的设计、飞行员的专业训练等领域,并有着广阔的应用前景。

例如,在对裂解炉的研究中,传统的方式都是在二维平面对炉膛和炉管进行展示和分析,往往缺乏直观性。在裂解炉的三维可视化的研究中,通过虚拟现实技术,可以在三维场景内直观地再现裂解炉的细节,并能够在三维场景内对裂解炉内部进行信息获取和操作。为了便于对裂解炉三维可视化的研究,架构可分为以下四层。图 6.12 为裂解炉 3D 可视化实现层次图。

(1) 展现层：裂解炉的三维显示，烧嘴、温度等信息的显示，三维场景内的互操作。
(2) 数据聚合应用层：根据三维场景内的数据要求，对数据进行再处理。
(3) 数据采集层：数据的采集、分布式存储与处理。
(4) 数据层：裂解炉的炉膛模型和炉管模型。

在三维可视化研究中，主要研究展现层、数据聚合应用层和数据采集层。

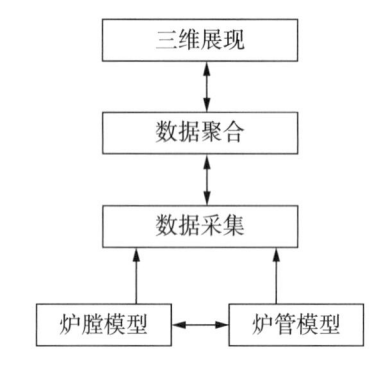

图 6.12 裂解炉 3D 可视化实现层次图

5. 过程控制与运行优化技术

随着能源供应的日益紧张，石化行业高耗能设备节能需求日益迫切，除了新技术、新工艺的研发和应用，先进控制和优化技术的应用也有广阔的前景。20 世纪 80 年代以来，以模型预估控制为代表的先进控制技术在石化工业过程中得到广泛应用。近年来，操作条件的闭环实时优化在石化工业生产过程中的实际应用也取得了很大效益，极大地改进和提高了生产过程的操作控制水平，降低了设备和装置的能量消耗。

1) 烟气氧含量自动控制技术

在计算加热炉、裂解炉等装备的反平衡热效率时，排烟温度和排烟过剩氧含量是最主要的因素。合理控制氧含量的意义在于：① 氧含量过高，空气过剩，不仅过剩空气带走的余热多，加热炉效率低，而且过多的氧气会腐蚀炉管和设备；② 氧含量低，燃烧不完全，加热炉效率低。所以，控制合适的氧含量，不仅可以提高加热炉效率，节能减排，而且还能减少设备腐蚀。一般情况下，过剩氧含量控制范围在 1.5%～4%。控制过剩空气氧含量的方法有两种：① 对于无引风机和鼓风机的加热炉，通过一两次风门和烟道挡板开度调节；② 对于有引风机和鼓风机的加热炉，通过调节引风机、鼓风机、一两次风门和烟道挡板开度来调节。例如，裂解炉在运行过程中，氧含量过低需通过提高负压调节器的设定来增加炉膛负压，炉膛负压由引风机控制。炉膛负压表的测量点取在炉桥墙部分，该值与氧含量分析仪串级控制调整引风机转速。烧嘴风门应预先调整好。一旦现场人员调节好烧嘴风门，炉子风机的抽力就会自控调节过剩空气量(通常为 10%)。在烟囱上设置氧气和 CO 的分析仪来监测过剩空气量和燃烧程度。正常操作且横跨烟气温度大于 800℃ 时，炉膛负压控制器的设定点由烟囱上的氧含量控制器串联控制。

2) 燃料自动分配控制技术

在高温热工装备中，大部分能量是由燃料的燃烧提供，尤其是在加热炉、裂解炉中。例如，在乙烯装置的全部能耗中，裂解部分的能耗约为全部装置能耗的 60%，其中燃料部分在全部燃料消耗中占90%以上。以年产30万吨乙烯装置的裂解炉为例,其每年要消耗燃料29万吨,占裂解原料量的20%左右[44]。因此,对燃料的自动分配对提高燃烧效率至关重要。

3) 操作温度自动控制技术

操作温度是加热炉、反应炉等高温热工装备的关键控制参数之一。由于工艺过程其他参数的变化和扰动,会引起操作温度的变化,这就需要通过控制系统来实现操作温度的稳定,减少波动和偏差,从而提高运行效率。例如,在乙烯裂解炉中,其出口温度的控制效果,直接影响炉出口关键产品收率。当燃料气压力波动时,燃料气混合罐自动补充其他组分作为燃料,此时燃料气热值波动较大,造成裂解炉出口温度波动频繁,各组炉管出口温度偏差较大。因此,为了保证裂解炉的稳定操作和产品收率,稳定裂解炉的热效率,节约能源,必须对其实施先进控制。

4) 系统优化技术

系统优化技术在高耗能设备节能降耗方面也有广泛的应用,多种新型的在线清焦、吹灰、除垢技术的成功应用,进一步提高了设备的效率,降低了能量消耗。例如,华东理工大学针对扬子石化烯烃厂的SL-Ⅱ型裂解炉在线烧焦过程,开发了在线烧焦自动控制软件,有效节约了在烧焦过程中的燃料消耗,同时避免了升降温过程对裂解炉管的损伤,从而提高裂解炉的开工率;中国石油大港石化公司将超声波在线除垢技术应用于油浆换热器,解决了催化裂化装置油浆换热器存在的积垢和结焦问题。应用超声波在线除垢技术后,油浆换热器的传热系数增加26.885 W/(m²·K),汽包发汽量增加0.404 t/h,油浆换热器的运行周期从5个月延长至8个月,分馏塔塔底油浆系统的运行状况得到改善,减少了塔底补油量,使总液体收率有所增加[45]。

6. 流程结构优化技术

在石化工业的生产过程中,从原料供给、反应过程发生到产品获得等整个加工过程,无不伴随着能量的供应、转换和回收利用。例如,在乙烯工业过程中,裂解原料首先需要预热到550~600℃,后在裂解炉管中进行裂解反应,出来的裂解气达到800℃及以上,再通过急冷产生高压蒸汽,高压蒸汽经过过热获得超高压蒸汽,用来驱动压缩机等,整个过程均伴随热量的交换、转化、回收再利用等。因此,在全厂或整个装置能量综合优化中,优化的不仅仅是设备本身,还要结合流程结构特点共同优化,即从系统的角度出发,综合考虑能量的分配和利用,使换热设备与工艺流程相匹配。

1) 能量梯级利用

在石化工业中,常用的能源包括电能、机械能和热能等,它们之间可以相互转化。相对于电能和机械能,热能的品位较低,因为热能不可能全部转化为机械能。因此,需根据不同能量存在的形式和品位,建立能源梯级利用机制,以提高能源的利用效率。例如,在一般的石化企业中,均有四级蒸汽管网——超高压蒸汽、高压蒸汽、中压蒸汽和低压蒸汽共存,高品位的可以通过不同方式转化为低品位蒸汽,在此变换过程中要结合工艺过程特点尽量减少高品位能的损失,提高用能效率。实际上,能量的梯级利用可以提高整个系统或装置的能量利用效率,为节能的重要措施之一。

2) 超结构网络

在某一确定的石化工业生产过程中,加热和冷却是相辅相成的,它们总是相伴而行。为了最大限度地回收利用生产过程中产生的余热和冷量,就要求对冷热物流进行优化匹配,尤其在对工艺过程的设计中,这种优化匹配更为重要,因为这与过程流程、设备选型、工艺参数确定等都息息相关。为了解决这类问题,通常可采用混合整数非线性规划(Mixed-Integar Nonlinear Programming, MINLP)模型,将可能的流程和设备设定在一个"超结构"模型中,形成换热网络与公用工程系统集成的模式,并以能量系统的消耗最少为目标进行优化,最终确定最优的换热网络结构、过程流程和操作参数。

3) 系统集成

对一个石化工业过程,从系统的角度可将其看成由多个子系统组合而成,通常可将其分为三个子系统,即工艺过程、换热网络、公用工程子系统。工艺过程主要指从原料到产品的变换过程,换热网络是为工艺过程提供必要的能量交换场所并实现能量回收再利用,而公用工程系统则为系统提供热能和辅助材料。从能量利用角度看,三者是紧密联系、相互影响的。例如,对炼油过程的常减压装置,当原油属性发生变化时,工艺参数需要重新调整,而工艺参数的调整又取决于热负荷的供应,这样就导致换热网络和公用工程的蒸汽系统发生相应的变化。目前,企业在对过程的优化中,大多还仅集中在工艺参数的优化、蒸汽系统的优化等,即仅局限于某一过程的优化,而没有对其进行系统集成从而达不到整体最优。因此,随着对工业过程深入理解和计算技术的发展,要快速推进系统集成优化,综合考虑生产过程、换热网络及公用工程系统的相互影响和制约,使系统运行在最优状态。

6.4 其他高温热工装备能效和技术发展趋势

在石油与化学工业中,除上述主要的高温热工装备,还包括电石行业的电石炉、纯碱行业的石灰窑、磷化工行业的黄磷炉等;在近年的《国民经济和社会发展统计公报》中,这些行业同样被列为高耗能行业,是国家导向促进节能的重点行业。虽然烧碱行业也是高耗能行业,在国家政策中也有明确体现,但其核心装备温度较低,因此不包括在本研究中。此外,对纯碱生产中的石灰窑,其只包含在氨碱法制碱工艺中,而氨碱法制碱工艺在纯碱行业所占比例相对较少(约40%),且其在氨碱法制碱过程中能耗占比也较低(小于30%),因此石灰窑也未列入本研究中。鉴于此,以下主要对电石炉、黄磷炉和烟气轮机进行简要介绍。

(1) 电石炉:是一个气-液-固多相并存的复杂矿热反应炉,由高压电源通过电极产生热量促使物料(焦炭和石灰石)在1 800℃以上的条件下发生反应而制得电石(碳化钙)。电石炉形式包括开放式、内燃式和密闭式,其基本构成包括炉体、炉盖、电极系统、液压系统、加料系统以及其他辅助装置(以密闭式炉为例);根据加工介质温度可将电石炉分为炉料区、反应区、熔融滴落区和熔池区,其能耗分配大致分别为14.5%、12.4%、13.5%和43.2%,还有约16.4%的热量损失[46]。据中国电石工业协会的不完全统计,至2014年年末我国电石企业达290余个,年总产能达4 183万吨,其中采用节能效果好的密闭式电石炉年产能达3 106万吨,占总产能的74.2%,内燃式电石炉比重进一步下降[47]。老式开放电炉和内燃式电炉生产吨电石电耗约3 450 kW·h,电极糊消耗约43 kg;而大型密闭电石炉的电耗约3 200 kW·h,电极糊消耗约为22 kg,分别可节约7.2%和49%,综合能耗约可节约170千克标准煤/吨电石[48]。发展初期,我国密闭式电石炉设备和成套技术均从国外进口,随着行业的发展和规模的扩大,加上对引进技术不断的消化-吸收-再创新,并在相关关键装备如炉气净化、气烧石灰窑等技术实现自主创新,现阶段已研制出 4 万千伏安以上的大型密闭电石炉,并实现了批量商业化生产,极大地促进我国电石行业节能降耗进一步的发展。为了进一步规范和推动电石行业的健康快速发展,中华人民共和国工业和信息化部(简称工信部)基于我国电石炉技术的发展状况,于 2014 年发布了新的《电石行业准入条件(2014 年修订)》,规定新建和改扩建电石生产装置必须采用先进的密闭式电石炉,且单台炉容量要求不小于 4 万千伏安,建设总容量不小于 15 千伏安;同时对能源消耗和资源利用进行严格约束,要求新建和改扩建电石炉电耗小于 3 200 kW·h,综合能耗小于 1 000 千克标准煤/吨电石;新的准入条件还对自动化水平、环境保护等提出具体要求,旨在进一步降低产品能耗、加快落后产能淘汰、促进产业快速升级。

(2) 黄磷炉:是运行在 1 300～1 500℃ 条件下的一种矿热反应炉,其采用耐高温的碳质或镁质等材料作为衬里,石墨或碳质自焙电极插入炉内,通过高压电力产生的电弧为系统提供能量,使按照一定比例投入的原料——磷矿石、硅石、焦炭熔融并产生高温还原反应,最终获得高纯度的单质磷。黄磷炉装置的结构主要包括炉体、电极、短网、变压器、电极升降装置等,其能耗主要集中在炉内化学反应和炉渣携热,分别约占 54% 和 30%;其次是炉气和炉体(包括炉壳、炉盖、短网等),分别约占 3% 和 10%[49]。据不完全统计,我国磷化工行业吨磷耗电量多在 14 000～15 000 kW·h,较好水平一般维持在 13 800 kW·h[50];对先进的大型黄磷炉的能耗水平已经低于国际先进水平,例如,2014 年我国最先进的企业——湖北兴发化工集团股份有限公司综合能耗水平已达到 2 441 千克标准煤/吨黄磷,吨黄磷电耗已达到 12 397 kW·h①;然而,总体而言,我国黄磷的平均电耗、焦耗较国外还高出 13%～15%[51],而黄磷理论能耗和电耗分别仅为 454.5 千克标准煤和 6 420 kW·h[52]。为了促进行业发展和节能降耗,早在 2008 年国家工信部便发布了《黄磷行业准入条件》,规定新建的单台磷炉变压器容量必须达到 20 000 千伏安以上,折算设计生产能力达到 1 万吨黄磷/年,新建企业规模必须达到年产 5 万吨黄磷及以上,且对能耗标准、淘汰机制进行了严格规定;于 2011 年,在中华人民共和国发展和改革委员会颁布的《产业结构调整指导目录》中也对相关内容做了明确规定。从技术层面,根据黄磷炉的结构特点,采用先进的 CFD 模拟技术对其进行模拟计算,探讨炉内复杂流动、反应和热量耦合机制;对黄磷炉设备结构进行优化设计,采用适用于大型化发展的碳电极;改造和优化电炉短网、盖体等结构,提高能量利用效率;采用先进的智能控制方法和与大型化、多电极炉相适应的操作方法及设备精细化管理方法等。例如,贵州开磷磷业有限责任公司曾进行电炉短网改造、操作优化,使黄磷综合电耗 15 200 kW·h/t 降到 13 750 kW·h/t[53],大大提高了生产效益。

(3) 烟气轮机:在石油与化学工业中,烟气轮机主要用于原油二次加工装置——重油催化裂化以回收高温烟气余热和余压,是重要的高温节能装备(中国石油天然气集团公司兰州石化分公司 300 万吨/年催化裂化装置中配备的烟气轮机额定轴功率达到 33 MW,正常工况下年节电量达 2.365×10^8 kW·h),在全国所有的催化裂化装置中基本均配备该装备。

---

① 数据来自《2014 年度石油和化工行业重点能耗产品能效领跑者标杆企业和指标》报告。

它的基本原理是以烟气为动力介质,利用其热能和压力能膨胀做功从而获得机械能;其(以国产 YL 型烟机为例)基本结构包括转子组件、进气机壳、静叶组件、排气机壳、轴承箱及轴承、底座、密封系统等;按技术特点其可分为单级、双级和多级三类。烟气轮机工作环境较为恶劣,普遍存在能量回收率低、结垢、叶片出现裂痕甚至断裂、金属疲劳等问题,但其影响因素复杂,很难从根本上予以解决,只能通过技术的进步逐步减少各因素的影响,如采用先进的工艺或设备设计方法、开发先进的部件和材料、使用先进的设备管理和监测手段等。例如,通过有效的监控和故障分析方法,可以预报烟气轮机运行状况及恶化程度,为停机检修提供预案[54];对烟气轮机机组关键部件进行优化改造,并对操作进行优化,提高运行效率等[55]。然而,从总体技术而言,目前我国开发的 YL 系统烟气轮机技术水平已处于世界前列,且单套装备的功率越来越大,如由渤海装备制造公司承担的"超大型烟气轮机研制开发与应用"烟机功率已达到 40 MW,并掌握和发明了多项核心技术,如高焓降新型轮叶、挠性等设计方法。

第 7 章

我国石油与化学工业高温热工装备节能技术发展目标和重点任务

7.1 热工装备节能技术发展思路

以能量转换的三种基本方式为理论依据,分别从提高能量转换效率、强化传热过程和热功转化效率出发,开展相关高温热工装备关键技术的基础和应用研究,标准化同类装备的操作和使用规范,制定能耗考核的统一标准等,从技术和政策等方面为提升高耗能高温热工装备的运行水平提供保障。

7.1.1 管式加热炉节能

1. 提高加热炉关键部件和材料性能

(1) 选用新型燃烧器,提高燃料的燃烧效率。传统燃烧器经长时间运行易在喷头结焦,堵塞管道,影响正常燃烧。采用新型高效燃油燃烧器,可有效加强燃料与空气之间的混合效果,减少燃料油雾化不良情况,提高燃烧效率。

(2) 选用高效炉膛内壁涂料,提高热辐射效率。炉壁内衬辐射是被加热介质获取热量的主要途径。辐射热效率与炉体内部结构和操作条件相关。当炉子设计和操作条件确定后,要提高加热炉热效率,除改善燃烧条件,需通过提高有效辐射率来加强传热。采用高温辐射涂料,如 HT 型涂料,可改善辐射能谱的分布,使辐射频率与被加热物体的固有频率相匹配,从而提高辐射能的利用率。

2. 优化工艺,提高余热回收效率

根据加热炉使用环境,设计合适的余热回收方案;对于具备多个加热炉且炉效相差较大的装置,优化对流段热集成方案,最大化能量利用效率。例如,炼化一体化装置可利用延迟焦化反应回收乙烯裂解气余热,对于年产 6 万吨乙烯的裂解炉,可配套年处理量为 8.8 万吨的延迟焦化装置,通过热集成可使乙烯急冷过程能量回收率提高 10.4%。

3. 开发和完善关键指标的先进控制技术

完善现有加热炉的自动化控制检测技术,减少人为因素造成的低效高耗使用;结合先进控制技术,实时监测烟气中的腐蚀组分浓度,计算露点温度,实现余热回收烟气出口温度卡边操作,最大限度减少烟气带走的热量;对早期安装的加热炉,因控制元件老化导致燃烧效率低下的情况，考虑对燃烧器进行升级改造。

7.1.2 裂解炉节能

1. 应用先进控制技术

由于裂解炉在高温工况下运行，炉管出口温度（Coil Outlet Temperature，COT）波动受到工艺、负荷、燃料气等因素变化的影响。裂解炉运行的稳定性受到裂解炉的结焦速率加剧或连锁停车的影响。若采用 APC 控制技术，炉管总体 COT 波动和各组炉管间 COT 的温度偏差可获得有效控制，从而提高裂解炉运行的稳定性，减少燃料气过量消耗，起到节能效果。

2. 加强管理维护，延长设备使用寿命，减少设备更新

加强裂解炉高压系统的管理，如消除漏点以节省汽及水的损失；保证燃烧器的燃烧状况良好，缩短两次检查燃烧器燃烧状况之间的时间，如果燃烧状况不好应及时调节风门，定期清理烧嘴积碳，确保燃料燃烧效率；检修和升级炉墙耐火材料，降低炉墙外壁温度，例如，中国石化中原石油化工有限责任公司（简称中原）在 2009 年年底对 BA-101 辐射段炉墙耐火材料予以更换，裂解炉外壁平均温度由 110℃降到约 65℃，获得了显著的效果。

3. 采用新技术及技改措施

（1）预热空气和燃料气技术。以往裂解炉内空气采用的是常温空气，这样，一方面炉膛燃烧温度不能有效地得到控制，另一方面增加了操作难度，而且浪费了许多燃料资源。空气和燃料气预热最常用的方式是利用烟道气排烟余热、低压蒸汽、中压蒸汽凝液或急冷水等介质来预热空气或燃料气以减少燃料用量。

（2）炉管强化传热技术。由于裂解炉炉管内壁热阻较大，所以温度梯度较大。采用炉管强化传热技术，可以有效地减薄边界层，增大传热系数，从而提高传热效率和降低燃料消耗；使裂解炉管内的流动状态得到改善，从而提高裂解主要产物的选择性；改善传热效果，降低炉管的管壁温度，使裂解炉运转周期得到延长。

（3）降低裂解炉的排烟温度。降低排烟温度，可最大限度地降低热损失，从而有效提高裂解炉的热效率。一般而言，排烟温度每降低 20℃，裂解炉的热效率可提高约 1%，折合节能 7.143 千克标煤/吨乙烯。但是，排烟温度不能低于烟气中酸性气体露点温度，否则会出现对流段炉管腐蚀的问题。因此，在降低排烟温度提高热效率的同时，必须根据具体条件采取防止或减少低温腐蚀的措施；另外，降低排烟温度的措施还包括增大传热面积、缩短对流段炉管与炉墙距离和增加对流段管束等。

（4）降低空气过剩系数。降低空气过剩系数是在保证燃料充分燃烧的前提下减少燃料的消耗和烟气的排放量，从而减小烟气带走的热损失。降低空气过剩系数的措施有：改善烧嘴性能，如采用新型燃烧器，可大幅降低烟气中 NO_x 含量；加强裂解炉管理和维护，保证炉体的密闭性；保证氧分析仪准确可靠，通过调整炉膛负压与烧嘴风门开度，将过剩空气系数控制在合理的范围之内。

（5）风机变频技术。通常在裂解炉炉顶设 1 台风机抽风，用烟道挡板控制炉膛的负压，由电机驱动风机，而电机功率随着裂解炉产能增大而增大。当裂解装置采用变频电机时，就取消了烟道挡板，由电机转速直接来控制炉膛负压，节省了大量的电能。中原乙烯装置分别于 2000 年、2004 年、2007 年先后在 BA-106/104/102 裂解炉上采用变频电机技术，投用后可

节省电能约30%。

7.1.3 制氢转化炉节能

1. 设计新型先进转化炉炉型,提高转化炉运行性能

在现有制氢转化炉技术基础上,对炉型结构进行改造,增强炉膛辐射段的传热效果,降低过剩空气系数;开发新型耐热材料并制备转化炉炉管,增加炉管的抗渗碳、抗氧化和抗蠕变能力;对转化炉出口管路系统进行优化,提高转化炉运行水平。

2. 开发新型高效涂层材料,提高转化炉热效率

在转化炉内壁喷涂耐高温反辐射涂层材料,以高吸收率将炉膛内燃料燃烧产生的辐射能量转化为涂层的热效应,再以高发射率将热量以辐射的形式发射回炉膛,增强炉管对辐射热的吸收能力,提高转化炉的热利用效率,降低转化炉燃料气的消耗。

3. 提高余热回收系统的利用率

开发新型余热回收技术,如增加余热锅炉过热段受热面积、设置解吸气增强型过滤器、消除"烟气走廊"等方案,充分回收转化炉高温烟气的余热,降低装置的能耗。中国石化某分公司通过改造转化炉的余热回收装置,提高了过热蒸汽的温度,有效降低了排烟温度,取得了较好的经济效益。

7.1.4 气化炉节能

1. 提高气化压力,降低能耗

装置大型化具有规模效应,间接体现了节能。但由于受制造、运输、安装等客观因素的限制,必须在有限的设备尺寸上,通过提高单位时间单位体积的处理能力和处理效率实现大规模效应,其途径只能是提高温度、增加压力、强化混合等。气化炉的气化压力直接决定着气化炉的操作容量,随着气化压力的提高,单台气化炉处理煤量不断加大。如GE水煤浆加压气化炉的气化操作压力从4.0 MPa提高至6.5 MPa,再到8.7 MPa,气化炉投煤量则相应地从500~1 000 t/d增加至1 500 t/d,再到2 000 t/d。多喷嘴对置式水煤浆加压气化炉的气化压力也在4.0~6.5 MPa,目前,国内建成并运行的最大规模的多喷嘴水煤浆气化炉的气化压力为6.5 MPa,单炉煤处理能力可达2 500 t/d,并正在进一步开发气化压力在8.7 MPa以上、单炉煤处理能力3 000 t/d的超大型水煤浆加压气化技术。此外,根据相关文献报道,提高气化压力可显著提高气化装置的经济效益,当气化压力由4.0 MPa提高至6.5 MPa时,甲醇单位成本可降低6%~10%;气化压力从6.5 MPa提高至8.7 MPa时,甲醇单位成本可再降低5%~8%。由此可见,提高气化压力和装置规模,可有效降低能耗。

2. 提高装置可靠性

气化炉可靠性体现在安全、稳定、长周期及满负荷运行等。气化装置作为整个系统的核心,其可靠性往往对整套系统的稳定运行产生重要影响,从而影响整个气化产业的经济性。据GE公司的统计数据,2007~2009年GE水煤浆加压气化装置的可靠性平均为94.4%;据Shell公司的统计数据,2008~2011年Shell干煤粉加压气化装置可靠性平均为88.8%,两家公司的气化装置可靠性普遍不高,大大增加了单位产品能耗。因此,要满足气化装置长周期连续稳定运行,进一步提高装置的可靠性和在线率,还有很多工作需要加强和推进;同时对于尚在试验阶段的气化炉要采取积极和慎重的态度。

3. 开发新的热量回收技术

为了避免急冷工艺热效率不高、废锅工艺设备复杂、投资巨大的缺陷,提出了化学法回收高温合成气显热的技术思想及工艺方案。其基本原理是,利用一段大型气流床水煤浆气化产生的高温煤气(1 300℃以上)中含有约20%水(H_2O)和约20%的二氧化碳(CO_2)这一特点,将其通入二段固定床气化炉内与煤进行反应:

$$C + H_2O \Longrightarrow CO + H_2$$
$$C + CO_2 \Longrightarrow 2CO$$

由于上述气化反应为吸热反应,可降低一段炉出口合成气的温度,从而有效回收合成气显热。初步研究表明,冷煤气效率与水煤浆气化相比可以提高约8个百分点,与Shell干煤粉气化相比可以提高约2个百分点。

4. 优化流程,取长补短,发挥组合气化优势

煤化工的快速发展,对煤炭清洁高效利用的要求越来越高,致使单一的煤气化技术的局限性也逐渐显现。例如,采煤机械化程度的提高增加了原料煤中粉煤的含量,使固定床气化所需的块煤短缺,而大量的粉煤资源又需要有效利用。水煤浆气化技术对成浆性好的煤有独特优势,但其相对较高的能耗,一定程度上限制了它的应用,如配套废锅流程将有效提高其能效水平;固定床气化能耗低,但产生的废水成分复杂、处理困难、处理成本高。若结合两种气化各自的优缺点,在技术条件允许的情况下,将固定床气化和水煤浆气化耦合,不仅可提高能效、节约水资源,而且还解决了固定床气化污水处理和粉煤平衡的问题。基于此,可尝试开发固定床气化和水煤浆气化、固定床气化和干煤粉气化、固定床气化和粉煤成形、固定床气化和流化床气化、水煤浆气化和废热锅炉或IGCC流程等组合方案。

5. 开发其他气化技术

如果不考虑过程工业对追求煤气化技术大型化需求,只从物质和能量利用的合理性角度而言,低温温和的气化是最有利的,因此加氢气化和催化气化等技术仍然有研究的必要,煤炭地下气化也是不可忽略的技术。

7.1.5 焚烧炉节能

1. 控制焚烧温度,减少污染

焚烧炉所处理的废弃物从形态上看有固态、液态和气态,特性各异。因此,为了保证焚烧炉彻底焚烧不同的废弃物,必须根据各废弃物特性选择合理的燃烧温度和燃料补给方式,同时需结合工厂的实际状况进行优化,必须保证焚烧过程产生的废气不再次污染环境。因此,配套大型焚烧装置需设置废气和其他有机污染物回收处理装置;同时,根据处理废弃物特点,必须保证焚烧温度达到一定温度以上,以使废弃物充分燃烧。但在实际过程中,有些企业可能为了降低生产成本,采用低温燃烧方法,此极易造成某些有害成分如苯酚、甲醛等不能彻底氧化分解。

2. 集中处理焚烧物,形成规模效应

在石化企业或园区内,尽可能建立大型焚烧设施,集中处理一定范围内的不同废弃物,

使其规模化、经济化、处理效果最佳化。

7.1.6 余热锅炉节能

1. 提高余热锅炉可靠性

在石化工业中,余热来源广泛,包括烟气余热、废气废水余热、化学反应热、炉渣余热等,其中烟气余热最为广泛,其中常含有少量固体颗粒和腐蚀性介质等,由此给余热锅炉的长期安全稳定运行带来挑战,因此需加强余热锅炉材料、辅助装备等研究开发和应用,消除隐患,确保余热锅炉运行的可靠性。

2. 开发高效余热锅炉

在石化工业中,按照温度的高低,一般可将余热分为高温余热(600℃及以上,如高温烟气、裂解气等)、中温余热(300～600℃,如烟气、工艺介质)和低温余热(300℃及以下,如低压蒸汽、热水等),而具有不同品位和载体的余热换热方式各异,必须根据余热载体和品位有针对性地设计专有的余热锅炉,提高整个过程的换热效果,尽可能减少㶲损。

3. 集成优化余热回收利用流程

由于余热资源来源广泛,且温度范围广和形式多样,同时生产过程存在周期性和不稳定性,因此需针对余热的存在形式和载热体特性,结合工艺过程优化余热回收流程和工艺操作参数,提高余热高效回收利用和装置可靠性。

7.2 热工装备节能技术发展目标

7.2.1 管式加热炉节能技术发展目标

(1) 开发以加热炉节能材料为中心,包括高温辐射节能涂料、高温防腐涂料、防氧化涂料、绝缘涂料和保温涂料等材料合成技术,在高性能加热炉材料的制备工艺取得重大突破,同时加强对新型燃烧器的研究,提高燃料燃烧效率。

(2) 发展厂级多炉热联合技术。根据被加热介质工艺需求,优化操作流程,实现加热炉对流段热能合理利用,提高加热炉整体效率。

(3) 在现有控制系统上集成燃烧反应动力学,结合先进组分分析仪表,实时监测燃料油、燃料气、烟气中的关键指标,开发融合燃烧机理和装置实时运行特性的先进控制技术。

(4) 基于加热炉节能技术的开发,在前瞻性领域取得具有我国自主知识产权的原创性成果,增强我国加热炉技术领域的竞争力,形成我国加热炉技术产业,提高石油化工行业管式加热炉运行水平。

(5) 管式加热炉是石化行业用能大户,然而其运行效率却普遍偏低,以某石化公司统计数据为例,加热炉平均热效率设计值为90%～95%,但实际使用热效率仅为87.3%。通过综合应用管式加热炉相关节能技术,在5～10年间提升加热炉热效率2%～5%。按中国石化加热炉总负荷5 000 MW计算,提高热效率2%,能降低能耗约2%,相当于每年节能10.56万吨标准煤。

7.2.2 裂解炉节能技术发展目标

（1）优化原料结构，推动原料轻质化，支持乙烯生产企业进行节能改造，实现生产系统能量的优化利用。根据近5年的乙烯综合能耗数据（中国工业节能进展报告2013和文献[56]），力争到2015年，乙烯综合能耗降至790千克标准煤/吨，2017年降至760千克标准煤/吨。

（2）通过采用提高裂解选择性、提高裂解炉热效率、延长裂解炉运行周期、高温裂解气余热回收和实施新型节能技术等措施，促使裂解炉能耗下降。

（3）实现裂解炉自主设计和制造。在引进消化吸收的基础上，实现企业与高等院校、科研院所等的技术创新联合组织的创建，积极开展裂解炉的自主创新研究，提高裂解炉国产化率和我国乙烯工业的竞争力，调整结构，促进乙烯工业科技资源高效配制和综合集成。

（4）裂解炉是乙烯装置的耗能大户，然而其运行效率普遍偏低。根据近几年的文献统计数据[57,58]，裂解炉平均热效率设计值为93%～95%，但实际运行热效率均低于93%。通过降低排烟温度、控制空气过剩系数、预热燃烧用空气和燃料气，加强绝热保温等方法提高裂解炉热效率，力争在5～10年内提高裂解炉热效率1%～3%。

7.2.3 制氢转化炉节能技术发展目标

（1）设计开发新型具有特定结构的制氢转化炉，从而增强转化炉的传热效率和燃料气的燃烧效率，提高制氢转化炉的运行水平。

（2）开发新型高效的转化炉内壁涂层材料，增强炉膛内燃料气燃烧产生的热效应，提高转化炉的热利用效率，降低装置的能耗。

（3）在转化炉炉型设计以及新型涂层材料的开发方面形成具有我国自主产权的创新性成果，并达到国际先进甚至国际领先的水平。

（4）通过以上技术手段，降低转化炉燃料气的消耗，提高转化率的运行效率，并充分利用转化炉的高温烟气，采用风机变频技术，降低装置的电能的消耗，最终降低制氢装置的综合能耗，力争在未来5～10年使转化炉的总能耗降低5%。

7.2.4 气化炉节能技术发展目标

（1）提高煤气化压力。提高气化压力，既可提升气化本身的效率，扩大单炉生产能力，又可有效降低下游装置的规模和能耗，实现等压合成。基于此，煤制天然气项目若采用碎煤加压气化，可以考虑将压力提高至4.0 MPa；煤制烯烃项目采用水煤浆加压气化时可以考虑将压力由6.5 MPa提高至8.7 MPa，这样可使整个项目能效提高约0.5个百分点。

（2）提高煤气化装置规模。受喷嘴雾化能力和效果限制，单喷嘴水煤浆气化炉的单炉规模多为日处理煤1 000～1 500 t；而多喷嘴对置水煤浆气化技术，则已实现了大型化（单炉日处理煤2 000 t）向超大型化（单炉日处理煤3 000 t）的过渡。

（3）与合成气用途相匹配。与合成气用途相匹配是降低后续系统负荷和能耗的重要措施，其中最典型的是煤制天然气。在其他技术方案相同且不考虑固定床气化废水处理的情况下,全部采用固定床气化将比全部采用粉煤气化的能效高约 3 个百分点。

(4) 高效回收工艺副产蒸汽。因煤气化温度较高,应尽量回收气化的高位热能。采用废锅流程对气化高温合成气进行冷却,可有效回收粗合成气中的高品位显热,产生高压、过热蒸汽用于发电或做功,由此可使系统能效提高 1~2 个百分点。

(5) 国家对"十二五"升级示范项目提出了"能效、煤耗和水耗"三项指标要求,根据该要求,与"十一五"示范项目相比,煤间接液化、煤制天然气、煤制烯烃的能效分别要从 39% 提高到 42%~47%(升级示范项目基本值和先进值,下同)、从 54% 提高到 56%~60%、从 35% 提高到 42% 和 47%,提高幅度分别为 8%~20%、3.5%~11%、20%~35%[59]。

7.2.5 焚烧炉节能技术发展目标

(1) 随着经济社会分工精细化的不断发展,建设大型焚烧装置是必然趋势。但通常情况下,大型焚烧炉的一次性投资额巨大,同时需要大量燃料供应,初期成本较高,此需要从国家层面出发,系统考虑和规划,实行废弃物集中焚烧处理,同时辅以废气、废水处理回收,实现废弃物处理无害化、清洁化。为了降低运行成本,可设置辅助的焚烧炉余热回收装置,以节约能源消耗。

(2) 针对被焚烧废弃物特点,合理设计焚烧炉,提高焚烧炉的高效运行和经济性。例如,在石化工业中,遇到的废弃物大多是含有碳、氢的有机物,而有些有机物具有很高的热值,通过合理设计焚烧炉结构和燃烧方式,当被处理的废弃物中某有机物达到一定浓度时,在高温作用下其可自行发生氧化反应而放热,此时可不需要补充额外燃料,就可完成废弃物的处理。

(3) 蓄热式有机废气焚烧炉是目前国际上最节能、最有效减少挥发性有机化合物排放的方法。有机废气首先经焚烧炉预热室升温,后再进入燃烧室进行高温焚烧,使有机物彻底氧化成二氧化碳和水,然而送入另一蓄热室回收热量后排放至大气。在蓄热室回收的热量被用于预热新进入焚烧炉的废气,使热量得到充分应用。该使用蓄热式的热量回收方式,可以回收高温烟气中 90% 以上的热能,烟气排出的温度可降至 180℃ 左右。

(4) 发展低能耗的焚烧技术——催化氧化有机废气焚烧炉。催化剂使氧化反应发生的温度比热氧化要低,温度范围一般为 320~540℃,且 VOCs(挥发性有机物)净化率可达 95%~99%,此方法可有效降低能源消耗和废气排放。

7.2.6 余热锅炉节能技术发展目标

(1) 余热回收技术在未来 10 年需要一个跨越式发展,力争使余热回收利用率在现有基础上增加 5%~10%,总体利用率达到发达国家的一半以上。当前我国工业余热回收利用率不到 20%,而美国等其他发达国家已达到 50% 的利用率[60]。

(2) 结合石化工业生产过程进行系统设计,提高余热回收利用系统的设备性能和回收效率。就余热锅炉装备而言,需进一步提高锅炉热传递效率、热利用效率,并降低积灰、磨损、腐蚀等给长期安全稳定运行带来的问题。总体而言,需经过锅炉装备研发、工艺集成优化、新型材料研发和应用等,进一步提高余热锅炉系统运行的可靠性、高效性和安全性。

7.3 热工装备节能技术发展重点任务

7.3.1 管式加热炉节能技术重点

1. 发展加热炉高新涂料制备技术

发展高温涂料新技术,提高材料性价比,参与国际市场竞争。进一步提高辐射节能涂料、防腐涂料等材料的热稳定性和应用性能,降低制造成本,带动我国加热炉节能技术的应用发展。

2. 加热炉先进控制技术

加强加热炉烟道气出口氧含量、排烟温度、炉膛负压、燃料硫含量等关键指标的监控,深入分析这些因素与热负荷、热效率、物料平衡以及设备设防值之间的关联,提高加热炉控制效率,进一步降低加热炉能耗。

3. 开展加热炉相关重大科学问题的基础研究

加热炉的科学问题有:① 复杂燃料燃烧过程的微观反应机理及其动力学;② 炉膛三维空间内流场分布及与燃烧动力学之间的耦合;③ 微观反应动力学与宏观燃烧效率之间的界尺度研究。

4. 平台建设

围绕加热炉节能技术战略发展重点,建立相应的国家平台或研究开发基地,主要包括加热炉燃烧-结构基础研究基地、加热炉涂料研究发展基地、加热炉产业化发展基地等。基地建设目标在于提升自主创新能力和行业内国际竞争力。

7.3.2 裂解炉节能技术重点

1. 乙烯裂解炉节能改造技术

回收低位工艺热量,预热燃烧空气技术、急冷油减黏塔技术、裂解炉耐高温辐射涂料技术、燃气轮机和裂解炉集成技术、混合冷剂制冷技术、热集成精馏系统技术、催化干气回收乙烯技术、乙烯化工污水深度处理技术。

2. 全面推广大型乙烯裂解炉技术

推广裂解炉空气预热、优化换热流程、高效加热炉、高效换热器等技术和装备。主要在以下技术方面进行推广:① 增大每台裂解炉的运行能力;② 开发和应用不同形式的急冷锅炉;③ 研发新的高温合金材料;④ 研发和推广新型燃料器;⑤ 研发推广乙烯裂解炉温度与负荷先进控制技术等。

3. 推广高发射率陶瓷涂层技术

该技术可广泛应用于石化等行业的各类加热炉,尤其适合应用于负荷在 15 MW 以上的加热炉。全国适合实施涂层技术改造的加热炉约 5 000 台,预计到 2015 年推广比例约 30%,可形成年节能 11 万吨标准煤,年减排潜力 29 万吨 CO_2。

4. 乙烯裂解炉温度和负荷先进控制技术

采用先进控制技术,优化裂解炉操作,能够提高乙烯、丙烯收率,使乙烯装置生产能耗明显下降。

5. 乙烯裂解炉多场耦合模拟与虚拟现实技术

建立裂解炉内速度场、温度场、浓度场和压力场等多场耦合机理模型，运用CFD技术对其进行耦合模拟，获得详细的物理场分布信息，通过虚拟现实技术直观地显示出来，为裂解炉的结构和工艺参数优化提供理论指导。

7.3.3 制氢转化炉节能技术重点

1. 开发先进制氢工艺

在目前制氢装置的工艺流程基础上，进一步开发先进的制氢工艺路线，并对制氢工艺条件进行优化，从而达到降低装置总体能耗的目的。

2. 优化电力运行系统

对制氢工艺中的蒸汽和电力运行系统进行优化，降低制氢系统中蒸汽和电力的消耗。

3. 改造炉型结构

在现有制氢转化炉的基础上，对炉型结构进行改造，增强炉膛辐射段的传热效果，降低空气过剩系数；开发新型耐热材料制备转化炉炉管，增加炉管的抗渗碳、抗氧化和抗蠕变能力；对转化炉的出口管路系统进行优化，提高转化炉的运行水平。

4. 开发高效涂层材料

在转化炉内壁喷涂耐高温、高吸收率和高发射率的反辐射涂层材料，提高涂层的热效应，增强转化炉炉管的辐射热吸收能力，提高转化炉的热利用效率，降低转化炉燃料气的消耗。

7.3.4 气化炉节能技术重点

1. 气化废锅流程

以多喷嘴对置式气化炉废锅流程为例，高温合成气（1 300～1 400℃）携带熔渣从气化炉下部出口排出，直接进入辐射废锅回收合成气和熔渣的高温显热，产生高压蒸汽。大部分灰渣降温固化后经水冷却从辐射废锅底部排出，出辐射废锅的合成气（温度约为700℃）进入对流废锅继续回收其中热量，离开对流废锅的合成气温度约为320℃。由于废锅流程副产高压蒸汽，可以很好地应用于IGCC流程，废锅产生高压蒸汽的压力等级可与后续燃机系统匹配。

2. 煤浆预热工艺

气化炉是一个高耗能的单元设备，工业上气流床气化进料方式主要有两种，即湿法进料和干法进料。湿法气化技术的冷煤气效率低于干法冷煤气效率，原因在于进料浆体中水的加热、蒸发、过热至汽化温度需要消耗热量，氧气升温、过热至汽化温度也需要消耗热量，导致汽化系统氧耗、煤耗增加，有效气（CO+H_2）组分含量降低，无效气体组分CO_2含量增加，使入炉原料的化学能通过气化反应后最终保留在合成气中的化学能减少。同时，对于急冷流程，出气流床气化炉高温合成气的热量以水蒸气的形式饱和在合成气中，合成气中水蒸气/合成气体积比高，使合成气中的水蒸气对变换单元来说大量富余，在变换系统通过副产水蒸气回收大量低位余热。如何高效地回收低品位蒸汽能量一直是技术攻关的重点课题。

3. 化学法回收高温合成气显热

为了避免急冷工艺热效率不高、废锅工艺设备复杂、投资巨大的缺陷,提出了化学法回收高温煤气显热的技术思想及工艺方案。其基本原理是,利用一段大型气流床水煤浆气化产生的高温煤气(1 300℃以上)中含有约20%H_2O和约20%CO_2这一特点,将其通入二段固定床气化炉内与煤发生气化反应,利用气化反应吸热降低一段出口温度,同时有效回收气体显热。初步研究表明,冷煤气效率与水煤浆气化相比可以提高约8%,与Shell干煤粉气化相比可以提高约2%。

4. 风电与气化耦合

大规模风电由于风能的随机性和间歇性而难以并网利用,风电的就地使用是解决大规模非并网风电利用的途径之一。从系统集成角度来看,基于大型煤化工和大规模风电的特点,将大规模非并网风电通过电解水生产H_2和O_2,为煤化工生产提供原料,这样既能有效消化当地的风能资源,又有利于降低煤化工装置的能耗和CO_2的排放,对实现煤化工在未来低碳社会的发展具有重要意义。电解水生产的H_2可直接作为化工合成的原料,O_2可部分替代来自空分的氧气。图7.1为风电制氢与煤气化系统耦合集成系统(电解H_2参与H_2/CO变化)流程简图。

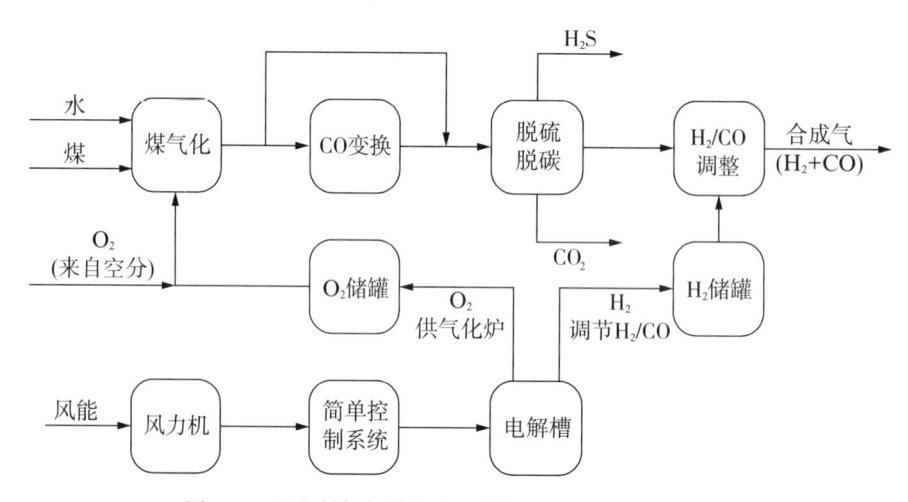

图7.1 风电制氢与煤气化系统耦合集成系统流程简图

研究结果表明,当风电-煤气化的系统集成度为15%时,对合成$10×10^8$ Nm^3天然气/年规模,煤耗减少了10%,CO_2排放量减少了14.8%,空分氧气消耗减少了23.5%,就地利用风电电量18.08亿千瓦时;对90万吨甲醇/年规模,煤耗减少了10%,CO_2排放量减少了17.2%,空分氧气消耗减少了23.6%,就地利用风电电量8.72亿千瓦时。

5. 低温温和气化

(1) 催化气化技术。催化气化主要指煤与气化剂在有催化剂存在条件下进行气化反应的过程。通过在煤粉或煤浆中加入催化剂,可以降低气化参数要求(如温度和压力),提高气化效率,也可以提高某一指定成分的含量。催化气化技术具有的特点包括:① 降低反应温度,降低了对气化设备的要求,同时也降低了气化运行成本;② 提高反应速率;③ 改善煤气组成。例如,可在催化剂作用下生成甲烷、甲醇、氨等化工原料,缩短工艺流程。

(2) 加氢气化技术。煤加氢气化能使产生的粗合成气中含有高浓度的甲烷,有利于生产代用天然气。与传统煤制天然气方法——合成气催化甲烷化过程相比,煤加氢气化制代用天然气流程简单、效率更高、成本更低。

然而,传统加氢气化反应存在一些明显的不足,如反应条件苛刻、反应碳转化率低等。为了增加加氢气化的反应活性,降低气化反应的温度,提高反应的碳转化率,对含碳物质的催化加氢研究十分必要。一般来说,过渡金属对加氢气化反应有较好的催化效果,但过渡金属容易因高温烧结和硫中毒而失活。碱金属对煤(尤其是低阶煤)加氢气化也有良好的催化效果,但目前国内关于碱金属用于催化煤加氢气化的报道不多。通过探讨催化剂对煤表面形态和孔结构的影响规律,开发催化加氢气化工艺及高效低成本的催化剂回收工艺。

7.3.5 焚烧炉节能技术重点

1. 焚烧炉助燃系统

焚烧炉的助燃系统是保证所处理废物充分燃烧和减少二次污染的必要条件,其研究内容主要包括助燃剂的预处理、助燃剂与燃烧介质的微观动力学、动力学与流体力学模拟以及助燃系统的设备结构、工艺流程优化。

2. 焚烧炉焚烧系统

根据不同类型焚烧炉特点,其焚烧系统的研究内容主要包括不同燃烧介质烧嘴结构研究和设计优化、燃烧全过程的机理模型构建和模拟以及燃烧过程工艺参数优化等。通过基础性工作的研究,提高燃烧过程效率、减少污染物的产生、延长关键设备运行周期等,并为焚烧炉的大型化工程应用示范提供基础保障。

3. 焚烧炉尾气系统

完善焚烧炉尾气处理系统。焚烧炉处理的物料大多为有毒有害气体、液体或固体,因此焚烧的同时将产生大量有害废气,需要针对不同的焚烧物料和焚烧特性开发不同的尾气处理方法,如溶剂吸附、化学处理等,但在开发尾气处理方法同时必须考虑焚烧炉工程大型化的问题,使其能够匹配科技和社会的发展需求。

4. 焚烧炉电控系统

由于焚烧炉处理的大部分物料均为有毒有害物质,为保障人身、环境安全,必须实现全封闭式的自动化运行,因此必须开发先进的、可靠的测量仪表、调控设备、控制系统以及全自动化生产控制平台。

7.3.6 余热锅炉节能技术重点

1. 根据环境特性选择合理的工艺,提高余热锅炉的稳定性

石化工业中的余热来源广泛,且形式多样,需根据工艺过程特点和余热载体有针对性地设置余热锅炉装备和工艺流程。例如,余热锅炉的锅筒、换热管、集箱等均与某一特定工艺环境有关,为提高余热锅炉的运行稳定性,需根据锅炉工作环境的特点,对内部构件、工艺流程进行特殊化处理。

2. 实施防磨损和防腐蚀措施,提高余热锅炉运行安全性

磨损和腐蚀一直是余热锅炉运行中存在的重要问题,严重影响余热锅炉的长期安全稳

定运行。因此,必须采取防腐等措施以保证余热锅炉运行的安全性,例如,① 换热管管壁渗铝技术,其可提高换热管抗高温氧化、抗腐蚀和抗磨损的能力;② 优化余热锅炉内部结构,使易腐蚀部位与热载体隔开,避免腐蚀的发生;③ 稳定控制余热锅炉运行时热载体排出温度,使该温度高于腐蚀气体的露点温度。

3. 针对实际积灰形成情况,合理选用吹灰方法

高温烟气中含有大量灰尘,且大部分灰尘含有极少量低熔点金属元素,当该灰尘颗粒通过高温区时会呈熔融状态,从而使灰分黏结在受热面上形成积灰层,这种一般很难清除;当灰尘颗粒经过过渡区时,灰尘大部分为固体颗粒,但仍呈熔融或半熔融状态,此时松散型积灰和黏结性积灰同时存在,不易清除。余热锅炉积灰的形成机理既有物理的也有化学的,其严重影响热量传递,使热换热效率降低,且可能导致受热面腐蚀等,更为严重的是可能导致不必要的停炉而带来经济损失。因此有效地清除余热锅炉的积灰,对余热锅炉正常运行至关重要。余热锅炉的吹灰方式主要有机械振打吹灰、蒸汽吹灰、声波吹灰器和激波吹灰等,每种方式有各自的优缺点,需根据实际情况合理选用。

7.4 热工装备节能技术发展技术路线图

7.4.1 管式加热炉节能路线图

管式加热炉的发展技术路线如图 7.2 所示。

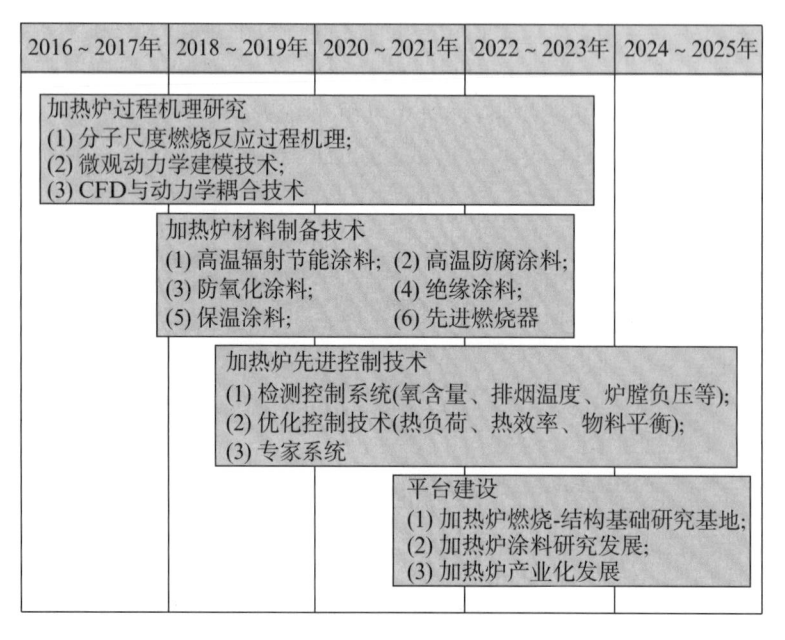

2016~2017年	2018~2019年	2020~2021年	2022~2023年	2024~2025年
加热炉过程机理研究 (1) 分子尺度燃烧反应过程机理; (2) 微观动力学建模技术; (3) CFD与动力学耦合技术				
	加热炉材料制备技术 (1) 高温辐射节能涂料; (2) 高温防腐涂料; (3) 防氧化涂料; (4) 绝缘涂料; (5) 保温涂料; (6) 先进燃烧器			
		加热炉先进控制技术 (1) 检测控制系统(氧含量、排烟温度、炉膛负压等); (2) 优化控制技术(热负荷、热效率、物料平衡); (3) 专家系统		
			平台建设 (1) 加热炉燃烧-结构基础研究基地; (2) 加热炉涂料研究发展; (3) 加热炉产业化发展	

图 7.2 管式加热炉技术发展路线图

(1) 加热炉过程机理研究,主要包括燃料油、燃料气燃烧机理、燃烧微观动力学、动力学与流体力学计算耦合。基础研究的主要目的在于提供精准的燃烧机理模型,服务于炉膛、炉

管结构设计、烟气氧含量、出口温度等关键指标预测等。

(2) 加热炉材料制备技术,主要包括加热炉各类涂料以及燃烧器设计。结合新型的涂料合成技术,提高目前辐射类涂料的高温辐射效率、保温类涂料的隔热性能,同时延长不同温区涂料的使用寿命。

(3) 加热炉先进控制技术。这步依托于第一步建立的燃烧机理模型,对加热炉的关键指标进行实时预测,同时借助各类监控仪表,对燃料量、空气混合比、对流段换热温度等关键变量进行控制,在满足设备和环境约束的条件下,减少燃料消耗。

(4) 平台建设。完成这一系列研究需要建设相应的实验室平台、企业平台。各平台攻关的研究方向不一,但相辅相成。

7.4.2 裂解炉节能路线图

裂解炉的发展技术路线如图7.3所示。

2016~2017年	2018~2019年	2020~2021年	2022~2023年	2024~2025年
乙烯裂解炉多场耦合模拟与虚拟现实技术 (1) 裂解炉运行过程机理研究; (2) 多场耦合建模技术和设计优化; (3) 裂解炉虚拟现实				
	乙烯裂解炉先进控制技术 (1) 温度先进控制; (2) 负荷先进控制; (3) 燃烧状况、热效率等控制技术			
乙烯裂解炉节能改造技术 (1) 选择优质裂解原料和原料优化; (2) 优化烧焦等控制方案; (3) 开发新型节能材料并实施				
			系统优化和集成 (1) 裂解炉系统设计优化一体化技术; (2) 裂解炉运行优化系统集成	

图7.3 裂解炉技术发展路线图

(1) 乙烯裂解炉多场耦合模拟与虚拟现实技术,主要包括燃料气燃烧机理、辐射传热机理、裂解反应动力学、流场、温度场、浓度场和压力场等多场耦合机理、数值模拟可视化等。此项研究能够提供精准的燃烧、辐射和裂解反应机理模型,由此预测裂解炉内关键运行参数及对裂解炉结构优化提供指导。

(2) 乙烯裂解炉先进控制技术。该步依托于第一步建立的裂解炉多场耦合模型,对裂解炉的关键运行参数进行实时预测,同时借助各类监控仪表,对燃料量、原料进料量、炉管出口温度等关键变量进行控制,提高目标产品的收率和装置的处理能力,降低燃料消耗,延长裂解炉运行周期。

(3) 乙烯裂解炉节能改造技术,主要包括裂解炉新型燃烧技术、裂解炉结构与材料优化技术等。通过采用新型燃烧器、空气预热技术和高温空气燃烧等技术提高能源效率降低污染排放;通过添加结焦抑制剂、炉管表面涂层和新型炉管材料等技术实现裂解炉的长运转周期。

(4)系统优化和集成。在以上工作的基础上,采用先进的优化集成思想,结合数据通信和计算机先进技术,建立企业资源计划(ERP)系统、生产计划排产系统等,实现操作、生产管理的一体化。

7.4.3 制氢转化炉节能路线图

制氢转化炉的发展技术路线如图7.4所示。

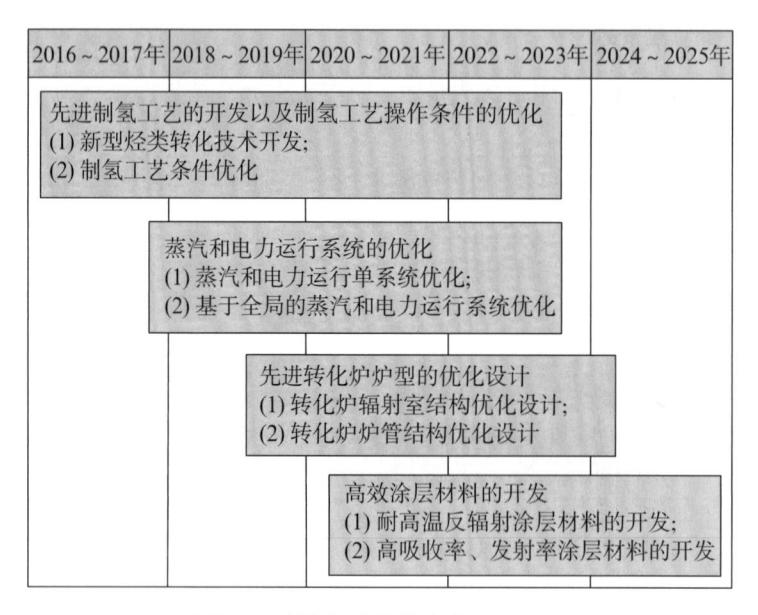

2016~2017年	2018~2019年	2020~2021年	2022~2023年	2024~2025年
先进制氢工艺的开发以及制氢工艺操作条件的优化 (1)新型烃类转化技术开发; (2)制氢工艺条件优化				
	蒸汽和电力运行系统的优化 (1)蒸汽和电力运行单系统优化; (2)基于全局的蒸汽和电力运行系统优化			
		先进转化炉炉型的优化设计 (1)转化炉辐射室结构优化设计; (2)转化炉炉管结构优化设计		
			高效涂层材料的开发 (1)耐高温反辐射涂层材料的开发; (2)高吸收率、发射率涂层材料的开发	

图7.4 制氢转化炉技术发展路线图

(1)先进制氢工艺的开发以及制氢工艺操作条件的优化。首先进行先进制氢工艺的开发,如新型烃类预转化工艺。在此基础上,以节能降耗和经济效益最大化为目标对制氢工艺操作条件进行优化,通过工艺的开发和优化有望明显降低制氢装置的整体能耗。

(2)蒸汽和电力运行系统的优化。通过对制氢工艺中蒸汽和电力运行系统的全局优化,降低制氢装置中蒸汽和电力的消耗。由于蒸汽和电力是石油和化工领域的常用能源,此技术的成功开发可在其他高能热工装备中推广应用。

(3)先进转化炉炉型的优化设计。以提高转化炉运行技术水平为目标,包括转化炉辐射室结构的设计、转化炉炉管结构的设计和转化炉出口管路系统的优化。

(4)高效涂层技术的开发。针对转化炉的运行特性,以提高转化炉的热利用效率为目标,重点开发耐高温反辐射、高吸收率和高发射率的高性能转化炉内壁涂层。

7.4.4 气化炉节能路线图

气化炉的发展技术路线如图7.5所示。

| 2016～2017年 | 2018～2019年 | 2020～2021年 | 2022～2023年 | 2024～2025年 |

气化炉换热流程优化
(1) 气化废锅流程研究和开发;
(2) 气化原料预热流程优化

余热化学回收
化学回收高温合成气显热机理研究和流程合成

气化过程开发和优化
(1) 催化气化机理和工艺研究开发;
(2) 加氢气化机理和工艺研究开发

多耦合过程研究和工程示范
(1) 风电制氢与气化系统耦合;
(2) 其他新能源与气化系统耦合

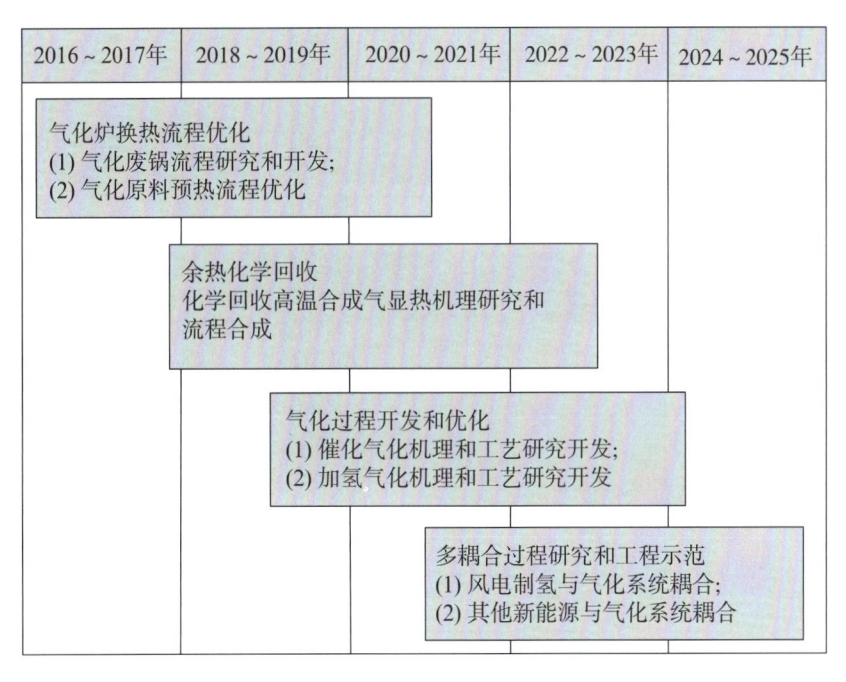

图 7.5　气化炉技术发展路线图

（1）气化炉换热流程优化。在已工业化的采用急冷流程的水煤浆和干煤粉气化技术的基础上，结合实验研究、设计加工和装备制造经验，进行组合创新，用 5 年左右的时间实现气化废锅流程的工业示范。另外，利用气化过程产生的余热对气化原料如气化剂、煤浆等进行预热，一方面可提高余热的回收效率，另一方面也可提高气化效率。例如，对水煤浆气化技术，可在现有已运行的工业装置中选取一个对象，对其水煤浆系统进行改造，增加煤浆预热工艺，并进行工业运行验证。

（2）余热化学回收。在化学回收高温合成气显热基础研究和关键技术开发的基础上，积极寻求工业示范合作方和示范点，用 5 年的时间实现化学回收高温合成气显热技术的工业示范。

（3）气化过程开发和优化。催化气化和加氢气化已有一定的研究积累，但要实现工业化还面临诸多困难和瓶颈。在继续进行技术攻关的基础上，期望能在 2022 年实现这两项技术的工业化。

（4）多耦合过程研究和工程示范。风电制氢与气化系统耦合以及其他新能源与气化耦合，目前多处于概念提出、可行性研究评估阶段，距离工业实施的路还比较长。再通过 10 年左右的研究开发，期望能解决新能源与气化耦合中的关键技术问题，建成某种新能源与气化系统耦合的工业示范。

7.4.5　焚烧炉节能路线图

焚烧炉的发展技术路线如图 7.6 所示。

（1）焚烧尾气、灰渣处理新技术研发。通常，焚烧尾气中含有酸性气体、重金属和二噁

| 2016~2017年 | 2018~2019年 | 2020~2021年 | 2022~2023年 | 2024~2025年 |

焚烧尾气、灰渣处理新技术研发
(1) 焚烧炉尾气处理系统研发；
(2) 焚烧炉除渣系统研发

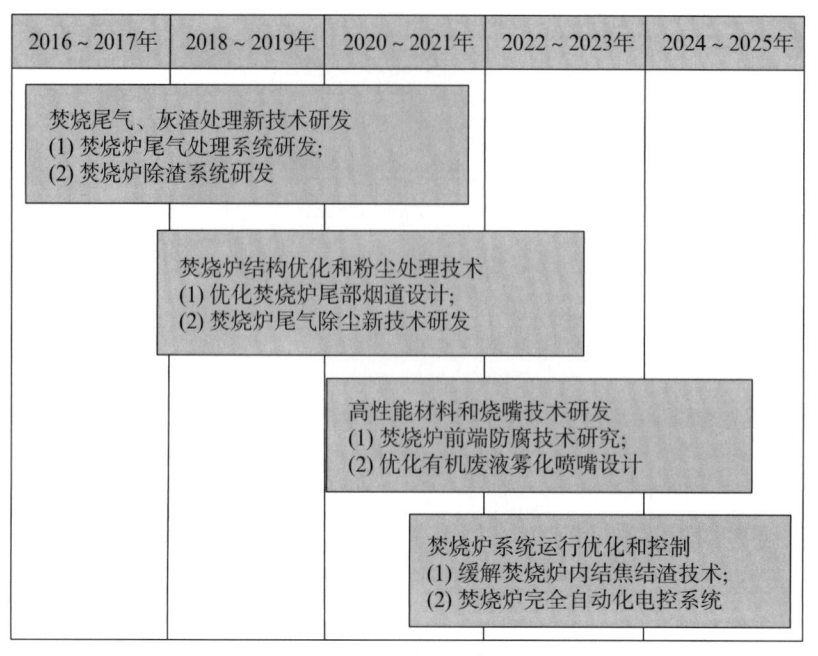

焚烧炉结构优化和粉尘处理技术
(1) 优化焚烧炉尾部烟道设计；
(2) 焚烧炉尾气除尘新技术研发

高性能材料和烧嘴技术研发
(1) 焚烧炉前端防腐技术研究；
(2) 优化有机废液雾化喷嘴设计

焚烧炉系统运行优化和控制
(1) 缓解焚烧炉内结焦结渣技术；
(2) 焚烧炉完全自动化电控系统

图 7.6　焚烧炉技术发展路线图

英等有毒有害物质，为保证排放达到国家制定标准，必须在排放前对其进行处理。目前，在危险废弃物焚烧领域，尾气净化工艺主要包括干法烟气处理法、湿式喷淋综合法和联合尾气处理法，应根据焚烧炉特点和具体尾气排放物特性进行相关新技术的研发。

（2）焚烧炉结构优化和粉尘处理技术。针对焚烧废弃物的形态和特性，优化设计焚烧炉的结构、焚烧方式、烧嘴形式、余热回收装置，提高焚烧效率和无害化程度。同时，废弃物焚烧后的尾气中不仅含有 NO_x、SO_x、HCl 等有害气体，还含有二噁英类和重金属类物质，而这些必须达到国家规定的排放标准，据此需对焚烧炉结构进行理论模拟和优化设计、开发新型的除尘方法等。

（3）高性能材料和烧嘴技术研发。在焚烧炉中，有机废液必须经过雾化喷嘴雾化后才能在流化床中彻底进行氧化还原反应，因此雾化喷嘴的性能好坏直接影响焚烧效果；同时，产生的烟气含有较强的腐蚀性物质。然而，焚烧炉炉体的中部和后部一般均有耐火材料衬里，而前端环形通道无任何防护材料保护，此处恰恰又是腐蚀性介质通过的地方，且又处于腐蚀易发生的适宜温度和湿度，因此炉体很容易发生腐蚀，因此，必须开发新型抗腐蚀高性能材料以防腐蚀，同时优化烧嘴结构，强化燃烧过程，减少不必要的污染物生成，从源头减少废物排放。

（4）焚烧炉系统运行优化和控制。研究焚烧炉系统的运行特点，针对不同废弃物的燃烧特性，如碱金属盐在焚烧后的高温烟气中易形成硫酸或碳酸盐等低熔点化合物而结焦、有机废液中的有害成分分解不充分形成有害物质等，对过程系统和流程结构进行优化，同时开发自动化控制系统，减少运行过程的人为干预，提高过程运行平稳性和经济性。

7.4.6　余热锅炉节能路线图

余热锅炉的发展技术路线如图 7.7 所示。

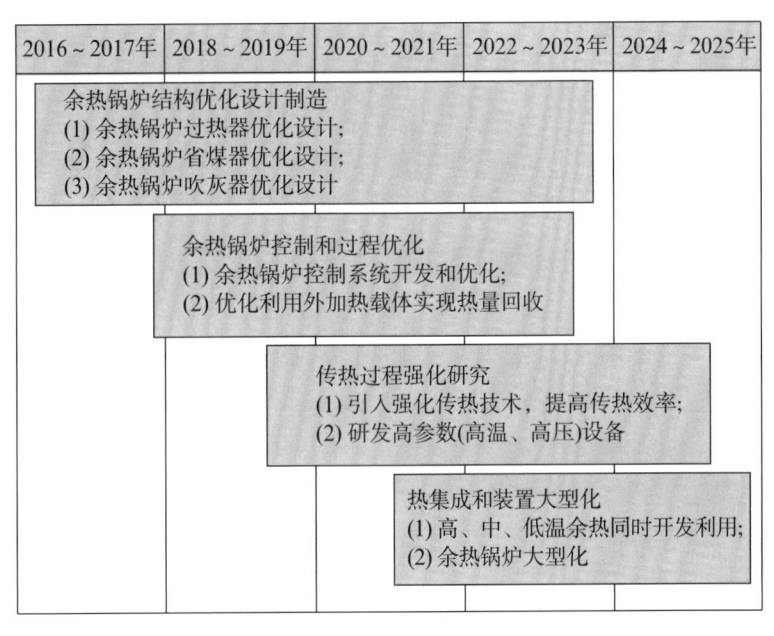

```
2016~2017年  2018~2019年  2020~2021年  2022~2023年  2024~2025年
┌─────────────────────────────┐
│ 余热锅炉结构优化设计制造      │
│ (1) 余热锅炉过热器优化设计;   │
│ (2) 余热锅炉省煤器优化设计;   │
│ (3) 余热锅炉吹灰器优化设计    │
└─────────────────────────────┘
         ┌─────────────────────────────┐
         │ 余热锅炉控制和过程优化        │
         │ (1) 余热锅炉控制系统开发和优化;│
         │ (2) 优化利用外加热载体实现热量回收│
         └─────────────────────────────┘
                  ┌─────────────────────────────┐
                  │ 传热过程强化研究              │
                  │ (1) 引入强化传热技术,提高传热效率;│
                  │ (2) 研发高参数(高温、高压)设备 │
                  └─────────────────────────────┘
                           ┌─────────────────────────────┐
                           │ 热集成和装置大型化            │
                           │ (1) 高、中、低温余热同时开发利用;│
                           │ (2) 余热锅炉大型化             │
                           └─────────────────────────────┘
```

图 7.7　余热回收技术发展路线图

(1) 余热锅炉结构优化设计制造。过热器的面积过小时提供不了足够的热度,此不但影响设备的正常运作,且可引起安全事故,对此需对结构进行优化设计以提高过热器出口温度;优化设计省煤器,降低锅炉给水的温差,减少省煤器的腐蚀和穿孔等;对吹灰器,其工作效果直接影响锅炉的工作状态和工作效率,需对其进行结构改造和优化,减少灰尘等在设备上堆积,保障余热锅炉的正常运行。

(2) 余热锅炉控制和过程优化。开发余热锅炉的先进控制系统,提高锅炉控制的便捷性和时效性,同时对余热锅炉实施有效的监控,进而最大限度提高锅炉的工作效率;优化余热锅炉的加热方式,如借助外加热载体进行热传递等。

(3) 传热过程强化研究。开发新型强化换热元件并在余热锅炉上工业实施,如螺旋槽管用到废热锅炉可提高产气量;基于先进的材料开发高参数(高温、高压)余热锅炉,提高蒸汽品质。

(4) 热集成和装置大型化。综合利用高、中、低温余热,集成优化不同品位蒸汽的高效应用网络,进一步开发低温余热和间歇式蒸汽余热利用技术;开发大型余热锅炉,提高单位产品余热平均回收效率。

7.5　重点支持的节能技术研发项目名录

7.5.1　加热炉节能研发项目

(1) 研制高温、高效辐射涂料。加热炉中通过辐射传热方式传递的热量占总传热量70%左右,提高辐射传热效果是提高加热炉效率最直接的方式,而强化辐射效果的关键在于增加反辐射率。在加热炉炉膛内表面喷涂高温辐射涂料,增加热源对炉壁的辐射传热量,使炉壁表面温度上升,实现加热炉增效降耗的目的。

(2) 炉内结构优化关键技术开发。目前运行的加热炉中有很多是早期建造的,因当时技术条件限制,加热炉普遍存在负荷低、热效率低和热损失大等特点。通过改造加热炉,如增加对流管表面积、增加辐射管换热面积、换用新型燃烧器和工艺改进等,提高加热炉负荷,增强燃烧效率。

(3) 开发加热炉多变量先进控制系统。加热炉热效率可通过控制燃烧完全度、排烟热量损失和加热负荷等进行优化。然而这些控制变量之间相互关联,如不同加热负荷下空气配比、氧含量均会发生变化,如何根据负荷变化,装置设防值等情况,开发氧含量、排烟温度及加热量等变量的先进控制系统。

(4) 多炉热联合技术开发和工业示范。针对具备重沸炉和反应炉的装置,考虑介质进入炉内温度较低,且炉型一般为对流-辐射型,因此可开发热联合技术,最大限度回收余热,降低热损失。例如,可将分馏过程的被加热介质先经过反应炉对流室预热,再进分馏炉,或将反应炉的高温烟气引入分馏炉的对流室入口处预热被加热介质,再经重沸炉的对流室加热,如此降低两炉排烟温度,减少热损失。

(5) 燃烧反应动力学与CFD耦合模拟研究。基于燃料气、燃料油燃烧反应机理,结合流体力学计算,从本质上分析加热炉内燃烧过程对炉内热量释放情况、温度分布及高温烟气流动状态等,并根据分析结果设计新型燃烧器及其排布方式、炉膛结构等,提高燃烧效率。

7.5.2 裂解炉节能研发项目

(1) 新型燃烧技术的开发及工业示范。针对目前裂解炉燃烧效率较低的状况,通过采用新型燃烧器、空气预热技术、高温空气燃烧技术和富氧燃烧技术等提高燃烧效率,降低污染排放。并将这些技术在工业乙烯裂解炉上进行示范应用。

(2) 新型炉管材料及表面预处理技术及工业示范。裂解炉管长期在较高温度的裂解气氛下使用,炉管内壁会发生严重的结焦和渗碳现象,这是目前导致炉管失效的主要因素。通过改变炉管材料的合金成分;改善炉管结构,对炉管内表面预处理;将焦催化气化生成CO和H_2,减小焦垢厚度等方法延长两次清焦操作之间的时间,提高炉管传热率。

(3) 新型设计方法及其在裂解炉中的工业示范。裂解炉在热效率以及污染排放方面离国家的节能和环保要求有较大的差距,开发高效低污染的裂解炉成为行业发展的重要方向。例如,采用计算流体力学、多场耦合技术和虚拟现实技术等新型的设计方法对设备进行设计和改造,就能最大限度地提高设备的效率,降低能耗,从而达到节能的效果。

(4) 乙烯裂解炉温度与负荷先进控制技术及工业示范。研究乙烯裂解炉温度与负荷先进控制技术系统,提高裂解过程中关键参数的平稳度,从而提高裂解炉的操作弹性和安全性。实现裂解炉炉管出口温度的稳定和各组炉管间的温度均衡,最终达到节能降耗的目的。

7.5.3 制氢转化炉节能研发项目

(1) 以节能降耗为目标的新型制氢工艺的开发及应用。目前的制氢工艺路线和工艺条件仍然存在进一步优化提升的空间。在目前制氢装置的工艺流程基础上,进一步开发先进的制氢工艺路线,并对制氢工艺条件进行优化,从而达到降低装置总体能耗的目的。

(2) 蒸汽及电力运行系统的整体优化问题研究。在制氢装置中,蒸汽和电力的消耗占总体能耗的20%左右。目前,制氢工艺中蒸汽和电力的运行系统仍存在进一步优化的空间,因此对制氢工艺中的蒸汽和电力运行系统进一步优化,可降低制氢系统中蒸汽和电力的消耗,从而降低制氢装置的总体能耗。

(3) 新型制氢转化炉炉型开发与设计。制氢转化炉的炉型结构和转化炉的热利用效率息息相关。在现有制氢转化炉的基础上,对炉型结构进行改造,增强炉膛辐射段的传热效果,降低过剩空气系数;开发新型耐热材料制备转化炉炉管,增加炉管的抗渗碳、抗氧化和抗蠕变能力;优化转化炉的出口管路系统,提高转化炉性能。

(4) 新型高效涂层材料的开发。制氢转化炉内壁的涂层材料的性质对转化炉炉管内的辐射热吸收能力影响很大,开发新型高效的涂层材料,在转化炉内壁喷涂耐高温、高吸收率和高发射率的反辐射涂层材料,可提高涂层的热效应,增强转化炉炉管对辐射热的吸收能力,从而降低转化炉的热损失,提高转化炉的热利用效率,降低转化炉燃料气的消耗。

7.5.4 气化炉节能研发项目

(1) 单炉日处理煤4 000吨超大型水煤浆气化技术。建设最大规模的具有自主知识产权的水煤浆气化示范装置(4 000吨煤/天级),完成单炉日处理煤4 000吨级超大型化示范,形成适合于现代超大型能源化工基地需要的水煤浆气化技术,在水煤浆气化领域居于国际领先水平。

(2) 单炉日处理煤3 000~4 000吨SE粉煤加压气化技术。通过开发单炉日处理煤3 000~4 000吨级的大型化粉煤加压气化关键技术,完成大型化粉煤气化技术软件包开发,建成单炉日处理3 000~4 000吨煤级规模粉煤加压气化技术示范装置,其技术性能指标达到国际先进水平。

(3) 高效化学热回收组合式气化炉新技术的开发。通过对高效化学热回收组合式气化炉内流体流动、混合、停留时间分布、温度场、压力场、火焰特性等规律研究,确定最佳的气化炉结构尺寸,掌握工程放大依据;二段炉内煤的热解反应及显热利用效率、两段组合式气化炉气化工艺条件优化研究;设计、建设与运行日处理50吨煤(相当于7 MW)中试装置,解决和获得工程放大依据和经验;编制日处理1 000吨煤工艺软件包。

(4) 废锅-急冷型高效节能的大型化水煤浆气化技术。进行废锅-急冷型高效节能的大型化水煤浆气化关键技术研究,完成2 000吨煤/天级大型化废锅流程+急冷流程的水煤浆气化技术工业示范,形成具有完全自主知识产权的高效节能的大型化水煤浆气化关键技术。

(5) 基于煤制天然气装置的水煤浆气化与加压固定床气化的耦合及集成。根据原料煤的成块率和粉煤用量,进行块煤和粉煤平衡,对加压固定床气化产生污水与粉煤成浆,完成水煤浆气化与加压固定床气化的耦合及集成,形成具有完全自主知识产权的基于煤制天然气装置的水煤浆气化与加压固定床气化的耦合及集成技术,建设示范装置。

7.5.5 焚烧炉节能研发项目

(1) 循环流化床一体化化工污泥焚烧技术研发和应用示范。对石化污泥焚烧放热与干化完全耦合的焚烧机理进行研究,开发大型一体化的基于循环流化床的焚烧炉,为化工污泥的减量化、稳定化、无害化处置提供可行方案。

(2) 蓄热式焚烧炉关键技术研究与应用示范。蓄热式焚烧炉是目前国际上最节能、最有效减少挥发性有机化合物排放的方法。鉴此,深入研究蓄热式有机废气焚烧炉内在运行机制,优化设计炉型结构和热量回收方式,揭示焚烧炉废气处理效果和燃料消耗的制约规律,并在中大型石化园区建立应用示范基地。

(3) 催化氧化焚烧炉关键技术研究与应用示范。催化氧化法处理有机废气可有效降低焚烧炉温度,并减少燃料气或油的使用,节能效果显著。针对化工过程废气特点(烷烃、含硫含氮气体等),开发适应性较为广泛的催化剂,研究催化剂机理特性;开发新型的基于催化氧化原理的焚烧炉结构和流程,并实现大型化,能够满足较大规模的化工园区的需求。

7.5.6 余热锅炉节能研发项目

(1) 新型余热锅炉的开发和示范应用。余热锅炉的工作环境较为恶劣,带有废热的介质常表现出毒害性、爆炸性、易燃性、腐蚀性等。鉴此,研究工艺过程的特殊性和余热锅炉的适应性,针对特殊工业过程开发高性能材料的余热锅炉装置,提高余热锅炉运行的稳定性、安全性和长期性。例如,对危险废物焚烧烟气产物的腐蚀、磨损、灰尘特性等机理进行研究,优化调整余热锅炉受热面排布、开发高效吹灰技术、优化工艺运行参数等,保证余热锅炉连续长期有效运行。

(2) 特殊过程余热锅炉结构优化与装备国产化。在石化工业,余热主要来自高温工艺气或烟道气,少部分余热来自废液或废渣。针对不同热载体特性,研究强化传热过程机理,开发新式强化传热构件,研发高参数(高温、高压)余热回收装备并国产化。

(3) 大型化余热回收装备和技术开发及工程化。针对余热类型和品位(高、中、低温余热),优化设计余热的高效回收利用流程,通过现代计算机模拟技术研究热集成和装备的内在联系,并研究大型化余热回收装备的运行机制、材料性能、制造技术,并建设示范工程。

7.6 其他热工装备发展目标和重点任务

电石行业的电石炉和磷化工行业的黄磷炉都属于矿热反应炉,它们的共同特点是工作温度高、反应物复杂、耗电量大等。根据工信部发布的《电石行业准入条件(2014年修订)》和《黄磷行业准入条件》要求,无论是电石炉还是黄磷炉都必须提高单炉容量和厂级生产规模,加快改造和淘汰传统老式小型炉,进一步采用先进技术降低电耗和提高资源利用效率,以促进行业的健康快速发展。重点任务包括以下方面。

(1) 大力推进基础技术的研究和开发。通过先进的CFD等模拟技术,研究多相反应过程的流动、热能分部机制等,推进新式炉型(如密闭电石炉)、先进材料(如电极材料)等的设计优化,进一步提高单炉容量。

(2) 结合传统炉型特点和运行机制,研究和开发致力提高电炉容量和产率的关键技术,如炉体结构改造、炉盖设计优化、电炉短网改进等,在促进节能降耗同时降低投资成本。

(3) 针对大型新式炉型的特点，进一步优化工艺指标和过程操作，结合先进控制技术，提高能量利用效率和关键指标平稳性。

(4) 电石炉和黄磷炉的系统集成优化。进一步提高进料颗粒粒度品质、尾气综合利用效率以及高效回收炉渣余热等。

对烟气轮机，在石化工业其主要用于回收催化裂化装置产生的高温烟气的余热余压，为装置带来了巨大实际效益。在烟气轮机的研究上，我国总体技术处于世界先进水平，我国自主研发的YL系列烟气轮机在我国催化裂化装置上广泛使用，目前最大功率已达到40 MW，但仍可在烟气轮机节能技术上进行进一步研究和完善。

(1) 先进的工艺优化设计，包括气动设计方法、CFD流场模拟技术、轴承性能与转子特性研究、动静叶片优化设计等。

(2) 先进的部件开发和新型材料研究，如高焓降新型叶轮、先进的转动机械、叶片涂层材料、高温合金材料研发等。

(3) 先进的测控技术和精细化操作管理，如先进的故障诊断方法、关键过程参数优化研究等。

第 8 章

我国石油与化学工业热工装备节能科技发展政策建议

8.1 国内外石油与化学工业装备节能政策对比分析

8.1.1 国外节能政策

1. 法律法规

欧盟能源政策是一个完整的体系,目标是在能源的可持续利用与能源竞争性、安全性之间寻求一个平衡点。欧盟关于能源效率的重要立法框架包括《欧盟 2005 年能效绿皮书》、2006 年的《欧盟能效行动计划》以及 2010 年 6 月形成的"欧盟 2020 年战略"。2005 年 6 月 22 日,欧盟委员会发布《欧盟 2005 年能效绿皮书》,指出了欧盟在能源政策领域的方向。该绿皮书以提出问题、分析问题和解决问题的结构编写。2006 年 10 月,基于上述绿皮书的思路,欧盟委员会以通报形式发布了"能效行动计划":释放潜能的能效行动计划"2007~2012 年"。该计划的目标是通过控制和减少能源需求与实施能源消费和供给的相关行动计划,节能目标是到 2020 年减少初级能源消费 20%。然而,到 2011 年 3 月,参照之前发展状况,到 2020 年节能 20% 的目标到期只能实现一半。于是,欧盟在 2011 年 10 月发布新版《欧盟能效指令》。其中,最重大的修改是增加对能源供应企业每年实现节能 1.5% 的义务规定。

美国的节能政策包括两大类:一是强制性措施,制定相关设备、系统、产品最低能源效率标准,以法律、法规形式颁布执行;二是通过市场行为进行调节,采用财政激励措施鼓励企业、用户履行能源效率标准。美国的能源政策及节能标准随着节能技术的进步和发展每隔 3~5 年进行更新[61]。为了促进政府机构的节能工作,美国在《资源节约与恢复法》(1976)、《国家节能政策法》(1978)、《公共汽车预算协调法》(1985)、《联邦能源管理改进法》(1988)等法律中对政府机构的节能工作进行了规定。美国在 1991~1998 年又发布了 10 份行政令和 2 份总统备忘录,要求加强政府机构的节能工作。《国家节能政策法》(1992 年修订)第 543 节对各个政府机构提出了具体节能目标:1995 年单位面积建筑物能耗降低 10%(以 1985 年为基础),2000 年降低 20%。12902 号行政令要求各个政府机构到 2005 年实现节能 30%。为此,美国能源部实施了"联邦能源管理项目",各个政府机构根据该项目的规定制定了相应的对策和措施,同时美国政府还制订了"白宫节能计划"。

日本非常重视采用法律对能源产业、能源供需进行监管和调控[62]。日本国会于 2002 年

6月14日颁布并实施了《日本能源政策基本法》。该法贯彻了日本一贯的能源政策：与环境保护和高效率要求相适应,同时实现能源的稳定供给。该法明确了日本能源政策的基本指导思想：降低对特定地区进口石油等不可再生能源的过度依赖,推进能源资源开发、能源输送体制的完善,提高能源利用效率,对能源进行危机管理,以实现能源供给的多样化、提高能源的自给率和谋求能源的安全保障。《能源利用合理化法》是日本能源的核心法律之一,于1979年6月22日制定,并于1993~2006年进行了七次修订。《能源利用合理化法》的体系结构：包括总则、基本方针以及与工厂、运输、建筑物、机械器具相关的措施、杂则、罚则和附则等8章,合计99个条文。该法立法目的是适应国内外能源的经济与社会环境,有效利用燃料资源。该法律力图通过综合推进工厂、运输、建筑物、机械器具等以及合理使用其他能源的措施,推动经济健全发展。基本方针：从综合推进工厂、运输、建筑物、机械器具等行业以及合理使用能源的思想出发,经济产业大臣制定有关能源合理化使用的基本措施,并予以公布。2001年4月,日本实施了《促进资源有效利用法》,将促进废物再生利用的策略拓展为采用清洁生产的方法来促进减废和对废旧产品进行重新利用的政策。

2. 管理机制

欧盟理事会、欧盟委员会是欧盟主要的能效立法机构,可以根据欧盟条约或者联合法规的授权制定能效方面的法规、指令或者决定等。欧洲议会和欧盟理事会负责框架性的指令,而欧盟委员会负责制定具体政策。欧盟的能效管理机构层次清晰、分工明确,主要机构有欧盟能源暨运输总署和联合研究中心。2010年2月,上述两个机构合并为能源总司,能源总司在能效政策制定上起着核心作用。在能效管理工作上,欧盟能源暨运输总署和联合研究中心的分工不同。欧盟能源暨运输总署的职责是示范和推广相关能效项目以及制定能效标准,其中"新能源与需求管理"部门专门负责能效标准和标签制度。联合研究中心的主要职责是协助欧盟制定科研政策、能效项目研发,并为各成员国提供专业技术及知识。联合研究中心专门设立了能源研究院,进行核能和非核能的能源技术研究,以确保可持续、安全、可靠、高效的能源生产、分配和消费。能源研究院下设可再生能源小组,研究欧盟的能源供应政策、能源的终端利用效率等。欧盟的能效监督机构主要有欧盟能源监管机构(Council of European Energy Regulators,CEER)、欧盟电力和天然气监督机构(European Regulators Group for Electricity and Gas,ERGEG)。CEER主要负责监督各个成员国能效法律的执行情况,并且同相关部门合作对企业能源相关技术、安全等进行监管。ERGEG是独立的咨询机构,它主要监督欧盟成员国是否履行法定义务、规则或协议。

美国负责能源管理的政府机构分国家(联邦)和地方(州政府)两个层面,如图8.1所示[63]。其中,美国能源部(Department of Energy,DOE)是最主要的管理能源的政府机构,负责制定和执行美国的能源政策。美国环保署(US Environmental Protection Agency,EPA)和联邦能源管理机构(Federal Energy Regulatory Commission,FERC)是美国节能工作的辅助部门。此外,大部分的州政府设有能源管理部门,负责本州的节能工作,并执行国家的能源政策,如加州能源委员会(California Energy Commission,CEC)。美国能源部负责全国的能源管理及相关技术研发工作,其主要职能包括国家能源安全、能源资源、能源科学技术、环境保护。美国能源部制定了美国主要的能源政策法规如能源政策及节能法(1975)、能源部组织机构法案(1977)、国家节能政策法规(1978)、联邦能源管理促进法规等。美国环保署负责制定和实施水、空气和废物利

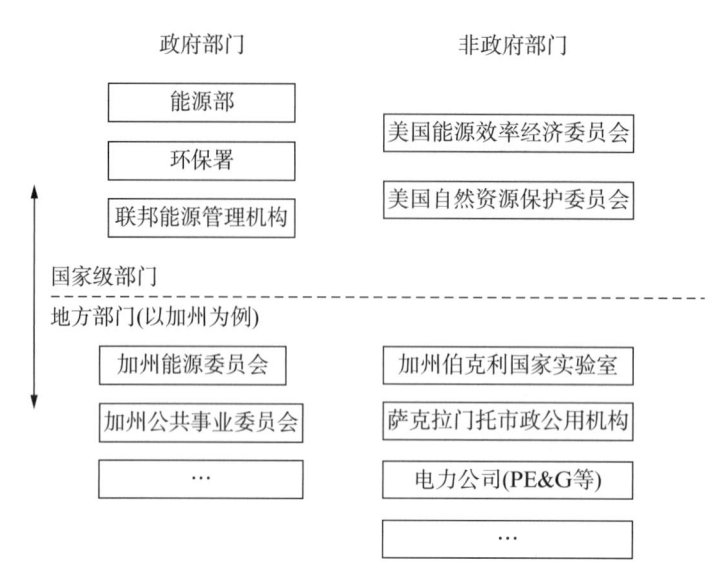

```
                      政府部门              非政府部门
                   ┌──────────┐
                   │  能源部   │        ┌────────────────────┐
                   └──────────┘        │ 美国能源效率经济委员会 │
                   ┌──────────┐        └────────────────────┘
                   │  环保署   │        ┌────────────────────┐
                   └──────────┘        │ 美国自然资源保护委员会 │
                   ┌──────────┐        └────────────────────┘
                   │联邦能源管理机构│
                   └──────────┘
            国家级部门
            ─ ─ ─ ─ ─ ─ ─ ─ ─ ─ ─ ─ ─ ─ ─ ─ ─ ─ ─ ─ ─ ─ ─ ─
            地方部门(以加州为例)
                   ┌──────────┐        ┌────────────────────┐
                   │加州能源委员会│        │ 加州伯克利国家实验室  │
                   └──────────┘        └────────────────────┘
                   ┌──────────┐        ┌────────────────────┐
                   │加州公共事业委员会│    │ 萨克拉门托市政公用机构│
                   └──────────┘        └────────────────────┘
                   ┌──────────┐        ┌────────────────────┐
                   │    …     │        │  电力公司(PE&G等)   │
                   └──────────┘        └────────────────────┘
                                       ┌────────────────────┐
                                       │         …          │
                                       └────────────────────┘
```

图 8.1　美国节能管理结构示意图

用的全国性政策，从环境保护角度，美国环保署配合能源部所涉及的工作包括燃料替代、清洁能源、能源经济、地热能源、水电、可再生能源、节能、能源效率。联邦能源管理机构主要职能：负责各州之间的天然气销售、运输等的统一；负责各州之间的石油销售、运输以及电力供应销售和输配的统一协调工作；负责审查市政及州政府、私人的水电工程，并颁发工程实施许可证书；负责监管天然气、石油、电力和水电的相关环保措施；负责管理项目融资及法律纠纷的调解；负责审查通过各州之间天然气、石油管道的位置选择。美国能源效率经济委员会主要帮助制定、实施及评价美国的能源政策、提高能源效率，主要职能为：技术及政策评估；与商家、公众及其他机构合作推动节能；组织相关会议；出版发行节能领域的书籍、会议论文集和报告；对消费者和厂商进行节能教育和培训。美国能源效率经济委员会节能活动的主要领域包括能源政策、建筑节能(包括家电)、工业节能、交通节能。

日本政府的能源管理模式是对能源实行低级别集中型管理，能源管理工作主要由政府机构承担[64]。经济产业省是日本的能源主管部门，负责人是日本经济产业大臣，其具体职责为编制能源基本计划草案，谋求内阁会议的决定；制定促进新能源利用的基本原则，制定或修改新能源利用方针；听取综合能源调查委员会的意见，制定新能源利用目标；统一管理电力、天然气、石油等的市场运作。经济产业省下设资源和能源厅、核能和工业安全厅等职能部门，分别管理能源相关事务。厅下再设若干部、处负责管理具体事务。日本政府还设立了能源咨询委员会、新能源和工业发展组织、日本核能安全委员会等能源管理协调机构。日本政府能源监管的主要内容和手段包括：① 制定法律法规。运用法律手段指导和调控全国能源产业；② 价格监管。依靠市场调整能源价格，政府只进行必要的监管；③ 环境保护监管。能源监管部门有责任根据环境厅的要求和标准管制污染行业等；④ 争议处理。能源监管部门负责仲裁和调解电力、石油、天然气等能源产品的价格、项目建设以及环境等问题。

3. 激励政策

欧盟除了制定法律和指令、提出政策目标和措施要求，也颁布一系列有利于提高能效的财税激励政策。① 基金财政资助。欧盟成立各种基金支持节能和提高能效,例如,结构基金和凝聚基金,目的是支持相对落后的新成员国开展节能活动,资金主要来自欧盟的预算。2007~2013年,欧盟凝聚基金和结构基金资金金额达3 474.1亿欧元,占欧盟预算的35.7%。此外,欧洲投资银行(European Investment Bank,EIB)也为欧盟凝聚基金和结构基金提供贷款。另外,为了加大私人资本对提高能效和可再生能源利用项目的支持,欧盟还创建了一些其他基金,如全球能源效率与可再生能源基金(Global Energy Efficiency and Renewable Energy Fund,GEEREF,2006年成立)。② 税收优惠政策。1997年,欧盟制定了一个能源产品税框架,目标是建立一个全面的能源产品税收系统以改善内部市场的职能,该框架于2003年被修改一次。在避免增加总税务的前提下,各成员国依据该框架对能源产品征税。能源产品税框架规定了欧盟各成员国能源税的最低标准,覆盖的能源产品主要有汽油、柴油、液化石油气、天然气、电能等。对具有保护或改善环境用途的能源产品,该框架规定对其免税或者减税。2007年,欧盟委员会发布了一项绿皮书,向公众咨询间接税改革,分析了利用税收抵扣鼓励节能的成本效益,呼吁各成员国降低节能产品和服务的增值税率。2008年,欧盟委员会重新审查了能源税收指令,目的是提高能源税收的针对性和协调性。③ 推广绿色公共采购。欧盟要求加大对高能效产品、服务和技术的采购力度,鼓励公共采购合同包含环保条款。

美国通过制定财政激励政策调动企业、个人节能的积极性。通过良性循环的财政激励机制,有效克服了高效节能产品在市场转换过程中存在的市场障碍。美国政府推动节能的资金包括政府财政拨款和节能公益基金两大类。以节能公益基金为例,通过提高2%~3%的电价来筹集资金作为基金,由各州的公用事业委员会管理,相关部门、企业都可以申请该基金开展节能活动。节能资金作为财政激励手段,在建立及维护良好的市场节能机制和提高各方从事节能活动的积极性方面起到了重要作用。美国在1992年颁布实施了《国家节能政策法令》,对"公用事业单位实施激励性项目"作出了如下明确规定:① 鼓励并授权一些机构参与提高能效和节水项目,对水、电、气等公用事业单位的电力需求进行管理。② 各个机构可以从水、电、气等公用事业单位得到一定的资金、实物或服务等资助,以便开展节能、节水等工作。③ 鼓励各个机构与水、电、气公用事业单位共同协商,鼓励开展投资少、见效大的经济激励性项目。依据该规定,美国联邦政府、各级州政府以及公用事业单位等都采取了一系列促进高效节能产品推广普及的措施,主要包括节能产品(建筑物)现金补贴、减免税收、抵押贷款三种形式。

日本政府制定了一系列奖励及补贴制度以促进节能和利用新能源。① 财政补贴,主要包括投资补贴和对消费者的补贴。在投资补贴方面,2006年以前,政府把石油进口关税的一部分作为新能源项目的补贴,每年向从事新能源相关的公司发放奖励性补助金。对大规模引进风力发电、太阳能发电、太阳热利用等公共团体补助50%以内的事业费及推广费。对于符合新能源法认可的项目补助30%以内的事业费;对消费者的补贴方面,为鼓励国民使用新能源,除向生产企业发放补贴以促使其降低设备价格,还按每千瓦9万日元的标准直接补助使用新能源设备的家庭,2003年总计发放了132亿日元。2009年4月1日,日本实施了家庭太阳能发电补贴扶助政策,同年11月,启动了太阳能发电剩余电力购买制度,价格为48日元/千瓦时。日本政府还为新能源汽车消费者提供购车补贴,促进新能源汽车普及。

② 税收政策。1998年,日本将促进使用新能源的措施写进了《能源供给结构改革投资促进税制》,例如,将新能源公司第一年获取利润的30%作为奖励返还给公司。2006~2009年,日本政府对从事燃料电池汽车及相关燃料供给设备开发的企业给予税收支持。2008年制定了《推广太阳能发电行动方案》,对利用太阳能的家庭和产业部门给予税收优惠,包括家庭贷款税和改革促进税。③ 金融政策。一是向新能源产业提供低息贷款和信贷担保,例如,为住宅安装太阳能系统的用户提供年利率为3.9%、为期5年或10年的中长期贷款;二是积极支持新能源企业的出口,为其优先提供出口信贷和各种援助项目;三是实施激励政策,吸引民间资本在新能源产业上的投资。

4. 能效标识与标准制度

欧美等发达国家提高能效的主要政策工具之一是能效标识和标准制度。能效标识制度是针对消费者的规范,起引导消费作用;能效标准制度是针对生产者的规范,二者是相辅相成的一个系统,对提高欧盟、美国等节能的工作起到很大的促进作用。① 能效标识制度。它是通过对耗能产品的耗能咨询进行标识,为消费者提供产品的能耗咨询。能效标识附在耗能产品上,表示产品能源效率等级等性能指标。例如,1992年9月,欧盟委员会颁布了欧盟统一的能效标识法规,要求生产商在其产品上标出能源效率等级、年耗能量等信息,引导消费者对不同品牌产品的能源消耗性能进行比较,从而选择高能效产品。② 能效标准制度,也即最低能源效率标准。同能效标识制度不同,它的主要目标对象是制造者,目的是促使制造者尽量生产能源效率高的产品,使产品的平均能效有所提升,如原油加工过程综合能耗标准、乙烯综合能耗标准。

5. 技术研发政策

欧盟大力支持提高能源效率的技术研发,并通过一些计划对提高能效的技术进行支持。2006年,欧洲议会和欧盟理事会发布了名为"竞争力和创新框架计划(CIP)"。CIP由三个"子计划"构成,分别是创业和创新计划、信息和通信技术政策支持计划、欧盟智能能源计划。其中,欧盟智能能源计划主要通过运用能源效率技术、可再生能源技术和能源多样化技术提高能源效率和节能技术。欧盟智能能源计划包括5个子计划,关于提高能效的措施主要有SAVE计划和ALTENER计划。SAVE计划的重点是节约能源以提高能源利用效率,主要领域为建筑、民居、工业和设备与产品。例如,通过推广高能效技术进一步提高石化工业的系统效率。ALTENER计划是专门的可再生能源计划,目标是增加可再生能源的使用率和市场份额。

美国主要通过支持相关技术研发项目提高石化工业的能源利用效率。2011年9月9日,美国能源部宣布实施六个技术开发项目来降低采用碳捕集的整体煤气化联合循环(IGCC)电厂的发电成本,同时保持最高的环保标准。所选的项目将获得总计1 400万美元的经费支持(包括承担机构的匹配经费),力争提高IGCC电厂的经济性和促进煤炭资源的利用,生产清洁、安全、低价的能源。2011年7月20日,美国能源部宣布投资500万美元,用于开发新一代燃气轮机先进技术,可使用煤基燃料和氢燃料清洁高效运行。在洁净煤技术方面,2011年6月,美国怀俄明州洁净煤工作组的2011年投资计划通过了联合矿产、商务及经济发展临时委员会的审查,共有九个项目中标,项目范围涉及碳捕集与封存、气化技术、燃烧后方法、气体净化以及煤制油等领域,项目总经费超过1 700万美元。7月5日,美国能源部投资约30万美元,遴选了八个新项目,推进先进煤炭研究。

6. 发达国家节能政策特点

从以上法律体系、能效管理机构、能效标识制度、激励政策、技术研发政策几个方面的论述可以看出发达国家的能源政策具有以下特点。

(1) 健全的能源效率法律法规体系。发达国家能效相关法律的内容全面,几乎涉及各个部门、层面。能效指令、标准在交通、节能领域、工业、建筑等领域也非常全面。例如,欧盟能源效率指令,详细规定了每年的节能目标和节能义务,并且规定了公共部门和能源供应商的具体义务,确定了详细的测算、审计和汇报的方法。

(2) 统一协调的能源效率管理机构。发达国家的节能管理机构统一而且独立,责任明确。

(3) 完善的能源效率标识和标准制度。发达国家能效标识制度实施范围不断扩展,除家电行业,在建筑和汽车方面也实施了能效标识制度。

(4) 多样化的能源效率财税政策。发达国家设置专项节能基金,提供资金支持,具备了一套成熟的节能基金体系。例如,欧盟的凝聚基金和结构基金都分别针对不同项目提供资金支持。发达国家具有专项节能税收政策,且政府机构首先树立节能典范,带头节能。

(5) 全面的能源效率技术研发政策。科技创新是改善能效的重要保证。发达国家通过各种行动计划和基金会为能效技术的研发提供资金支持。同时通过政策引导,设立专门能效研究机构,开发提高能效的技术。

8.1.2 我国节能政策

目前,我国仍处于工业化、城镇化深入发展阶段,经济社会发展对能源的需求仍不断增加,而工业和高耗能行业对国内生产总值(GDP)的贡献率呈下降趋势,能源资源和环境约束将更趋严峻。国家节能减排约束性指标要求工业加快转变发展方式,同时,实施能源消耗总量控制也将对工业发展形成硬约束。2015年出台的《中国制造2025》中关于五大工程的介绍中明确提出了:"到2025年,制造业绿色发展和主要产品单耗达到世界先进水平,绿色制造体系基本建立。"加大节能降耗力度,进一步提高工业能源利用效率和能源生产率,改造提升传统制造业,是建立资源节约型、环境友好型产业结构和生产方式,破解能源资源环境制约,走中国特色新型工业化道路的必然选择。

1. 节能政策

1998年我国正式颁布实施了《节约能源法》,配套发布了《重点用能单位节能管理办法》、《关于固定资产投资项目可行性研究报告"节能篇(章)"编制及评估的规定》等。《节约能源法》规定:用能单位应按照合理用能原则,加强节能管理;用能单位应建立节能工作责任制;重点用能单位应设立能源管理岗位,能源管理人员负责对本单位的能源利用状况进行监督、检查。《重点用能单位节能管理办法》规定:重点用能单位应建立健全节能管理制度,运用科学的管理方法和先进的技术手段,制定并组织实施本单位节能计划和节能技术进步措施,合理有效地利用能源。国务院颁布了工业节能"十二五"规划,明确指出:加强工业节能管理制度建设。以落实《节约能源法》为核心,制(修)订《工业节能管理办法》《工业节电管理办法》《重点用能企业节能管理办法》《工业固定资产投资项目节能评估和审查管理办法》等,落实《电力需求侧管理指导意见》,建立重点用能企业能源管理岗位和能源管理负责人制度、规范企业能源计量统计和监测等制度，形成相关法律法规相协调的工业节能管理体系。

2. 石油与化学工业节能目标与措施

《工业和信息化部关于石化和化学工业节能减排的指导意见》(2013)指出，石化工业是我国国民经济的基础产业，也是能源资源消耗高和污染物排放量大的重点行业。"十一五"以来，石化工业按照国家节能减排总体要求加快产业结构调整步伐，积极推广节能环保新技术、新装备，全行业节能减排工作取得显著进展。炼油、乙烯、合成氨、烧碱、电石等重点产品单位综合能耗均有较大幅度下降。但是，石化工业能源资源消耗高、污染物排放量大的局面尚未得到根本改变。行业技术装备工艺水平参差不齐，企业间节能、清洁生产、综合利用等方面工作开展情况差距较大，部分企业单位产品能耗与国际先进水平差距较大，行业可持续发展面临新的挑战。

为促进工业经济与生态环境协调发展，推动石化工业提高能源资源利用效率、降低污染物产生和排放强度，促进绿色循环低碳发展，工业和信息化部制定了石化工业节能减排意见，明确了石化行业节能减排的指导思想、主要目标、重点任务和政策措施。意见提出，到2017年年底，石化工业万元工业增加值能源消耗比2012年下降18%，重点产品单位综合能耗持续下降，全行业化学需氧量、二氧化硫、氨氮、氮氧化物排放量分别减少8%、8%、10%和10%，单位工业增加值用水量降低30%，废水实现全部处理并稳定达标排放，水的重复利用率提高到93%以上，新增石化固体废物综合利用率达到75%，危险废物无害化处置率达到100%。为确保国家中长期节能减排约束性目标和能源消费总量控制目标顺利完成，意见明确提出了优化调整产业结构、推动节能减排技术研发和推广、加快低碳能源开发利用等11项重点任务和强化监督管理、完善节能减排机制和优惠政策等6项具体措施。其中重点研发和推广的节能减排技术以及重点耗能产品单位综合能耗下降目标分别如表8.1和表8.2所示。

表8.1　2013～2017年石化工业重点研发和推广的节能减排技术

序号	行业	技 术 名 称
1	炼油	装置间热联合和热供料技术、超声波在线防除垢技术、二级冷凝流程技术、板式空冷技术、炼油废水高效处理技术、膜分离氢气回收技术
2	乙烯	回收低位工艺热预热燃烧空气技术、急冷油减黏塔技术、裂解炉耐高温辐射涂料技术、燃气轮机和裂解炉集成技术、混合冷剂制冷技术、热集成精馏系统技术、催化干气回收乙烯技术、乙烯化工污水深度处理技术
3	氮肥甲醇	高效清洁先进煤气化技术、先进气体净化技术、低温高活性催化剂及先进氨合成（甲醇合成）技术、氮肥生产污水零排放、废气废固处理及清洁生产综合利用技术、低能耗水溶液全循环尿素生产技术
4	氯碱	膜极距离子膜电解技术、氯化氢催化氧化技术、氧阴极低槽电压离子膜电解技术、氯化氢合成余热利用技术、盐酸脱吸技术、聚合母液回收及处理技术、低汞触媒技术、无汞触媒技术
5	电石	大型密闭式电石炉、电石炉尾气综合利用技术、空心电极技术、组合式把持器技术、干法净化技术
6	纯碱	干法加灰技术、真空蒸馏技术、重碱二次过滤技术、蒸氨废渣综合利用技术
7	硫酸	硫磺制酸装置低温位热能回收技术、硫铁矿制酸和冶炼烟气制酸中低温位热能回收技术
8	黄磷	黄磷电炉电除尘技术、尾气综合利用技术、磷渣热能回收及利用技术
9	其他	含芳香烃、卤代烷烃、有机硫磷化合物、高浓度氨氮等难降解有机废水的削减和治理技术、含氟废气回收利用技术、磷矿石伴生碘资源回收技术、铬盐无钙焙烧技术、草甘膦副产氯甲烷清洁回收技术、低浓酸含盐废水循环利用技术

表 8.2　2012 年和 2017 年石化工业重点耗能产品单位综合能耗下降目标

序号	指标	单位	2012 年	2017 年	下降率/%
1	原油加工综合能耗	千克标准煤/吨	92	83	9.8
2	乙烯综合能耗	千克标准煤/吨	849	835	1.6
3	合成氨生产综合能耗	千克标准煤/吨	1 402	1 340	4.4
4	烧碱生产综合能耗（离子膜法,30%)	千克标准煤/吨	336	325	3.3
5	电石生产综合能耗	千克标准煤/吨	1 024	1 000	2.3

国务院制定的工业节能"十二五"规划对重点工业行业的节能目标和措施进行了明确规定，其中针对石化工业高能耗的产品有以下规定。

(1) 石化行业。全面推广大型乙烯裂解炉等技术；重点推广裂解炉空气预热、优化换热流程、优化中段回流取热比、中低温余热利用、渗透气化膜分离、气分装置深度热联合、高效加热炉、高效换热器等技术和装备；示范推广透平压缩机组优化控制技术、燃气轮机和裂解炉集成技术等；研发推广乙烯裂解炉温度与负荷先进控制技术、C2 加氢反应过程优化运行技术等。重点产品的节能措施和目标为：① 乙烯。优化原料结构，推动原料的轻质化，支持乙烯生产企业进行节能改造，实现生产系统能量的优化利用。② 芳烃。优化操作流程，实现蒸汽能级的合理利用。通过降低加热炉有效负荷、提高加热炉热效率等措施，降低加热炉燃料消耗量。推广新型高效催化剂(吸附剂)，提高装置能源利用效率和经济效益。

(2) 化工行业。以合成氨、烧碱、纯碱、电石和传统煤化工等行业为重点，合理控制其新增产能。淘汰能耗高污染重的小型合成氨装置，汞法烧碱、石墨阳极隔膜法烧碱、未采用节能措施(扩张阳极、改性隔膜等)的普通金属阳极隔膜法烧碱生产装置。组织实施好煤制油、煤制烯烃、煤制天然气、煤制乙二醇等现代煤化工示范工程，全面评价并探索煤炭高效清洁转化的新途径。全面推广先进煤气化、先进整流、液体烧碱蒸发、蒸氨废液闪法回收蒸汽等技术以及新型膜极距离子膜电解槽、滑式高压氯气压缩机、新型电石炉等装备。重点产品的节能措施和目标为：① 合成氨。优化原料结构，实现制氨原料的多元化，支持氮肥企业进行节能改造，加快大型粉煤制合成氨等成套技术装备国产化进程。② 烧碱。推动离子膜法烧碱用膜国产化，支持采用新型膜极距离子膜电解槽进行烧碱装置节能改造。③ 纯碱。加大产品结构调整，提高重质纯碱和干燥氯化铵的产能比例，鼓励大中型企业采用热电结合、蒸汽多级利用措施，提高热能的利用效率。④ 电石。推动电石行业兼并重组，鼓励企业向资源和能源产地集中，促进产业布局结构合理化发展，加快内燃炉改造，提高技术装备水平。⑤ 黄磷。加强尾气回收利用，推广深度净化、生产高技术高附加值碳一化学品、干法除尘替代湿法除尘技术，加强熔融磷渣热能及渣综合利用研究和示范工程建设。

8.2　我国石油与化学工业装备节能科技发展的资助机制和政策建议

8.2.1　我国节能科技发展的资助机制

1. 能源价格政策

2000 年中国的 GDP 单位能耗仅是 1980 年的 36%，能源价格在这段时期起到了重要作用,推动企业采取以降低能源成本为目的进而提高能源利用效率。但是,从现行中国的能源价格看,由于能源价格已基本与国际市场能源价格接轨,有些甚至还高于发达国家同种能源的价格,再通过调整能源价格影响能源利用效率的余地已较小,需要有刺激市场的新政策和新手段。

2. 贷款优惠政策

从 20 世纪 80 年代中期开始,为促进节能,中央和部分地方政府制定了低利率贷款的优惠经济政策,设立了贴息贷款节能专项,以低于商业贷款利率 50% 的优惠条件,向建成后被确定的节能项目提供利息返还。1999 年,国家取消了节能专项贴息贷款,而是将节能项目的贴息纳入技术改造项目、高新技术项目和科技创新项目中。1999 年,财政部、国家经济贸易委员会印发《技术改造贷款项目贴息资金管理办法》,2002 年,外经贸部、财政部发布了第 26 号令《技术更新改造项目贷款贴息资金管理办法》等。通过上述文件,确定了若干条贴息的原则,其中包括"促进节能降耗"的内容。息金专项补贴项目有"社会效益突出的节能降耗、综合利用等重点示范项目"、"节能降耗,减少污染、促进环境保护的项目"等。

3. 减免税政策

国家税务局鼓励高新技术产业的发展,发布了《国家高新技术产业开发区税收政策的规定》,被认定在高新技术开发领域的企业可享受"免征进口关税和进口环节产品税、增值税"、"除国家限制出口或者另有规定的产品以外,都免征出口关税"、"减按 15% 的税率征收所得税"、"从投产年度起,二年内免征所得税"等利好政策。

4. 节能基金

中国节能基金的形式包括节能专项基金、国家科技创新基金(用于节能的项目)、节能公益基金、国际合作节能滚动基金、节能产业投资基金等。其中,创新基金中含有鼓励节能降耗、环境保护的方向,分别以贷款贴息、无偿资助、资本金投入等方式支持节能项目。节能产业投资基金资助可形成现代节能产业的现代化企业,有助于促进形成市场经济体制下的节能产业。

5. 节能产品惠民工程

2009 年,财政部、国家发展和改革委员会发布了《关于开展节能产品惠民工程的通知》。节能产品惠民工程是一项促进节能减排工作的财政补贴政策。该政策通过国家财政补贴的方式,激励节能产品的消费和推广,以降低终端用能产品的能源消耗,并同时实现扩大内需和促进产品和产业结构调整的目的。该政策将量大面广、节能潜力大的高效节能产品纳入财政补贴推广范围。作为一项重要的节能政策,节能产品惠民工程发挥了财政补助、标准标识和节能监管的合力作用,不仅提高了终端用能产品效率、实现了节能,而且还引导企业生产和个人消费模式转变,形成不断淘汰低效产品、扩大高效产品市场占有率、提高产品整体能效的长效机制[65]。

6. 节能减排补助资金

2015 年,为规范和加强节能减排补助资金管理,提高财政资金使用效益,财政部制定了《节能减排补助资金管理暂行办法》。该办法明确节能减排补助资金重点支持范围:节能减排体制机制创新;节能减排基础能力及公共平台建设;节能减排财政政策综合示范;重点领域、重点行业、重点地区节能减排;重点关键节能减排技术示范推广和改造升级;其他经国务院批准的有关事项。同时,规定节能减排补助资金分配方法为:结合节能减排工作性质、目标、投资成本、节能减排效果以及能源资源综合利用水平等因素,主要采用补助、以奖代补、贴息和据实结算等方式;以奖代补主要根据节能减排工作绩效分配;据实结算项目主要采用先预拨、后清算的资金拨付方式。

8.2.2 政策建议

发达国家如欧盟各成员国、美国、日本已经实现了工业化过程。以美国为例,工业、交通、建筑三大用能部门的用能比重基本上各占三分之一,这与我国能源消费的部门构成有很大区别。其中,美国制定的能源效率标准主要集中在建筑节能领域以及交通领域。需要认识到,美国和我国所处的发展阶段不同,美国已经完成了工业化,处于一种消费型发展状态,因此给予建筑节能和交通节能更高的重视。对于工业领域,美国采取的战略也是侧重发展IT等高科技产业以及深加工制造业,而把相当部分的高耗能、高污染的传统重工业转移到了海外。

我国工业GDP占总GDP的一半左右,并且在今后的工业化过程中,工业产值仍将占据较高的比重。所以,我国的工业领域节能压力很大,尤其是能耗较大的石化工业。我国实现工业节能的主要途径应该是走新型的工业化道路,大力发展"高科技、高附加值、低消费、低污染"的工业产业。对我国石化工业的节能工作建议如下(部分参考"工信部关于石化和化学工业节能减排的指导意见")。

1. 建设节能减排标准体系

制(修)定石化工业节能减排技术的标准和规范。完善重点产品能耗限额标准体系、统计标准体系、审核和认证标准体系,制定乙烯、二甲醚等重点耗能产品的能耗限额标准,修订合成氨、烧碱等产品的能耗限额标准。推动制定石化工业主要耗能设备效率测定与评价标准,不断完善石化工业资源综合利用标准体系。继续做好重点产品清洁生产标准的制(修)定工作,编制重点耗能产品能效对标指南等技术标准。

2. 明确法律责任,强化监督管理

严格遵循《节约能源法》(2007年10月28日修订),制定能耗惩罚机制,强化责任追究。建立和完善石化工业节能减排统计、监测和考核体系,定期组织相关分析,开展预测预警工作。认真贯彻落实涉及石化工业的产业政策,严格执行合成氨、电石、氯碱、黄磷等行业准入条件。加快研究制定石化工业项目节能评估和审查办法。从严控制大宗高耗能产品产能扩张。

3. 完善节能减排机制和优惠政策

完善金融扶持政策,加大财税政策支持力度[66]。积极运用财税、价格等政策引导石化企业和个人用能。发展节能环保服务业,鼓励专业节能服务机构为石化企业提供能源审计、节能减排工程、合同能源管理、节能项目融资等服务。研究出台能效领跑者激励机制和优惠政策。对大多数中小型化工企业来说,余热回收利用的技术难度较大,投资回收期较长,因此应在财政、税收和技术方面给予一定的支持。

4. 积极鼓励技术创新和技术改造

推动石化工业重点节能技术的研发和推广,如表8.1所示。推动国家级石化工业节能减排工程技术研究中心建设,建立跨部门、跨行业、产学研紧密结合的科技创新体系。加大新技术研发资金投入,开展行业共性关键技术的研发与工程应用。鼓励装备制造骨干企业提升制造水平,带动石化工业产业升级和技术进步。加大技术改造工作力度,鼓励企业采用先进的环保技术装备,加快先进适用环保技术装备的产业化应用和推广。筛选一批对行业节能减排工作具有重要意义的节能减排技术,制订专项工程实施方案,会同相关部门给予政策支持。

5. 充分发挥行业协会等社会力量

相关行业协会要进一步做好节能减排政策建议研究、信息收集、统计分析等工作。鼓励行业协会和社会中介组织搭建节能减排技术和产品交流平台。发动社会各方面力量做好节能减排宣传工作,通过多种渠道广泛宣传国家节能减排的法律法规和政策,交流先进技术和管理经验,提高行业节能减排意识。

8.2.3 人才培养及队伍建设

《国家中长期人才发展规划纲要(2010～2020年)》提出:"到2020年,我国人才发展的总体目标是:培养和造就规模宏大、结构优化、布局合理、素质优良的人才队伍,确立国家人才竞争比较优势,进入世界人才强国行列,为在本世纪中叶基本实现社会主义现代化奠定人才基础。"建立完善人才培养机制,加快培养节能减排领域的管理、专业知识人才对我国的节能减排工作意义重大。根据《关于进一步加强国家重点领域紧缺人才培养工作的意见》,对节能减排领域人才培养及队伍建设的政策建议如下。

(1) 健全多层次人才培养体系,教育部门和高等学校要坚持以服务为宗旨,主动适应经济社会的发展需要,加大专业结构调整力度。根据相关产业和行业对专门人才的实际需求,努力扩大节能减排领域相关专业的人才培养规模,优化人才培养结构,为产业部门提供人才和智力支持。

(2) 加大节能减排领域相关学科和专业建设经费的投入,在"985 工程"、"211 工程"、"质量工程"、"国家优势学科创新平台建设项目"、"国家示范性高等职业院校建设计划"以及相关专项建设中,向节能减排领域的相关学科和专业倾斜,给予重点支持。加强节能减排平台建设,充分发挥相关国家重点实验室、国家工程技术研究中心、产业技术创新战略联盟创新平台作用。

(3) 加大对节能减排领域紧缺人才培养的支持力度,积极推进产学研合作教育。鼓励高等学校与企业开展合作办学,联合建设节能减排相关领域学科和专业。节能减排行业主管部门要与教育部共同制订此领域紧缺人才培养方案,并纳入行业的发展规划,给予专门支持。要推动所属行业企业建立规范有效的人才激励和使用机制,为节能减排人才的成长创造良好的环境,以吸引和稳定紧缺人才。培育一批具有核心竞争力的节能减排技术服务基地。

参 考 文 献

[1] 徐绍史.国务院关于节能减排工作情况的报告[R].第十二届全国人民代表大会常务委员会第八次会议,2014.

[2] DB33/643—2012.炼油单位综合能耗限额及计算方法[S],2012.

[3] 田小杰.浅谈降低炼油综合能耗的措施[C].2013年中国石油炼制技术大会论文集,2013,791-795.
[4] 邹劲松,厉荣,史昕.我国炼油行业实现绿色低碳可持续发展的建议[J].石油石化节能与减排,2015,5(1):9-16.
[5] 薛海锋.镇海炼化炼油节能降耗实践与探讨[J].石油石化节能与减排,2012,5(2):37-42.
[6] 金云,朱和.中国炼油工业发展现状与趋势[J].国际石油经济,2013,5:24-34.
[7] 张德义.建设节约型炼油工业进一步搞好节能降耗[J].炼油技术与工程,2006,31(1):1-6.
[8] 王敏,赵东风,王永强,等.常减压装置能耗特点及优化用能技术分析[J].现代化工,2014,34(3):130-133.
[9] 王烨,胡玉华.天津石化1 000万吨常减压装置综合能耗总部创新低[EB/OL].http://www.sinopecnews.com.cn/news/content/2012-06/14/content_1185114.shtml[2012-6-14].
[10] 牛驰.重油催化裂化装置能耗分析及节能措施[J].石油炼制与化工,2010,41(2):59-63.
[11] 黄风林,黄勇,马敬,等.催化裂化装置节能降耗措施分析和实施[J].石油炼制与化工,2010,41(1):61-71.
[12] 王燕舞.300 kt/a半再生催化重整装置能耗分析及节能措施[J].中外能源,2012,31(2):96-99.
[13] 史德文,凌泽济,杨苏平,等.催化重整装置能耗分析及节能措施[J].石油石化节能与减排,2011,1(1):14-18.
[14] 堵祖荫,王俭.建立更加严格和科学的乙烯装置能耗计算体系与方法的探讨[J].当代石油石化,2014,(1):22-27.
[15] 李文辉.炼油装置加热炉节能途径与制约因素[J].中外能源,2009,14(10):85-91.
[16] 刘敏.浅谈加热炉的节能减排[J].科技视界,2014,32:297.
[17] 陈颖,张静伟,梁宏宝,等.管式加热炉节能的研究进展[J].化工进展,2011,30(5):936-941.
[18] 赵予川,晁君瑞,汪善文,等.基于专利分析的石化制氢转化炉技术情报研究[J].科技管理,2014,1:32-35.
[19] 张豫湘.制氢转化炉投资估算方法探讨[J].当代经济,2013,7:22-24.
[20] 韩维涛,黄晓晖,曹卫波,等.制氢装置用能分析与节能措施[J].炼油技术与工程,2012,42(8):53-56.
[21] 齐亚平.德士古和谢尔渣油气化工艺设计与应用比较[J].大氮肥,2005,28(2):98-101.
[22] Higman C,Burgt M V.Gasification[M].2nd ed.Elsevier:Gulf Professional Publishing,2008.
[23] 马宏琳.关于化工危险物焚烧技术的分析[J].农家科技,2013,(7):107.
[24] 程显彪.丙烯腈装置焚烧炉余热回收利用的分析[J].热能动力工程,2006,21(3):317-319.
[25] 章永洁,蒋建云,叶建东,等.酱油酿造工艺余热回收利用[J].节能与环保,2014,4:64-66.
[26] 中国石油天然气集团公司节能节水专业标准化委员会.Q/SY 1066—2010石油化工工艺加热炉节能监测方法[M].北京:石油工业出版社,2010.
[27] 张玫,卓争辉,陈战.石油化工工艺加热炉监测分析及节能措施[J].石油石化节能,2013,7:44-46.
[28] 王子宗,何细藕.乙烯装置裂解技术进展及其国产化历程[J].化工进展,2014,33(1):1-9.
[29] 肖红卫,龚金梅,刘消寒,等.余热回收利用国外专利分析[J].云南化工,2012,39(1):21-24.
[30] 连红奎,李艳,束光阳子,等.我国工业余热回收利用技术综述[J].节能技术,2011,29:123-128.
[31] 李海燕,刘静.低品位预热利用技术的研究现状、困境和新策略[J].科技导报,2010,28(17):112-117.
[32] 李明,韩春雨.油田注气锅炉新型燃气燃烧器燃烧技术发展探讨[J].石油石化节能,2012,1:14-15.
[33] 胡天生.提高裂解炉热效率的措施[J].乙烯工业,2010,22(1):49-53.
[34] 谈庆旬.空气预热技术用于油田加热炉改造[J].仪表电气,2011,30(7):47-48.
[35] 朱彤,吴家正,冯良,等.高温空气低燃气浓度燃烧过程的数值模拟研究[J].工程热物理学报,2005,26(Suppl.):277-279.

[36] 郭辉. 关于循环流化床燃烧技术在清洁生产中的前景探讨[J]. 能源研究与管理, 2011, 1: 48-49.
[37] Haillot D, Py X, Goetz V, et al. Storage composites for the optimization of solar water heating systems[J]. Chemical Engineering Resarch Design, 2008, 86(6): 612-617.
[38] 刘春江, 刘辉, 陆寒冰, 等. 新型管内插入物——立交盘强化传热的实验与模拟[J]. 化工学报, 2008, 59(2): 31-38.
[39] 冯惠生, 徐菲菲, 刘叶凤, 等. 工业过程余热回收利用技术研究进展[J]. 化学工业与工程, 2012, 29(1): 57-64.
[40] 周耘, 王康, 陈思明. 工业余热利用现状及技术展望[J]. 科技情报开发与经济, 2010, 20(23): 162-164.
[41] 任庚坡, 任春江, 魏玉剑. 余热利用技术与应用[J]. 上海节能, 2009, 5: 2-17.
[42] 刘建国, 王建华, 马军民, 等. 化工厂生产系统余热资源调研[J]. 中国氯碱, 2012, 9: 36-41.
[43] 中国中小企业协会. 化工过程的优化与节能减排技术开发和应用, 创新成长篇[EB/OL]. http://www.ca-sme.org/content.asp?id=27291[2011-12-20].
[44] 王振雷, 杜文莉, 钱锋. 乙烯生产过程软测量与智能控制[C]. 上海市石油学会论文集, 2005, 142-152.
[45] 郎东磊, 王峰, 吴婷婷. 超声波在线除垢技术在催化裂化装置油浆系统中的应用[J]. 石油炼制与化工, 2011, 42(12): 23-26.
[46] 焦克新, 张建良, 左海滨, 等. 电石炉区域能量分配模型研究[J]. 无机盐工业, 2014, 46(2): 64-67.
[47] 孙伟善, 蒋顺平. 2014 年中国电石行业市场运行回顾及 2015 年展望[J]. 中国石油和化工经济分析, 2015, 4: 20-22.
[48] 刘方斌. 大型密闭炉清洁生产低排高效——石化节能减排重点技术之电石篇[J]. 中国石油和化工, 2014, 4: 38-39.
[49] 孙志立, 徐子平. 制磷电炉内电流与热量分布对黄磷生产的影响[J]. 硫磷设计与粉体工程, 2012, 4: 6-10.
[50] 孙志立, 杜建学. 电热法制磷[M]. 北京: 冶金工业出版社, 2010.
[51] 张保林, 候翠红, 汤建伟, 等. 节能减排——发展低碳环保磷化工产业[J]. 化肥工业, 2011, 38(3): 1-6.
[52] 顾志勤. 制磷电炉内副反应对电耗影响的探讨[J]. 硫磷设计与粉体工程, 2001, 2: 10-14.
[53] 王元江, 孙志立. 黄磷生产技改与节能降耗[J]. 磷肥与复肥, 2015, 30(5): 27-30.
[54] 李丽红. 重油催化装置烟气轮机运行故障诊断分析[J]. 石油化工设备技术, 2014, 35(1): 59-62.
[55] 赵志飞, 武立业, 张连营, 等. 催化裂化装置烟气轮机组的改造[J]. 石化化工设备技术, 2013, 34(1): 47-50.
[56] 马国锋, 徐跃华, 郭新. 中国石化 2014 年乙烯业务述评[J]. 乙烯工业, 2015, 27(1): 1-5.
[57] 张向民. 影响裂解炉热效率的因素分析及优化措施[J]. 广东化工, 2012, 39(11): 168-169.
[58] 何细耦. 中国石化 CBL 裂解技术的大型化及其应用[J]. 乙烯工业, 2015, 27(1): 49-52.
[59] 韩红梅, 龚华俊. 煤炭深加工示范项目提高能效的途径探析[J]. 煤炭加工与综合利用, 2014, 2: 12-15.
[60] 饶霞飞. 余热回收大有可为[J]. 新财经, 2013, (10): 92-93.
[61] 原国家经贸委资源节约与综合利用司赴美节能培训班. 美国的节能政策和管理模式及对我国的启示(上)[J]. 节能与环保, 2003, 9: 1-4.
[62] 吴志忠. 日本能源安全的政策、法律及其对中国的启示[J]. 法学评论, 2008, 3: 117-125.
[63] 原国家经贸委资源节约与综合利用司赴美节能培训班. 美国的节能政策和管理模式及对我国的启示(中)[J]. 节能与环保, 2003, 9: 5-10.
[64] 潘小娟. 外国能源管理机构及运行机制研究[J]. 中国行政管理, 2008, 3: 98-100.
[65] 中国电子信息产业发展研究院. 2013—2014 年中国工业节能减排发展[M]. 北京: 人民出版社, 2014.
[66] 王喜文. 中国制造 2025——从工业大国到工业强国[M]. 北京: 机械工业出版社, 2015.

水泥工业篇

第 9 章

水泥工业的战略地位与应用价值

9.1 水泥工业在国民经济中的地位及发展概况

9.1.1 水泥增产及节能态势

水泥工业是我国国民经济中的重要基础性原材料工业,具有无可替代性和战略意义。水泥在民生工程、基础设施、生态环境建设以及灾后重建等领域中始终呈现高需求、高消费态势。自1985年以来,我国水泥产量始终居世界第一位,近10余年,我国水泥产量更保持了较高的增速[1],表9.1列出我国部分年份水泥产量的变化情况[2,3]。传统水泥工业是一个高耗能、高污染、高排放的"三高"工业,近30年我国水泥工业通过科技创新、推广余热及废弃物循环利用等技术,已大步迈入资源节约型和环境友好型新兴产业行列。

表 9.1 我国部分年份水泥产量

年份	水泥产量/亿吨	同比上年度增长率/%
1990	2.10	−0.3
1995	4.76	13.0
2000	5.93	5.7
2005	10.69	9.9
2010	18.79	14.0
2011	20.94	11.4
2012	22.13	5.7
2013	24.35	10.0
2014*	24.76	1.8

注:*统计值为规模以上企业水泥产量

20世纪末,我国水泥年产已近6亿吨,但生产水泥的装备仍以传统高耗能立窑和湿法窑为主,节能干法窑比重仅占6%,技术经济指标落后于全球平均水平。21世纪以来,水泥工业被列入全国重点调控产业,通过技术进步、自主创新、节能减排、联合重组、淘汰落后产能等重要举措,加快产业结构调整的步伐,使我国水泥生产的主要技术指标(熟料热耗、水泥综合电耗、粉尘、SO_2 和 NO_x 排放和全员劳动生产率等)已达到国际先进水平。同时,我国水泥装备也实现了全面技术突破,国际竞争力显著提升,越来越多的企业成为科技创新的主体。最突出的成就是水泥窑余热发电技术,该技术在我国的采用率和吨熟料发电量居国际领先地位,国产余热发电技术装备在国际市场上已显露实力。此外,随着我国城市化进程不断加快,中西部地区进入经济发展快车道,固定资产投资规模增长,极大地带动了水泥工业的高速发展和科学技术进步。表 9.2 列出了 2012 年我国水泥生产技术平均指标与先进指标及 2016 年的预期目标[2],表中也列出了国际水平的参照值[4]。

表 9.2 2012 年我国水泥生产技术指标及 2016 年的预期目标

序号	项目及指标	2012 年 平均值	2012 年 先进值	2016 年 平均值	2016 年 先进值	2011 年 国际参照值
1	水泥等级结构（总体品质）32.5：42.5：52.5/%	75：20：5		30～35：50～60：10～1		25：60：15 发达国家
2	水泥产能利用率/%	72.8		76～78		德国 71；美国 75；日本 79；墨西哥 74；全球平均 73
3	熟料热耗/(kJ/kg)	3 400	2 970	～3 050	～2 800	3 448(世界 6 强跨国公司均值)。先进：2950～2990
4	水泥综合电耗/(kW·h/t)	～90	83～86	～85	80～82	96(世界 6 强跨国公司均值)。先进：82～85
5	粉尘排放/(mg/Nm³)	100～200	20～50	500～100	<20	71(世界 6 强跨国公司均值)。先进：10～30
6	SO_2 排放/(mg/Nm³)	200～250	100～150	100～150	<50	240(世界 6 强跨国公司均值)。先进：～80
7	NO_x 排放/(mg/Nm³)	800～1300	<320	320～450	<300	640(世界 6 强跨国公司均值)。先进：～300
8	前 10 家产业集中度/%	～28		≥60		60～90 发达国家
9	水泥窑余热发电采用率/%	75	～90			日本：～90(2016 年)
10	熟料余热发电量/(kW·h/t)	～30	34～37	～35	～40	丹麦：～28 Kalina 循环正准备工业验证中
11	燃料替代率/%	<0.1	3～4	>10	≥30	15(世界 6 强跨国公司均值)。德国 75；日本 31；挪威 96
12	熟料系数/%	63.5		≥70		72～79(世界 6 强跨国公司均值)。德国 80.2；日本 82.5；美国 89.1
13	单位水泥利废总量/(kg/t)	385,主要是混合材,占水泥总量 1/3		430,增加替代原料和替代燃料用量		332(世界 6 强跨国公司均值)。德国 436；日本 460；美国 260

根据美国工业品研究所(IIP)对世界主要水泥生产国家和地区的水泥产量及变化趋势预测[5](图 9.1),中国水泥产量至少至 2030 年均居世界之首。至 2050 年,随着我国产业转型升级及经济发展方式的根本性转变,中国水泥产量缩量 40%～50%,能耗及环境问题将得到改善,取而代之的是印度、亚洲其他发展中国家、非洲和中东国家的水泥生产放量。

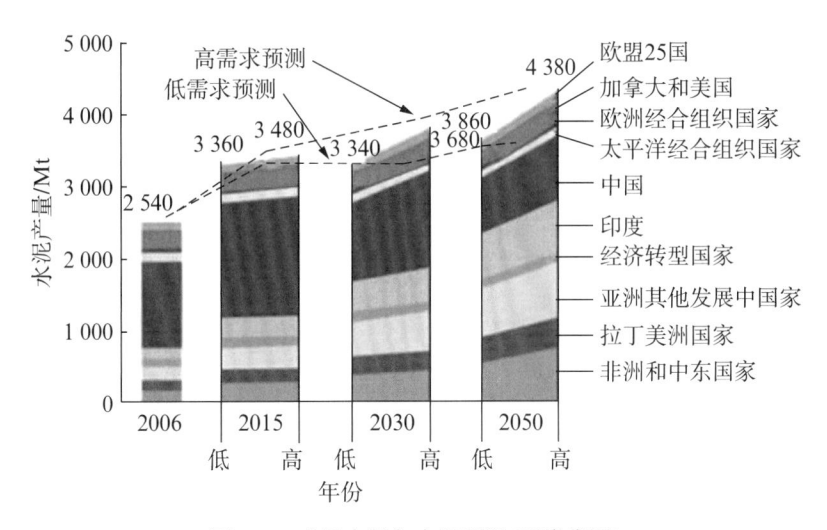

图 9.1　世界水泥年产量预测(后附彩图)

9.1.2　"十一五"以来水泥工业发展概况

"十一五"期间,我国水泥工业基本完成了技术结构调整,新型节能干法窑比重突破 80%,建成投产的生产线达 696 条,新型干法水泥产量占总产量的比重由 2001 年的 11% 提高到 2010 年的 85%,落后产能快速退出,淘汰率约占落后产能的 55.5%。"十一五"期间,水泥产量年均增长达 11.7%,共生产水泥 75 亿吨,约占新中国成立 60 年水泥总产量的 40%。至 2010 年年末,新型干法熟料产能突破 1 000 万吨的先进企业已达 18 家,产业集中度由 32.5% 提高到 43.5%,主要技术经济指标达到国际先进水平。其中"中国建材"进入世界水泥前三强,"海螺水泥"进入前五强。利用水泥窑余热发电等先进技术实现节能降耗成效显著,虽然水泥产量年均增长高达 11.7%,但总能耗仅增 7.6%。利用工业废弃物替代部分水泥原料,消纳量约占全国当年工业固体废弃物产生量的 17%,实现了工业废渣的综合利用及资源化,使环境污染下降、企业经济效益增加。水泥窑协同处置城市垃圾和污泥取得突破性进展,在部分先进水泥企业,利用城市生活垃圾和工业废弃物等作为水泥生产的替代燃料,同样取得了良好的环境、社会和经济效益。"十一五期间",我国水泥生产装备的制造能力和国际竞争力显著增强,国外采用以中国水泥设备为主建设的生产线达 140 条之多,约占国际市场份额的 40%[6]。

根据国家发布的《关于水泥工业节能减排的指导意见》(工信部节[2010]582 号),到 2015 年年末,全国水泥生产平均可比熟料综合能耗需小于 114 kgce/t,水泥综合能耗需小于 93 kgce/t。在新型干法水泥生产线上普遍应用了余热发电、高效粉磨技术、电机变频等技术,重点水泥企业加快建设能源管理中心。大城市周边的水泥企业基本形成协同处置城市生活垃圾和城市污泥的能力,使水泥工业转变为兼顾污染物处置的资源节约型和环境友好型新兴环保产业。

2011年，我国水泥产量达20.94亿吨，同比增长11.4%，一些地区盲目扩张生产，产能过剩的压力逐渐加剧[7]。为此，国家迅速出台若干约束产能过剩的刚性指标和文件，明确提出淘汰高耗能的水泥机立窑、部分干法中空窑、立波尔窑和湿法窑，并限制日产2 000吨以下熟料新型干法生产线，要求2 000 t/d及以上生产能力的新型干法水泥窑完成处置工业废弃物、城市污泥和生活垃圾、纯低温余热发电等节能技改项目。2012年，我国水泥产量达22.1亿吨，增速下滑至5.7%。在国务院下发的《节能减排"十二五"规划》中，要求水泥行业当年淘汰落后产能37 000万吨，并采用新型干法水泥窑生产运行和节能监控优化系统技术等，以加快水泥行业节能技术普及和升级。2013年，水泥产量有所回升，达24.3亿吨，同比增长10%。同年，工信部等12个部门联合发布了《关于加快推进重点行业企业兼并重组的指导意见》，明确指出：到2015年，国内前10家水泥企业产业集中度达到35%，形成3或4家不仅具有熟料产能1亿吨以上，而且具有矿山、骨料、商品混凝土、水泥基材料制品等完整产业链的核心竞争力和国际影响力强的建材企业集团。国家发展和改革委员会进一步明确：2013年水泥行业完成淘汰落后产能7 345万吨的任务。为此，水泥工业加大了节能减排、提高产品质量、降低能耗和物耗的工作力度[2]。2014年国务院《政府工作报告》再次提出了继续淘汰水泥落后产能4 200万吨的任务，而当年实际淘汰落后产能8 100万吨，完成比率高达192.9%。根据国务院[2013]41号文的精神，至2015年年底前，再淘汰水泥熟料和粉磨能力1亿吨。

进入2015年以来，水泥工业受到投资增速下滑的影响，前5个月水泥产量达8.57亿吨，同比下降5.07%[8]。但随着国家对外开放与合作发展的力度不断增强，陆续签约和推出的"一带一路"、"中巴经济走廊建设"、"京津冀一体化"、"长江经济带"等跨国合作及国家战略中包含的基础设施建设项目，投资有望增长。在今后几年，水泥需求预期增加，但节能减排的刚性约束不会放松，水泥增产将在政策指导下，通过科技进步得以全面实现。

9.2 水泥工业能源结构与能源消耗现状分析

9.2.1 水泥工业中的主要高温热工装备

我国水泥生产采用的高温热工装备包括立窑、湿法窑、干法中空窑、预分解窑、预热器窑等。"十一五"期间淘汰大批立窑等落后生产线，最有效的措施包括大力推广新型干法水泥生产、采用节能型余热发电生产线等，对我国产业结构调整起到了推动作用。但是，我国西部的水泥工业仍使用较多的落后立窑和湿法窑，产业集中度低，造成整体发展水平粗放、原料及能源消耗较高、环境污染严重等问题。表9.3为我国主要地区水泥生产产量和能耗对比[2]。

表9.3　2012年我国主要地区水泥生产产量和能耗对比

项目	全国	东部地区	中部地区	西部地区
水泥产量/亿吨	22.1	8.6	6.7	6.8
产量同比增加/%	5.7	0.01	0.1	10.3
能源消耗总量/%	下降2.3	下降8.7	下降0.2	上升2.9

先进水泥工业的突出特征是采用新型干法窑技术,其生产线流程中的关键高温热工设备是回转窑、窑尾预热器、分解炉及篦式冷却机,而预分解系统是新型干法水泥生产的核心。图 9.2 所示为带余热发电系统的新型干法水泥生产线流程示意图。带余热发电系统后,锅炉也成为关键的高温热工设备。

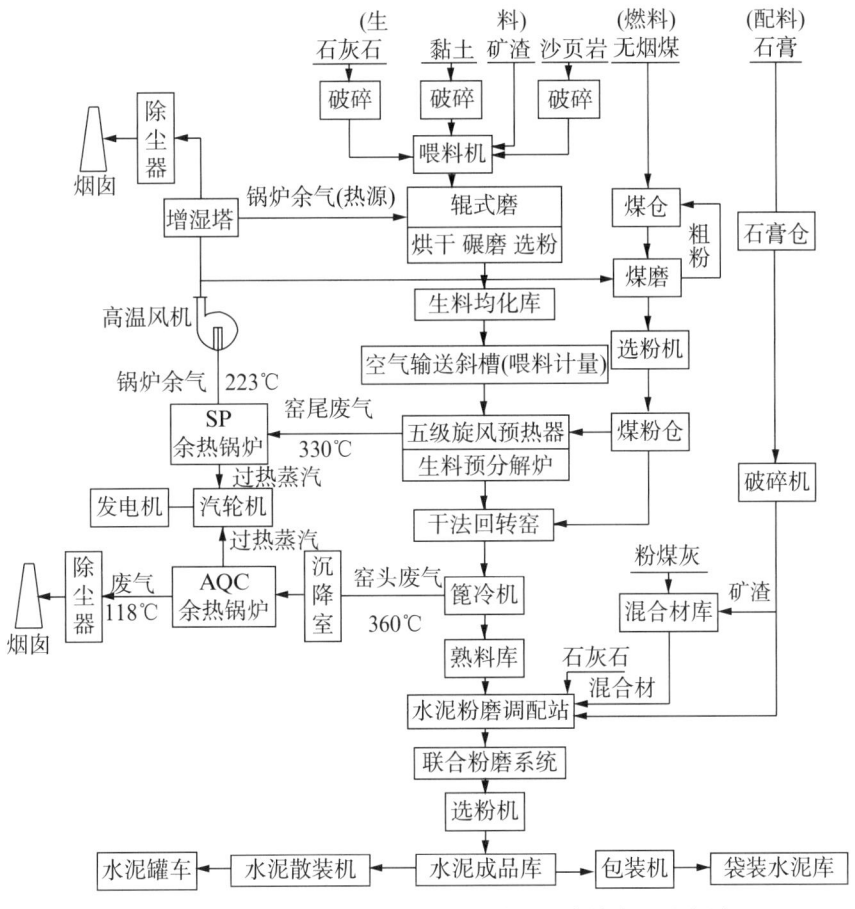

图 9.2 带余热发电系统的新型干法水泥生产线流程示意图

9.2.2 典型高温热工装备能耗占比

1. 水泥工业能耗现状

水泥工业是我国流程工业领域节能降耗的重点和难点。随着我国基础设施建设的大规模开展,水泥产量持续增长,其能源消耗在国际温室气体减排和国家节能降耗指标控制的双重压力下,面临巨大挑战。2002~2013 年,我国水泥工业的产能和能源消耗情况如表 9.4 所示[2,7,9-11]。

表 9.4 我国水泥行业能源消耗情况

年份	水泥产量/亿吨	水泥综合能耗/亿吨标准煤	吨水泥能耗比值
2002	7.25	0.83	0.115
2003	8.62	0.97	0.113

续 表

年份	水泥产量/亿吨	水泥综合能耗/亿吨标准煤	吨水泥能耗比值
2004	9.73	1.08	0.111
2005	10.68	1.17	0.110
2006	12.04	1.31	0.109
2007	13.60	1.43	0.105
2008	13.99	1.53	0.109
2009	16.48	1.69	0.103
2010	18.80	1.58	0.103
2011	20.94	1.59	0.102
2012	22.13	1.62	0.100
2013	24.35	1.65	0.099

注：吨水泥能耗比值＝水泥综合能耗/水泥产量

水泥生产方式不同也造成水泥熟料平均热耗的明显差异，如表9.5所示[12-14]。目前，新型干法窑已经成为主流，其他类型耗能回转窑正逐渐被淘汰。与国际先进水平相比(燃油)，我国的火力发电供电(燃煤)单位能耗高出约22.1%。以2010年为例，我国吨水泥能耗比世界先进水平高出40%左右，差距甚大。近些年，随着我国水泥工业新型干法窑的日渐普及，装备进步和自动化程度不断提高，能耗差距正在逐渐缩小。表9.6列出了国内、国际水泥生产重要指标对比[13]。

表9.5 主要水泥生产方式单位水泥熟料的平均热耗

生产方法	热耗/(kJ/kg)	热效率/%	熟料能耗/吨熟料千克标准煤
机立窑	4 180	32～40	140～160
干法中空窑	7 942	17～26	243～270
湿法窑	5 852	28～35	～208
预热器窑	4 013	37～44	～137
新型干法	3 260	50～55	～110

表9.6 国内新型干法水泥生产技术水平和国际水平比较

项目	国际水平		国内水平	
	先进水平	一般水平	先进水平	一般水平
熟料烧成热耗/(kJ/kg)	2 842	2 970	2 884	3 093～3 260
熟料综合电耗	85	65～100	90～95	110
熟料强度/MPa	70	65～100	62	58
窑系统运转率/%	95	85	90	80
劳动生产率/(吨/(人·年))	15 000～20 000	8 000～10 000	5 000～10 000	1 000～2 000
窑尾粉尘排放/(mg/Nm³)	20～30	50	50	100

续　表

项目	国际水平		国内水平	
	先进水平	一般水平	先进水平	一般水平
窑尾尾气排放 NO_x/(mg/(Nm^3))	200	<500	500	1 200
窑尾烟气排放 SO_2/(mg/Nm^3)	50	<200	200	400
重金属/(mg/Nm^3)	0.6	1.5	—	—

此外,国际上较早发展了以可燃废弃物代替一次燃料的先进绿色节能技术,据统计,1990~2010年,全世界水泥工业400余台水泥窑共协同处理了大约2.5亿吨各种可燃废弃物[15,16]。2014年5月,国家七部委(国家林业局、发改委、监察部、国土资源部、环境保护部、水利部、农业部统称七部委)联合发布了《关于促进生产过程协同资源化处理城市垃圾及废弃物的意见》,充分肯定了水泥窑协同处置城市垃圾和废弃物的意义和重要性。目前我国大型水泥企业,如海螺、华新、金隅、中材、上海建材等集团率先建设了水泥窑协同处置垃圾生产线,在城市生活垃圾、水面漂浮物、工业危险物及废弃物、医疗废物、污泥处理等发挥了重要作用,燃料替代率可达30%~40%。而且,还有相当数量的生产线在建设中。有关垃圾预处理和焚烧系统经过不断改进,逐步定型化,环保指标已经达到国标要求,在环保和技术装备方面已达到成熟可靠的水平。与此同时,一批关于水泥窑协同处置垃圾的国标和规范正在制定和实施。按照目前情况,2020年水泥工业每年协同处理垃圾量预期可达2 000万吨,占垃圾总量的10%左右。

综上所述,基于能源短缺及环境治理的态势,我国水泥工业高能耗、低能效现象正在扭转,但仍需严格控制和持续治理,节能降耗是一项长期、艰巨而紧迫的任务,对尽快完成我国制定的能源消耗计划、流程工业的可持续发展目标起重要作用。此外,我国目前的能效水平和单位产品能耗与世界先进水平相比仍存在一定差距,我国水泥工业节能挖潜大有可为。

2. 水泥生产能耗指标

电力和不可再生的煤炭是水泥生产过程中的主要能源,占水泥制造过程能源消耗总量的98.72%,其中煤炭消耗约占89%,耗煤环节主要是原料烘干、燃料烘干、熟料烧成和分解炉、混合材烘干等,其中熟料烧成和分解炉需要很高的工作温度,煤耗约占总煤耗的75%。电能消耗主要是原料破碎、原料预均化、生料均化、废气处理、熟料烧成、水泥包装和输送、磨机(生料磨、水泥磨和煤磨)等。

我国水泥工业现阶段主要的能耗指标包括熟料综合煤耗、熟料综合电耗、水泥综合电耗和水泥综合能耗。熟料能耗的统计范围从矿山开采到熟料储存及输送整个过程。水泥能耗的统计范围从矿山开采到水泥包装及输送整个过程[13]。各指标的具体含义如下。

熟料综合煤耗:每生产一吨水泥熟料所消耗的燃料量,包括窑头窑尾燃料的消耗及生产过程中的烘干消耗,单位为千克标准煤/每吨熟料。

熟料综合电耗:每生产一吨水泥熟料所消耗的电量,包括从矿山开采、原料破碎到产生熟料整个过程的各环节,单位为千瓦时/每吨熟料。

水泥综合电耗:每生产一吨水泥所消耗的电量,包括从原料破碎到产生水泥成品整个过程的各环节,单位为千瓦时/每吨水泥。

水泥综合能耗：每生产一吨水泥所消耗的各种能源量，并折合成标准煤计量，单位为千克标准煤/每吨水泥。

熟料形成热指生料煅烧成熟料过程中所消耗的各项物理化学能，是烧成熟料所必需的理论热耗，在生产条件相同、热工制度稳定的情况下，形成能一般是确定的。由表9.7显示的各项主要支出热量可见，水泥生产线的熟料形成热占总热耗的50.96%[13]。因此，要进一步降低热耗，必须考虑其余49.04%可挖潜力。而预热器出口废气带走热、系统表面散热、冷却机余风及出冷却机熟料带走热分别占22.1%、10.82%、15.24%，三者共占48.16%，是影响熟料烧成热耗的主要原因。因此，通过技术创新来降低这部分热耗是水泥高温热工装备节能降耗的重点[13]。

表9.7　水泥生产线热量平衡中主要支出热量

项目	熟料形成热理论热耗	预热器出口废气带走热	系统表面散热损失	冷却机余风带走热	出冷却机熟料带走热
kJ/kg	1 751.42	759.51	371.79	346.33	177.36
占比/%	50.96	22.1	10.82	10.08	5.16

为统一水泥企业能耗统计与计算标准，2012年12月，国家质量监督检验检疫总局和国家标准化管理委员会联合颁布《水泥单位产品能源消耗限额》(国标GB 16780—2012)，该标准规定了通用硅酸盐水泥单位产品能耗限额的术语和定义、技术要求、能耗统计和计算方法，用于现有水泥项目和新建项目的能耗计算、考核与控制。具体指标如表9.8～表9.13所示，其中表9.8和表9.9规定的指标是强制性的，其余表中规定的指标属推荐性的。该标准的颁布对推动水泥行业加速节能技术改造和加强节能管理有重要意义，以促进企业实现生产过程能耗的先进值。

表9.8　现有水泥企业水泥单位产品能耗限定值

项目		可比熟料综合煤耗限定值/(kgce/t)	可比熟料综合电耗限定值/(kW·h/t)	可比水泥综合电耗限定值/(kW·h/t)	可比熟料综合能耗限定值/(kgce/t)	可比水泥综合能耗限定值/(kgce/t)
熟料		≤112	≤64	—	≤120	—
水泥	无外购熟料			≤90		≤98①
	外购熟料			≤60		≤8

注：① 如果水泥中熟料占比超过或低于75%，每增减1%，可比水泥综合能耗限定值相应增减1.20 kgce/t

表9.9　新建水泥企业水泥单位产品能耗准入值

项目		可比熟料综合煤耗准入值/(kgce/t)	可比熟料综合电耗准入值/(kW·h/t)	可比水泥综合电耗准入值/(kW·h/t)	可比熟料综合能耗准入值/(kgce/t)	可比水泥综合能耗准入值/(kgce/t)
熟料		≤108	≤60	—	≤115	—
水泥	无外购熟料			≤88		≤93①
	外购熟料			≤36		≤7.5

注：① 如果水泥中熟料占比超过或低于75%，每增减1%，可比水泥综合能耗限定值相应增减1.15 kgce/t

表 9.10 水泥企业水泥单位产品能耗先进值

项目		可比熟料综合煤耗先进值/(kgce/t)	可比熟料综合电耗先进值/(kW·h/t)	可比水泥综合电耗先进值/(kW·h/t)	可比熟料综合能耗先进值/(kgce/t)	可比水泥综合能耗先进值/(kgce/t)
熟料		≤103	≤56	—	≤110	—
水泥	无外购熟料	—	—	≤85	—	≤88[①]
	外购熟料	—	—	≤32	—	≤7

注：① 如果水泥中熟料占比超过或低于75%，每增减1%，可比水泥综合能耗先进值相应增减1.10 kgce/t

表 9.11 现有水泥企业分布能耗

项目	生料制备工段电耗[①]/(kW·h/t)	熟料烧成工段煤耗/(kgce/t)	熟料烧成工段电耗/(kW·h/t)	水泥制备工段电耗/(kW·h/t)
熟料	≤22	≤115	≤33	—
水泥	≤22	≤115	≤33	≤38

注：① 生料制备工段的电耗为原料中等易磨性的电耗，应折算至每吨生料基准

表 9.12 新建水泥企业分布能耗

项目	生料制备工段电耗[①]/(kW·h/t)	熟料烧成工段煤耗/(kgce/t)	熟料烧成工段电耗/(kW·h/t)	水泥制备工段电耗/(kW·h/t)
熟料	≤18.5	≤108	≤33	—
水泥	≤18.5	≤108	≤33	≤34

注：① 生料制备工段的电耗为原料中等易磨性的电耗，应折算至每吨生料基准

表 9.13 水泥企业分布能耗先进值

项目	生料制备工段电耗[①]/(kW·h/t)	熟料烧成工段煤耗/(kgce/t)	熟料烧成工段电耗/(kW·h/t)	水泥制备工段电耗/(kW·h/t)
熟料	≤16	≤105	≤32	—
水泥	≤16	≤105	≤32	≤32

注：① 生料制备工段的电耗为原料中等易磨性的电耗，应折算至每吨生料基准

第10章

水泥工业高温热工装备能效分析与节能技术发展趋势

10.1 水泥工业高温热工装备的界定及功能

1981~2014年，我国累计建成的新型干法线已达1817条（其中投入运行1768条），而2007~2014年建成的新型干法线达1105条，占比约60%。2014年优质新型干法生产线生产的水泥产量比例达到了总产量的90%[2,3]。鉴于以上情况，本章主要分析新型干法水泥生产技术中的高温热工装备。

新型干法水泥生产流程可划分为10个工序，如图10.1所示[17]，具体包括：原料开采、破碎、预均化和生料粉磨、预热、预分解、回转窑中熟料烧成、冷却与储存、混合、水泥粉磨、水泥库储存。其中涉及高温热工装备的工序主要包括第4~第7工序。

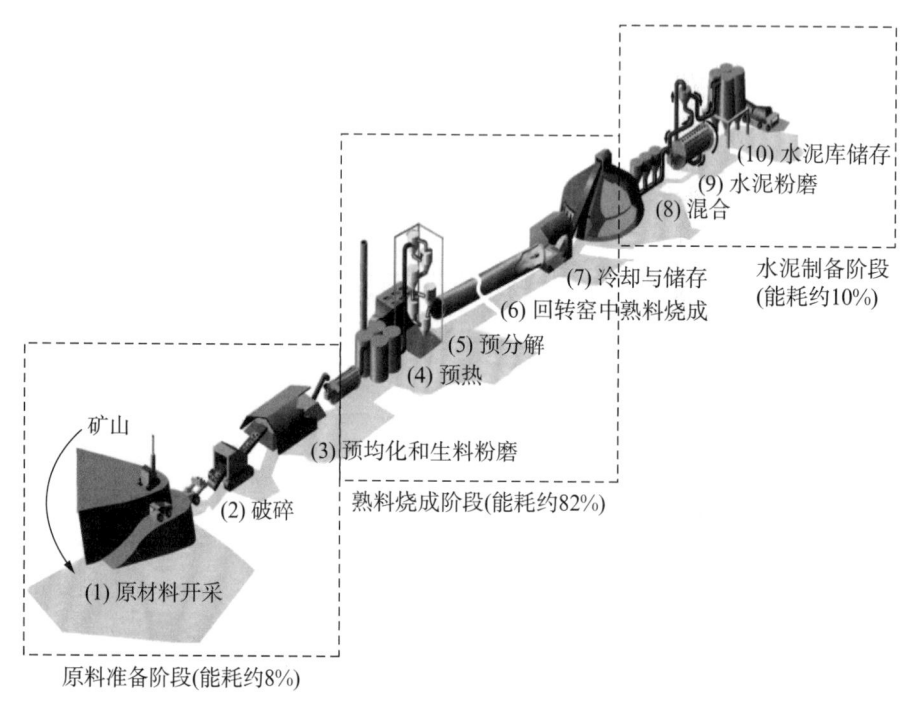

图10.1 水泥生产主要工艺流程（后附彩图）

本章重点讨论水泥生产流程中的第 4～第 7 工序的能效分析与节能技术，即预热、预分解、回转窑中熟料烧成以及冷却与储存过程中的余热发电技术。以上四大工序中主要热工装备及功能如下。

预热：主要在预热器内完成。预热器由一系列垂直旋风筒组成，生料在通过旋风筒时与筒内相反方向的窑尾热气流接触。在旋风筒中，热能的回收利用来自于窑尾的热废气，生料进入窑内之前被预热，使化学反应发生得更快、更有效。根据生料中的水分含量差异，每个窑最多可有 6 级旋风预热器，预热器每多一级热交换效率就更高[17]。

预分解：经过预热的石灰石其一部分分解反应发生在分解炉内，即窑上方预热器底部的燃烧炉中，另一部分反应发生在回转窑中。分解炉加热由燃烧器完成，燃烧器在悬浮状态下实现燃料的稳定点火与燃烧[17]。

烧成：预分解后的生料进入窑中。燃料在窑中直接燃烧，使窑内温度达到 1 450℃。当窑旋转时，物料随窑旋转，逐渐由预热带移动到燃烧带。窑内的高温使物料发生物化反应，将物料烧结为熟料。

冷却：高温熟料从窑进入篦冷机，熟料被鼓入的冷空气所冷却，冷空气被加热，部分被加热的冷空气(二次风)进入回转窑，另一部分(三次风)被抽入分解炉，以尽可能减少系统的能量损耗[17]。

综上所述，水泥工业高温热工装备节能技术主要包括与高效燃烧器、高效预热预分解装置、回转窑相关的节能技术及余热回收技术。

10.2　主要高温热工装备节能潜力分析及节能技术发展

根据理论计算，用于熟料烧成所需的热耗很低，为 1.6～1.85 GJ/t，但是生产过程中不可避免的热损失导致能耗上升。因此，通过先进技术手段减少各工序能耗损失是新型干法水泥生产技术持续关注的重点。根据国际能源署与世界可持续发展工商理事会对水泥行业的技术预测分析，2006 年度国际熟料烧成的最低能耗水平为 3.1 GJ/t，加权平均水平为 3.7 GJ/t，而我国新型干法窑的平均热耗仅为 3.46 GJ/t，已明显低于国际加权平均水平，相关数据如图 10.2 所示[17]。

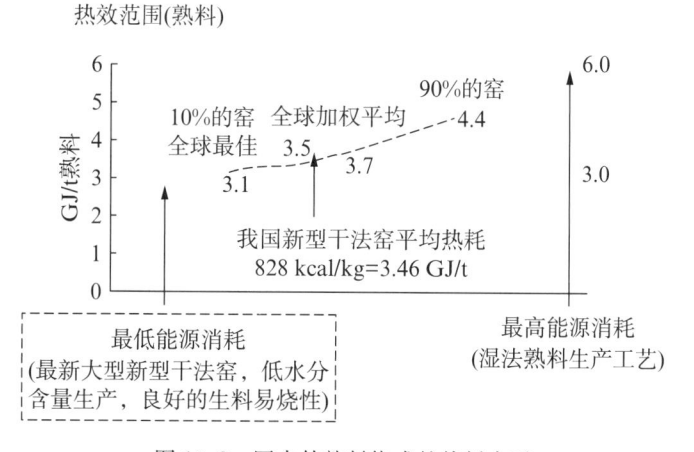

图 10.2　国内外熟料烧成的热耗水平

我国不仅是水泥的生产大国和使用大国,也是水泥装备的生产大国和出口大国。我国水泥工业热工装备出口量大,国外研究机构对中国水泥工业发展前景看好,对制备流程中的节能潜力、措施及技术投资进行了全面评估,表10.1所列为对山东省水泥工业装备的节能潜力评估,这对我国水泥工业热工装备的节能技术发展有重要参考意义。

表10.1 水泥生产流程中热工装备节能减排潜力、措施及投资分析*

序号	技术或措施	燃料节省/(GJ/t)	电力节省/(kW·h/t)	CO_2减排/(kg CO_2/t)	投资成本/(RMB/t)	运行和维护成本变化/(RMB/t)
1	减少窑筒体热损失	0.26	—	24.60	1.71	0.0
2	能源管理及过程控制系统	0.15	2.35	16.61	6.84	0.0
3	窑的风机采用变速驱动		6.10	6.27	1.57	0.0
4	热量回收最佳化/升级熟料冷却机	0.11	−2.00	8.35	1.37	0.0
5	低温余热发电		30.80	31.66	9 134 RMB (kW·h)	5.58
6	高效窑传动		0.55	0.57	1.50	0.0
7	预热器系统由5级升级到6级	0.11	−1.17	9.30	17.37	0.0
8	由预热器窑升级到预热/预分解窑	0.43	—	40.68	123.12	−7.52
9	悬浮预热器采用低压损旋风筒		2.60	2.67	20.52	0.0
10	篦冷机冷却风机采用变频驱动		0.11	0.11	0.08	0.0
11	窑尾喂料采用斗式提升机		1.24	1.27	2.41	0.0
12	预热器风机采用高效风机		0.70	0.72	0.47	0.0

注:*选自研究报告:Price, Lynn K, Ali Hasanbeigi, et al. Analysis of Energy-Efficiency Opportunities for the Cement Industry in Shandong Province, China. Lawrence Berkeley National Laboratory; China Building Materials Academy, Oct., 2009.(针对山东省水泥工业)

水泥熟料生产节能技术分为三类:熟料烧成系统节能、熟料替代技术节能以及余热回收技术节能,如图10.3所示的技术分类。由于立窑正被迅速淘汰,而流化床和沸腾炉烧成系统目前尚处于研究阶段,技术成熟度有待提高[18,19],因此目前水泥生产高温热工装备仍然以新型干法窑为主。为了进一步提升新型干法窑的能源利用效率,以下从熟料烧成系统、熟料替代技术和余热回收技术三方面进行具体分析。

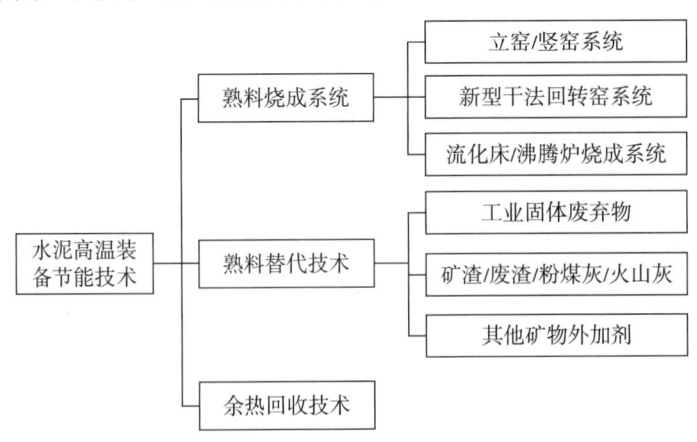

图10.3 水泥生产中高温热工装备节能技术分类

10.2.1 高效预热预分解技术

高效预热指充分利用窑尾排出废气中的热能,将生料粉预热后入窑,一方面降低系统热耗,另一方面提高熟料产量。为达到该目的,要求预热技术满足如下基本要求:最大限度换热、最低流动阻力、最节省基建投资、最可靠运转。实践表明:悬浮预热是目前的最佳技术。为了进一步提高能效,预热技术改进的重点是:采用分离效率高、阻力低、结构优良的大蜗壳型的旋风筒,在适当降低系统阻力的前提下,提高旋风筒的分离效率,从而提高系统换热效果。为了提高预热器系统换热效率及降低预热器出口废气温度,可采用六级预热器,实现高效低阻,节能降耗。相比而言,六级预热器的热耗小于 2 930 kJ/kg,而五级预热器的热耗约 3 010 kJ/kg,四级预热器的热耗约 3 350 kJ/kg[13]。此外,可提高每级预热器单体的固气比来提高系统热效率,提高入窑分解率,降低预热器出口气体温度及分解炉操作温度。表 10.2 显示,使用高固气比预热分解技术能够使新型干法窑产能提高 43.68%,综合热耗降低 23.13 kJ/kg[20]。

表 10.2 采用高固气比预热分解技术的新型干法窑的生产指标

项 目	高固气比预热	一般新型干法	变化/%
固气比	2.0	0.96	−122.00
产能/(t/d)	3 592	2 500	+43.68
热耗/(kJ/kg·cl)	2 839	3 350	−15.25
综合热耗/(kJ/kg·cl)	2 366	3 078	−23.13
废气温度/℃	260	320~360	−21.21
废气量/(Nm³/kg·cl)	1.23	1.52	−19.08
烧成系统电耗/(kW·h/t)	24.22	26~30	−13.50
SO_2 排放量/(kg/t·cl)	0.075	0.305	−75.41
NO_x 排放量/(kg/t·cl)	0.164	0.392	−58.28
用水量(有无增湿塔)/(t/d)	0(无)	420(有)	
入窑分解率/%	>98	90~96	+4.26

10.2.2 短回转窑技术

在水泥生产过程中,每煅烧 1 kg 水泥熟料,理论上只需要消耗 1 755.6~1 797.4 kJ 的热量,而实际需要消耗 3 011 kJ 热量,即热效率仅为 59% 左右,其余热量消耗包括窑系统表面散热损失(特别是窑筒体表面热辐射和热对流损失)、窑头和窑尾废气带走热损失等。

表 10.3 显示我国部分水泥企业窑体表面散热损失情况。从表中可看出,我国 2000 年后新建生产线水泥窑表面散热可控制在 140~422 kJ/kg,部分企业的散热控制技术已经达到甚至超过国际先进水平。但我国不同区域、不同规模的回转窑差别较大,降低现有预分解窑设备表面散热仍有很大潜力。目前我国采取的主要措施是加强保温隔热,国外还采用在筒体表面喷涂石灰浆或隔热清漆等措施,以降低筒体表面温度,热量散失平均减少 20%。国内设备预热器及分解炉表面散热主要是由一级旋风筒及其排气管道造成的,原因是设备设计者及生产部门有意识减弱这部分的保温性能,最终使出预热器的废气温度及时降低,达到主排风机允许的工作温度范围。因此,要兼顾保温措施和降低一级筒排除废气温度双重要求。

表 10.3　2002~2011 年我国部分新建水泥企业窑体表面散热损失情况对比

项目	投产时间	窑规格	预热器型号	设计能力	实际生产能力	预热器散热	分解炉	三次风管	回转窑体散热	冷却机和窑头罩散热	总表面散热
单位	年份	m/m	—	t/d	t/d	kJ/(kg·cl)	kJ/(kg·cl)	kJ/(kg·cl)	kJ/(kg·cl)	kJ/(kg·cl)	kJ/(kg·cl)
永登祁连山水泥有限公司	2008	φ4.0×60	单系列五级-21111	2 200	2 248	104.731	26.555	45.291	215.816	30.08	422.47
中材亭达水泥有限公司	2006	φ4.0×60	旋风单系列-21111	2 500	2 611	90.968	15.125	36.143	137	9.502	288.74
博爱金隅水泥有限公司	2011	φ4.0×60	单系列五级-21111	2 500	2 705	60.686	48.922	51.037	120.228	9.997	290.87
广东塔牌金塔水泥有限公司	2003	φ4.0×60	21111	2 500	2 561	94.212	31.686	17.33	173.366	16.095	332.689
溧阳金峰水泥股份有限公司	2004	φ4.2×60	RF5/5000-21111	2 500	2 672	90.754	13.4	21.516	171.623	5.093	302.385
华新宜昌水泥有限公司	2003	φ4.2×60	RF5/3000-21111	3 200	3 334	125.51	54.38	1.32	36.31	2.9	220.42
冀东水泥磐石有限公司	2003	φ4.3×60	RF5/3200-21111	3 200	3 409	62.52	11.46	9.92	162.89	6.42	253.21
海螺宁国水泥厂	2002	φ4.7×75	4212	4 000	4 551	48.42	15.17	23.53	150.82	9.2	247.14
鞍山冀东水泥有限公司	2003	φ4.7×74	RF5/5000-42222	4 000	4 687	71.86	32.88	29.75	149.17	9.35	293.01
铜陵海螺国产化示范线	2002	φ4.8×74	RF5/5000-42222	5 000	5 626	65.68	28.63	15.85	126.33	8.95	245.44
宜兴双龙水泥有限公司	2007	φ4.8×74	RF5/5000-42222	5 000	5 638	76.646	29.777	17.006	93.347	2.19	218.97
华润封开水泥有限公司	2010	φ4.8×75	RF5/5000-42222	5 000	5 351	33.065	25.27	19.647	119.24	2.722	199.95
中材湘潭水泥有限公司	2009	φ4.8×72	双系列五级-42222	5 000	5 484	49.628	17.747	23.676	127.851	6.168	225.07
江苏联合水泥(贵港)有限公司	2004	φ5.2×61	42222	5 000	5 252	79.18	13.99	18.31	131.15	6.66	249.28
华润水泥(贵港)有限公司	2005	φ4.8×74	NC5/5000-42222	5 000	5 553	62.018	19.884	13.659	159.464	8.065	263.092
京阳二期水泥熟料生产线	2006	φ5.2×61	双系列五级-42222	5 250	6 872	109.601	—	11.155	87.722	13.471	221.41
台泥(英德)水泥有限公司	2005	φ5.0×74	Taiheiyo 技术-42222	6 000	6 901	38.101	8.593	11.659	82.147	0.253	140.75
铜陵海螺 2*10 000 t/d	2004	φ6.0×95	22222	10 000	11 134	45.77	21.6	15.64	89.2	12.55	184.76

注：* 南京水泥设计研究院提供数据，2015 年

短回转窑技术也是行之有效的措施之一,可将常规回转窑的筒体长度(长径比为 14~16)缩短,以便在表面温度相同的情况下使散热面积减小,从而使回转窑的散热损失减少,最终使烧成系统的热耗大幅降低。如表 10.4 所示,在水泥产量相同的情况下,短回转窑所引起的散热损失降低了 12%[21]。

表 10.4 两档窑和三档窑的热损失对比数据

项 目	两档窑	三档窑
产量/(t/d)	2 750	2 750
规格/m	$\phi 4.2 \times 50$	$\phi 4.0 \times 60$
熟料的散热损失/(×4.18 kJ/kg)	28.3	32.3
设备质量/kg	440.832	487.510
窑墩混凝土体积/m³	1 109	1 315

10.2.3 高效熟料冷却技术

熟料冷却机可将高温熟料向低温气体传热。国内外使用的熟料冷却机形式有单筒式、多筒式(短多筒和长多筒)、篦式(包括推动式、振动式和回转式)、立筒式等。

单筒冷却机属于最早的冷却设备,已逐步被篦式冷却机所取代,但由于没有废气处理问题,改进型的单筒冷却机在日产小于 2 000~2 500 吨熟料的新厂仍然使用。多筒式冷却机技术改进的重点是:冷却筒与窑体连接结构的热膨胀匹配问题、下料弯头结构问题、冷却筒的耐火衬及扬料器的热变形和机械变形、噪声大等问题。篦式冷却机的发展方向为推进篦式冷却机。评价冷却机的综合技术经济指标为:热效率、入窑二次空气温度、熟料冷却程度、环境保护、操作费用和投资费用。表 10.5 给出了国内部分厂家篦冷机的主要技术参数(测温位置不明确),从中可以看出篦冷机熟料出料温度差别很大,具有较大的节能操作空间[22-27]。

表 10.5 国内部分厂家篦冷机主要技术参数比较

工厂名称	二次风温/℃	三次风温/℃	出冷却机熟料温度/℃	标态下单位熟料鼓入空气量/(m³/kg)	标态下单位熟料余风量/(m³/kg)
福建某厂	1 120	920	94	2.64	1.666
安徽某厂	1 050	849	163	2.4	1.695
山西某厂	980	877	120	2.47	1.643
内蒙古某厂	1 070	995	209	1.97	1.14
甘肃某厂	1 070	971	161	2.21	1.150
浙江某厂	1 050	950	72	1.75	—

10.2.4 高效燃烧器技术

燃烧器是在悬浮状态下实现稳定着火与燃烧的装置。从单风道结构向多风道结构发展,要求高效燃烧器具有如下功能:降低一次风用量,增加对高温二次风的利用,提高系统的热效率;增加煤粉与燃烧空气的混合,提高燃烧效率;增强燃烧器推力,加强对二次风的携转,提高火焰温度;增加各通道风量、风速的调节手段,使火焰形状和温度场容易灵活控制;有利于低挥发、低活性燃料的利用;提高窑系统的生产效率,实现优质、高产、低耗和减少 NO_x 生成量的目标。目前发展的新型四通道煤粉燃烧器的轴流风速高达 300 m/s 以上,一次风用量少,总比例仅为 10% 左右,较旧式燃烧器降低了 3.5%~6.5%,相应系统熟料热耗可降低 19.0~35.3 kJ/kg[28]。

10.2.5 燃料替代技术

用替代燃料(如天然气等化石燃料和生物燃料)代替传统燃料(主要是煤或焦炭)来加热水泥窑。水泥窑适合使用替代燃料的主要原因包括:① 替代燃料的能源组分是化石燃料的替代品;② 其中的无机部分(如灰分)可与熟料相结合;③ 使用替代燃料排放的 CO_2 比传统固体燃料更少。

欧洲水泥厂使用替代燃料已占到总体能源需求的 20%(15% 替代化石燃料和 5% 生物质燃料);北美、日本、澳大利亚和新西兰使用废弃物替代化石燃料的比例达到 11%;拉丁美洲替代能源使用比例达到 10%(6% 化石燃料和 4% 生物质燃料)。亚洲也逐步开始使用替代能源,2006 年的替代率为 4%(2% 化石燃料和 2% 生物质燃料)。在非洲、中东和独联体国家,替代燃料的使用量极少。图 10.4 为 2006 年全球水泥行业中替代燃料使用的比例图[17]。

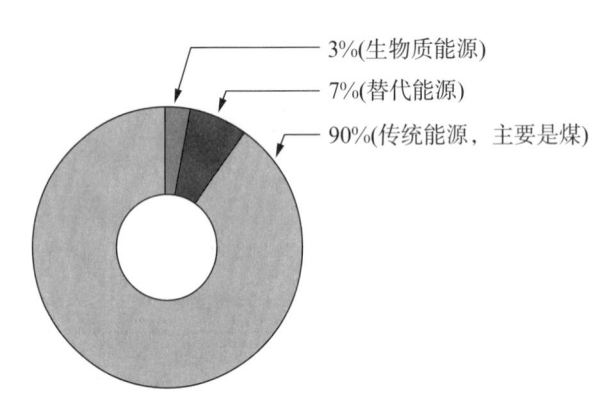

图 10.4 参与 GNR(全球资料库,关于水泥和塑料厂的节能和排放资料)统计的替代燃料使用比例

替代燃料主要来自以下三种途径[29]。

(1) 废弃燃料作替代燃料。包括城市垃圾、废木材、低氯塑料、无法再生的包装材料、棉毛纺碎料、废地毯、秸秆、城市垃圾、废溶剂、废机油等。

(2) 污泥作替代燃料。污泥是废弃物经过一体化生物化学反应后形成的活性物质,其无机成分类似黏土矿物;有机成分则主要为蛋白质、脂肪、矿物油、洗涤剂、腐殖质、细菌等以及高分子材料残渣、废涂料、各种有机溶剂的残余、有机物的焦渣或不完全分解物等。

(3) 废弃轮胎作替代燃料。估计每年全球产生 10 亿个废旧轮胎。水泥窑可使用整体或切碎的轮胎作为燃料。目前美国和日本的使用量最多。轮胎比煤的热值更高,在可控环境下燃烧,其排放不高于其他燃料。应用案例表明,使用轮胎替代化石燃料可减少 NO_2、SO_2 和 CO_2 的排放,且重金属残渣被封固在熟料中。

10.2.6 熟料替代技术

熟料是水泥的主要成分,当其与4%~5%的石膏混合粉磨后,加水反应并逐渐硬化。有些矿物组分同熟料和石膏混合粉磨后,也具有这种水硬性,特别是电石渣、高炉矿渣、粉煤灰、镁渣、高钙灰等可以部分替代水泥中的熟料,从而减少与熟料生产相关的能耗和排放。因此,熟料替代程度越高意味着熟料生产能效提高。2006 年,全球平均熟料系数是 78%,相当于生产 24 亿吨水泥使用了约 5 亿吨熟料替代材料。我国水泥生产熟料替代本着协同废弃物利用、低负荷的原则,着力点从电石渣、钢渣、镁渣、高钙灰等工业废弃物的替代及利用入手[16,19]。利用电石渣、煤矸石、铜渣、硫酸渣等为部分水泥生料原料,已开发出化工废渣综合利用技术,生产的水泥达到我国工业废渣综合利用 30%的标准(实际达到 32%~40%),符合清洁发展机制(Clean Development Mechanism,CDM)碳节能减排的要求,全年节能减排收益达 400 万元,并为化工企业处置工业废渣解决了难题[30]。

10.2.7 余热利用技术

在熟料(1 350~1 450℃)烧成过程中产生大量余热,经由窑尾预热器、窑头熟料冷却机等设备(图 10.5)排出,这部分废气余热温度在 400℃以下,热量占水泥熟料烧成总耗热量的 35%以上。将低温废气余热转换为电能,用于余热发电可使水泥熟料生产的综合能耗降低 60%或水泥综合能耗降低 30%以上,且水泥窑废气经过余热发电回收部分热量,排入大气热量减少,少向环境排放窑头和窑尾总余热约 15%。

据统计,截至 2010 年年底,我国已有 700 余条新型干法熟料生产线余热发电投入运行,建成 561 台套机组,总装机容量达 4 786 MW。2010 年余热发电 177 亿千瓦时,约为三峡大坝全年发电量的五分之一。另外,低温余热发电为 0.15 元/千瓦时,仅是电网电价的 25%,整个发电过程既不增加新的燃料消耗,还减少了废弃排放。因此,近些年水泥窑余热发电技术的快速发展得益于其良好的经济效益和环境效益,不仅降低了生产成本,也改善了环境[1,31]。

余热利用中也包含采暖技术,但这里不进行重点介绍。

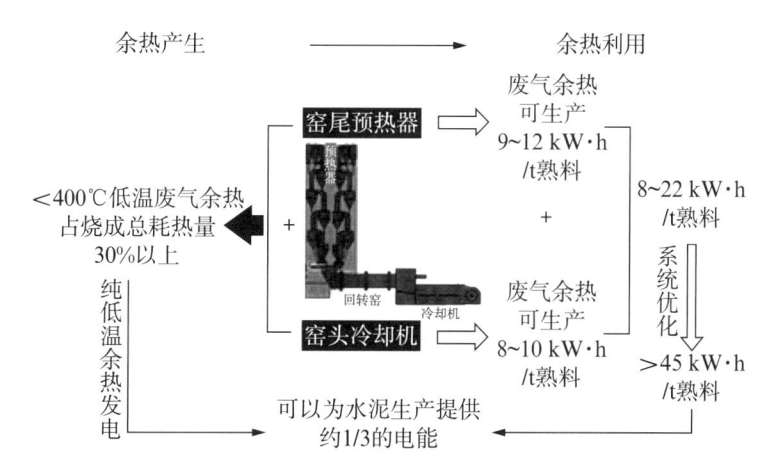

图 10.5 水泥生产中余热产生和余热发电利用示意图(后附彩图)

余热利用技术发展经历了高温、中低温余热发电技术,直至目前的纯低温余热发电技术阶段。国际上,水泥窑余热发电系统现今的实际最大吨熟料发电量为 46 kW·h。我国目前最先进的指标约为 40 kW·h,一般达 35 kW·h,还有潜力可挖,需要进一步提升技术装备的国产化水平,降低造价,提高热效率,增加发电量。同时要协同解决以下两个管理与协作问题[32]。

(1) 水泥生产技术与余热发电技术相融合问题。在余热锅炉系统的运行过程中,其投入与解出均需要与水泥窑的运行参数相配合,导致水泥窑的管理流程增加,使两者之间在运行过程中产生矛盾[33]。

(2) 水泥企业余热发电与电力行业相协调问题。电站(或电网)的运行与水泥生产余热发电的特点差异性大,管理采用两套完全独立运行的系统,由专业人员分头进行管理。

10.2.8 余热锅炉

余热锅炉是余热发电的重要部分。水泥窑废气余热的特点是流量大、品位低、废气温度大多在 350℃ 以下,因此采用普通火电厂的热力系统和设备难以充分利用这部分余热资源,必须开发针对水泥窑余热特点的热力系统。目前针对性强的、具有工业应用价值的热力系统有以下三种形式:单压、双压、闪蒸。

单压系统是指窑头余热锅炉和窑尾余热锅炉产生相近参数的主蒸汽,混合后进入汽轮机;应用与普通电厂相似的单压系统时,必须降低主蒸汽压力,以保证主蒸汽有较高的过热度(提高单位工质的做功能力),并且由于蒸汽饱和温度较低,能够充分利用低位热能,提高吨熟料发电能力。

双压系统是指余热锅炉生产较高压力和较低压力的蒸汽,分别进入汽轮机的高、低压进汽口。为充分利用低位热能,在锅炉(一般是窑头余热锅炉)上设置两个汽包,以高低两个压力系统的工质分别吸收高位和低位热能,采用补汽式汽轮机引入高压和低压汽轮机做功。

闪蒸系统是指锅炉产生一定压力的主蒸汽和热水,主蒸汽进入汽轮机高压进汽口,热水经过闪蒸,生产低压的饱和蒸汽,补入补汽式汽轮机的低压进汽口;同双压系统不同的是,闪蒸系统不是另设一个低压部分,而是利用闪蒸原理(即高温高压水在压力突然降低时,部分瞬间蒸发为饱和蒸汽的现象),加大省煤器中的工质流量,可以最充分地吸收低位热能,闪蒸出的饱和蒸汽进入汽轮做功[34-36]。

图 10.6 为一种余热利用锅炉系统的示意图,为了充分利用回转窑头冷却机的余热,在窑头安装了 AQC 余热锅炉,又在窑尾五级旋风预热器进口安装了 SP 余热锅炉,进行余热发电。

表 10.6~表 10.8 分别给出了不同规模水泥生产线采用余热发电后主要经济技术指标及与国外先进水平的对比值[13]。

表 10.6 窑头窑尾锅炉总有效利用热量

项目	一般值	最小值	最大值
窑头窑尾锅炉总有效利用热量/(10^6 kJ/h)	104.6	75.1	120.6
单位有效利用热量/(kJ/kg 熟料)	502.1	360.5	578.9
有效发电功率/kW	6 102	4 380	7 035
吨熟料发电能力/(kW·h/t 熟料)	29.3	21.03	33.8

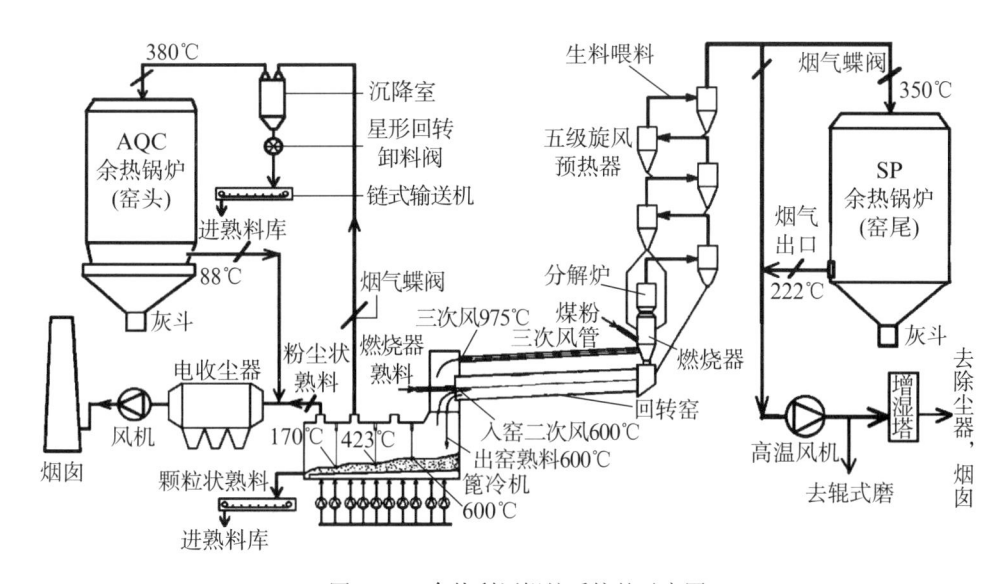

图 10.6　余热利用锅炉系统的示意图

表 10.7　不同规模水泥生产线主要经济技术指标

序号	技术名称	2 500 t/d	5 000 t/d
1	装机容量/MW	3.0	6.0
2	平均发电功率/kW	2.6	5.7
3	年余热发电量/(10^6 kW·h)	1 820	3 990
4	小时吨熟料余热发电量/(kW·h/t)	25	27.5
5	年平均发电成本/(元/(kW·h))	0.1～0.15	0.1～0.15
6	工程总投资/万元	2 200	4 200

表 10.8　国内外余热发电主要经济技术指标对比

项　目	国产技术和装备	国外技术和装备
吨熟料余热发电量/(kW·h)	24～36	28～38
自用电率/%	<8	<9
年运行时间/h	7 500	7 500
供电成本/(元/(kW·h))	约 0.15	约 0.2
单位千瓦投资/元	约 7 000	约 18 000
劳动定员/人	16	16

10.2.9　节能低碳水泥技术

低碳经济是以低排放、低消耗、低污染为特征的经济发展模式,是从传统的高排放、高能耗、资源依赖型("两高一资")的发展模式向可持续发展模式转变。水泥工业生产具有显著的"两高一资"特性,其传统的发展和生产模式使资源、能源都难以为继,对生态环境也造成极为不利的影响。低碳生产技术是水泥工业的发展方向。只有大力研发和应用低碳生产技术,才能推进水泥工业的节能减排,实现传统水泥工业向先进制造业的转变,进而为社会经济的可持续发展、保护生态环境和应对气候变化作出贡献。

通常空气中 CO_2 的含量为 0.03%,当空气中 CO_2 的含量飙升到 0.05% 时,会引起温室效应,导致以变暖为主要特征的气候变化,严重威胁经济社会的发展和生态安全。2013 年 11 月 19 日,全球碳计划(Global Carbon Project,GCP)发布《2013 年全球碳预算》(*Global Carbon Budget* 2013)报告,指出全球化石燃料燃烧产生的 CO_2 排放量在 2013 年再次上升,达到创纪录的 360 亿吨。中国、美国、欧盟、印度、俄罗斯、日本为全球 CO_2 排放量最多的国家。为减小和消除 CO_2 对环境的影响,世界各国都在限制其排量,并加强了对 CO_2 的创新利用研究。在最近公布的《国家应对气候变化规划(2014—2020 年)》中,明确提出:到 2020 年,单位工业增加值二氧化碳排放比 2005 年下降 50% 左右;要求 2020 年水泥行业二氧化碳排放总量基本稳定在"十二五"末的水平。

水泥工业是生产过程中 CO_2 的排放量"大户",约占全国总排放量的六分之一,约占全球总排放的 3%。随着我国水泥产量持续增长,CO_2 排放量在逐年增加,图 10.7 给出了我国近年水泥年产量,表 10.9 则列出了我国近年水泥工业 CO_2 排放量的估算值。若以每吨水泥排放 0.605 吨 CO_2 计[37],按照 2013 年全国水泥产量 24.35 亿吨估算,当年全国水泥生产共计排放 14.73 亿吨 CO_2。

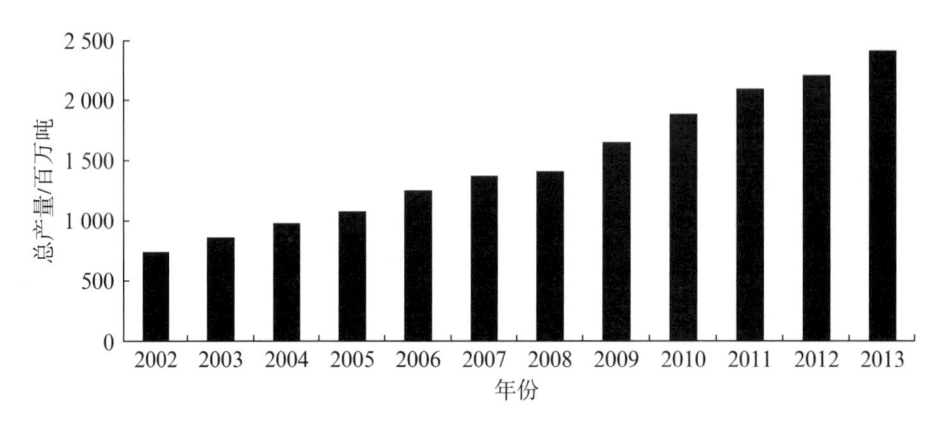

图 10.7 我国近年水泥生产总量

表 10.9 我国水泥工业 CO_2 排放估算值

年份	2007	2008	2009	2010	2011	2012	2013
CO_2 排放量估算/亿吨	8.20	8.50	10.00	11.40	12.70	13.40	14.73

实施低碳水泥标准可有效促进水泥行业 CO_2、SO_2 和 NO_x 排放量的下降,并且对促进落后生产工艺的污染物减排效果更明显。实施低碳水泥标准,在现有技术水平下,水泥行业每减排 1 吨 CO_2,将同时带来约 1.17 千克 SO_2 和 4.44 千克 NO_x 减排量[38,39]。CO_2 减排、捕集与应用技术是低碳水泥技术的核心内容。

1. 低碳水泥组成设计

我国采用石灰饱和系数（KH）、硅率（SM）、铝率（IM）来调整和控制水泥熟料成分。石灰饱和系数的计算公式为

$$KH = (CaO - 1.65Al_2O_3 - 0.35Fe_2O_3)/2.8SiO_2$$

KH 表示熟料中氧化硅被氧化钙饱和形成硅酸三钙的程度。事实上石灰饱和系数可以在一定范围内变化，而基本不影响水泥熟料的性能。若饱和系数由 0.95 降低至 0.88，水泥熟料中 CaO 含量（碳酸盐分解产生）可由 68% 降至 64%，则生产每吨水泥熟料所产生的 CO_2 排放也会减少约 30 kg。例如，利用粉煤灰配料开发一种能够大幅降低能耗和 CO_2 排放的低钙水泥熟料（即贝利特水泥），吨熟料 CO_2 排放量和烧成热耗降低 20% 以上，吨熟料使用的粉煤灰比例超过 40%，水泥综合性能全面达到并优于普通硅酸盐水泥[40-42]。减少水泥中熟料含量可显著减少过程排放，在保证水泥性能的条件下，适当增加混合材的比例是一条行之有效的路径。

通常提高水泥熟料强度 1 MPa，就可以增加混合材掺量约 2%，进而获得约 2% 的 CO_2 减排。例如，中国建筑材料科学研究总院研究开发的高性能水泥熟料煅烧技术，可提高熟料强度 5~10 MPa。这一技术的推广应用具有显著的经济效益和 CO_2 减排效果。提高混合材活性、增加混合材掺量不仅可以大幅度降低过程的 CO_2 排放，而且可以实现综合利用，因而受到广泛的关注。

水泥工业可以利用多种工业废渣废料作为混合材，将高炉矿渣、粉煤灰、火山灰、废矿石、烧页岩等掺入水泥熟料中，混合粉磨成相应品种的水泥，既利废，又直接增产水泥，还可节能减排，一举多得。目前，粒化高炉矿渣绝大部分已经得到应用，而其他一些大宗工业废弃物，如钢渣、粉煤灰、煤矸石等（含有一定量的氧化钙）作为替代原料，也可以降低水泥生产过程 CO_2 的排放。例如，某些钢渣中 CaO 含量达 45%，若替代 50% 的石灰质原料，则生产一吨水泥熟料可减少约 275 千克 CO_2 排放。某些粉煤灰中 CaO 含量也超过 10%，通过配比可替代约 2% 的石灰质原料，生产一吨水泥熟料可减少约 11 千克 CO_2 排放。

电石渣是生产乙炔产生的工业废渣，其主要成分是 $Ca(OH)_2$，占比 70% 以上。我国电石渣的年排放量已达 2 000 万吨，历年存积的电石渣超过 1 亿吨。若采用电石渣完全替代石灰质原料，则生产 1 吨水泥熟料，即可减少约 550 千克 CO_2 排放。若全国年排放电石渣完全用于水泥生产，则可减少 CO_2 排放约 1 100 万吨。由合肥水泥研究设计院等机构承担的国家科技支撑计划课题"电石渣制水泥规模化应用技术及装备研究"实现了水泥生产天然石灰质原料的完全替代及生产技术和装备水平的整体提升。

我国混合水泥产量很大，减少了单位水泥中的熟料比率，故每吨水泥 CO_2 减排量为全球先进水平。尽管如此，仍有艰巨的节能减排工作需要完成。2015 年 12 月通过的《巴黎协议》（全球气候公约）为全球实现低排放乃至零排放吹响了号角。

2. 水泥窑协同处置废物

水泥工业可利用高温煅烧的优势，消纳废弃物。水泥窑协同处置废物主要包括工业废弃物、污泥、城市垃圾等的水泥窑焚烧处置。水泥窑处置的许多可燃废弃物可以替代一次能源使用，并且无外排残渣。发达国家已有多年的实践经验，例如，欧盟 50% 的可燃废弃物被

水泥窑利用,年用量超过 600 万吨;日本每吨水泥的废弃物使用量约达 500 kg。此外,利用垃圾焚烧灰替代部分钙质原料,不仅可节约石灰石天然原料,而且可大大减少水泥熟料煅烧过程中排放的 CO_2。我国以海螺水泥、华新水泥、中国建材等为代表的先进水泥企业已经在水泥窑协同处置废物技术方面走在行业前列,取得了显著的经济和社会效益。其中,铜陵海螺依托 5 000 t/d 水泥生产线建成了具有 600 t/d 城市生活垃圾处理能力的系统,实现了垃圾减量化、资源化、无害化,二噁英排放浓度达到 0.006 $ngTEQ/m^2$,远优于国家控制标准(0.1 $ngTEQ/m^2$)。华新水泥在武汉建成了首个生活垃圾处置项目,日处理垃圾达 500 吨[43]。

3. CO_2 的捕集与应用

碳捕集与封存技术(Carbon Capture and Storage,CCS)大体分为三种:燃烧前捕集、燃烧后捕集和富氧燃烧捕集。三者各有优势,也存在技术与成本难题尚待解决,目前呈并行发展态势[44]。潜在的技术封存方式有地质封存(在地质构造中封存,例如,石油和天然气田、不可开采的煤田以及深盐沼池构造)和海洋封存(直接释放到海洋水体中或海底)以及将 CO_2 固化成无机碳酸盐。

目前我国的 CO_2 捕集和封存整体上还处于初级阶段,而且大都采用燃烧后捕集的方式。2008 年,我国首个燃煤电厂 CO_2 捕集示范工程在华能集团北京热电厂正式建成投产,采用国产化装备成功捕集出纯度为 99.997% 的 CO_2[45]。我国水泥工业是工业领域 CO_2 的主要排放源之一,废气中的 CO_2 浓度高,更能凸显回收利用的价值和效益,开展 CO_2 捕集和封存技术研究和技术攻关刻不容缓。

相对海洋封存而言,CO_2 的地下储存作为温室气体减排和资源化利用之间的结合点,展示出实现温室气体资源化利用并提高油气采收率的广泛应用前景,有可能成为在经济开发与环境保护上可实现双赢的有效方法。

4. 建立 CO_2 循环应用产业链

CO_2 是一种重要的资源,适用于国民经济多个领域,具有广泛的利用价值。水泥工业是重要的 CO_2 排放源,水泥企业可循环利用 CO_2,或从水泥厂分离收集 CO_2 后送到应用部门,形成循环应用 CO_2 的产业链,形成新的生产模式,开拓一个新领域。开发 CO_2 资源的综合利用,变"废"为宝,更好地为国民经济建设服务。既可应对气候变化,又可开发新市场,有利于低碳技术的商业化发展。

5. 水泥工业捕集与应用 CO_2 的研究

国内外已开始捕集 CO_2 的研究工作。仅举一例,"球石藻"固定 CO_2 生产水泥方法,即使用具有矿化能力的"球石藻"固定 CO_2。如图 10.8 所示,这种方法是把废弃混凝土置于海水中进行人工风化,吸收大气中的 CO_2,此时 HCO_3^- 就会在溶液中溶出,混凝土中的 Ca^{2+} 也会溶出。由此,富有 HCO_3^- 和 Ca^{2+} 的海水就可以培育球石藻,被溶出和存蓄的 HCO_3^- 及 Ca^{2+} 就会作为 $CaCO_3$ 微粒子及藻的有机物而被固化。与此同时,大气中的 CO_2 被吸收进入藻体得到固定。利用混凝土的人工化学风化与球石藻培育系统的 CO_2 去除法,获得了 CO_2 固化产物 $CaCO_3$ 微颗粒,这种微颗粒可以代替石灰石而再资源化,水泥生产也成为再循环系统,并可控制水泥生产排出的 CO_2 量[46,47]。

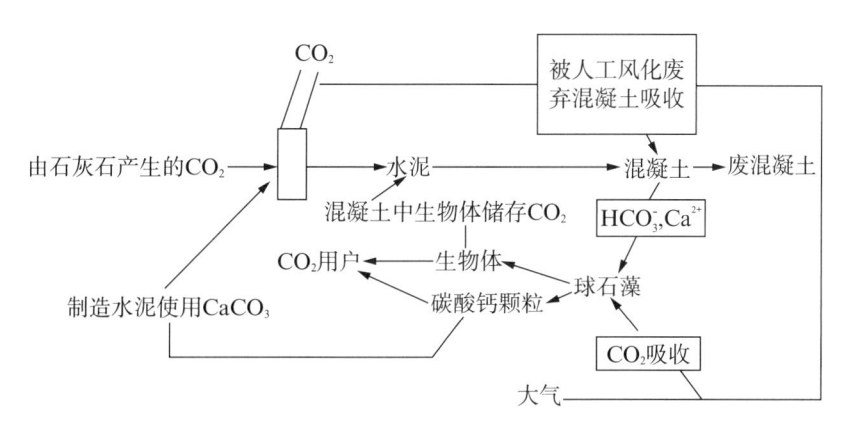

图 10.8　"球石藻"固定 CO_2 方法示意图

10.3　高温热工装备节能技术专利战略分析

我国不仅是水泥生产大国，也是水泥装备出口大国。中国水泥高温热工装备节能技术进步对世界节能贡献不容忽视，并对降低世界能源消耗具有特殊意义和积极作用。为此，本节专题论述国内外水泥工业高温热工装备的专利技术分析，为我国水泥工业节能降耗技术发展路线的制定提供参考。

10.3.1　专利数据检索、筛选与分类

检索内容涉及水泥高温装备节能技术的国内外公开专利，国外专利检索从 1967 年第一份相关节能技术专利开始；我国专利检索从 1985 年（专利法实施）开始，截止日期均为 2014 年 5 月 10 日，数据来源 WPI 数据库（全球专利数据库）。

水泥高温热工装备节能技术整体划分为：熟料烧成系统、熟料替代技术和余热回收技术，其中，熟料烧成系统分为立窑、回转窑和流化床/沸腾炉三类；熟料替代技术分为工业固体废弃物（燃料替代）、矿渣/废渣/粉煤灰/火山灰（钙替代）、其他矿物外加剂（添加剂）。分类后的国内外专利统计数据如表 10.10 所示。

表 10.10　检索专利分类统计

技术分支		中文专利/件	外文专利/件
烧成系统	立窑/竖窑	329	70
	新型干法系统（回转窑系统）	638	742
	流化床/沸腾炉	28	128
熟料替代		503	492
余热利用		286	120
总专利申请量/件		1 784	1 552

10.3.2 国内外相关专利整体发展态势

1. 我国水泥工业热工装备专利整体发展态势

从1985年我国实施专利法以来,专利储备数量目前已达到一定规模,涉及水泥高温装备节能技术的中国专利总量为1 784件。从涉及熟料烧成系统技术、熟料替代技术、余热利用技术的专利分布分析,涉及熟料烧成技术的专利占比高达56%;其次为涉及熟料替代技术专利,占比为28%;余热利用专利占比仅为16%。

从图10.9可见,我国水泥高温装备节能技术专利申请呈现两个高峰时段,第一个高峰为1990~1995年,五年间专利申请总量维持在近50件/年的高位,其中,涉及熟料烧成系统的专利居多,熟料替代专利其次,余热利用专利较少。1995年我国水泥产业出现第一次产能过剩,导致全行业亏损,技术创新和投入陷入低谷,专利申请量开始减少并在低位徘徊达五六年之久。2000年之后,随着水泥市场的不断发展和成熟,以及我国企业知识产权保护意识增强,我国专利申请量在2005年开始进入快速增长通道,2012年申请量达到270余件,其中余热利用专利与熟料烧成专利增长较快,熟料替代其次,这与我国政府和企业加大对节能减排技术投入密切相关。进入2010年之后,随着我国水泥产业结构升级步伐的加快,以技术创新驱动产业转型,我国水泥企业在装备制造领域也积累了强劲的竞争优势,技术出口的步伐不断加快。

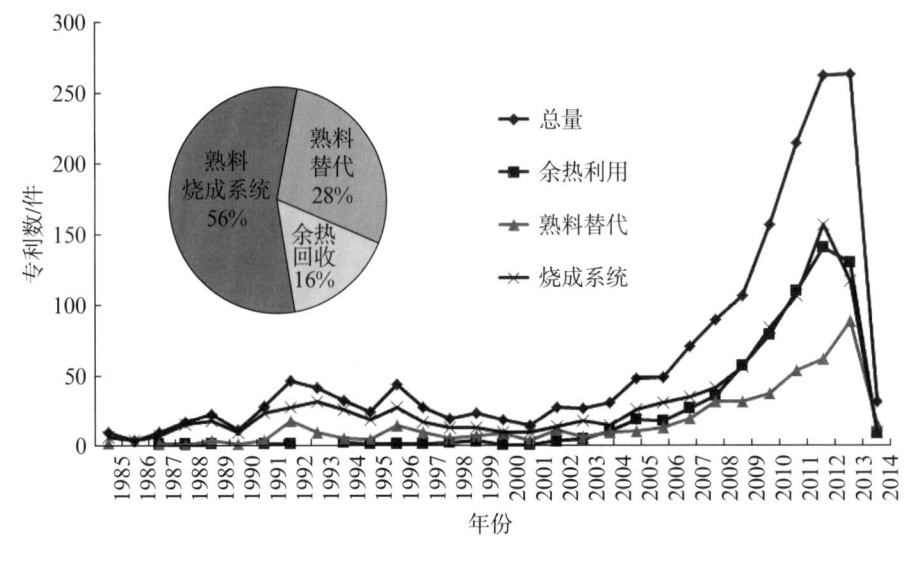

图10.9 中国水泥高温装备节能技术专利申请趋势图(后附彩图)

2. 国外水泥工业热工装备专利整体发展趋势

国外水泥高温装备节能技术专利主要以美国、日本和欧洲的跨国企业为主,专利总量为1 554件,申请时间从1967年至今,跨度近50年。从技术分布角度分析,涉及熟料烧成系统技术的专利最多,达到总专利数量的60%,熟料替代和余热回收分别占32%和8%。总体而言,国外专利申请与技术创新发展密切相关,专利产出已经步入平稳的良性循环,整体专利布局量逐渐增加。基本划分为以下三个发展阶段(图10.10)。

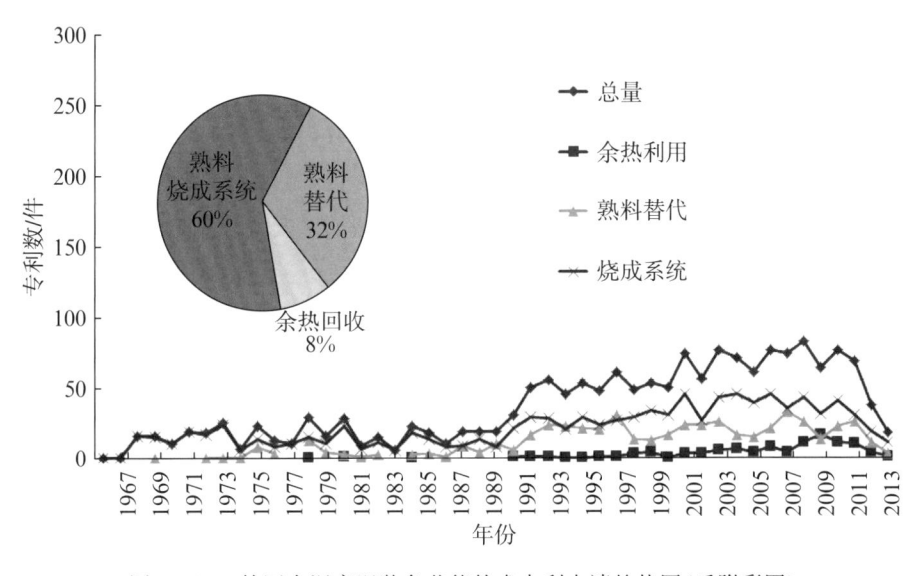

图 10.10　外国水泥高温装备节能技术专利申请趋势图(后附彩图)

第一阶段(1967~1990年),主要为熟料烧成系统的技术改进,专利产出总量维持在20件/年的水平。20世纪70年代中期,NSP(预分解窑)开始成为全球主流的熟料烧成技术,主要围绕产能提高进行水泥窑型改造和创新,熟料替代技术和余热利用专利非常少。

第二阶段(1991~2000年),专利申请总量稳定增长至50件/年的水平,该阶段烧成系统技术已经基本成熟,专利申请量基本稳定。水泥产业的装备和技术创新开始转向节能减排和提高热效率方向,熟料替代和余热利用专利申请逐年快速增长。

第三阶段(2001年~至今),专利申请总量增长至80件/年的水平,略有浮动,在熟料烧成系统方面,以流化床为代表的流态化烧成技术成为研究热点,从而带动相关新技术和新专利的产出,烧成系统专利出现稳中有增的趋势,此外,余热回收利用和熟料替代也有持续专利产出。

3. 国内外水泥工业热工装备专利整体实力对比

比较国内外水泥高温装备节能技术专利数量及质量(表10.11)发现,我国的专利总量略多于外国专利总量;而从同族专利数分析,我国的平均同族专利数远少于外国的平均同族专利数,说明我国的专利申请人主要在国内进行专利申请和布局,很少跨国跨地区进行专利申请和保护,而国外专利申请人多以向本国之外的国家或地区进行专利布局,通过专利来拓展和控制市场。

此外,我国近一半专利为实用新型专利,发明专利占比较低。相对而言,发明专利的技术创新高度程度高、保护期限长、专利质量高。可见,我国专利的保护能力相对较弱。从法律状态分析,我国专利中有742件属于失效专利(占总量近1/2),而外国专利失效数量为317件(占总量近1/5),远低于我国的失效专利数,说明我国专利的整体保护价值低于外国专利。通过统计权利要求数量和技术特征数量还可分析出专利撰写质量,即权利要求数量越多,保护范围层次越多;权利要求中技术特征数量越多,保护的范围越小,保护意义越小。我国专利的平均权利要求数为5.10,远小于外国的平均权利要求数9.51;同时,我国专利的平均技术特征数大于外国的平均技术特征数。以上分析说明,我国的专利的撰写质量明显低于外国专利。

表 10.11 国内外水泥高温装备节能技术专利数量及质量比较

项目	评价指标	中国专利/件	外国专利/件
数量	专利总量	1 784	1 552
同族数	平均同族专利数*	<2	5.49
撰写质量	平均权利要求数	5.10	9.51
	平均技术特征数	18.89	18.47
法律状态	公开	340	
	授权有效	702	
	无效	742	317
专利类型	发明专利	891	1 552
	实用新型	893	0

注:* 同族专利指基于同一优先权文件,在不同国家或地区,以及地区间专利组织多次申请、多次公布或批准的内容相同或基本相同的一组专利文献

综上所述,从专利数量角度分析,目前水泥高温装备节能技术中国专利总量略高于外国专利总量,但中国的专利总量从 2005 年之后才开始快速增长,形成整体数量优势;而国外专利整体申请趋势稳中有增,专利伴随整个研发过程,专利的布局时间相对均匀,未出现大起大落。从专利的同族数量、法律状态、撰写质量、专利类型等因素综合考察专利质量,中国专利的平均质量低于外国专利的平均质量,中国相关专利超过一半为实用新型,有近一半出于失效状态,绝大部分专利仅在中国进行了申请,没有申请海外保护。中国专利的平均权利要求数不足 6 个,权利要求的平均技术特征数也较高,这些都从不同侧面反映出中国的专利实力与外国存在较大的差距,我国必须清醒地面对这一问题,制定使中国水泥走向世界的专利战略。

10.3.3 水泥工业热工装备专利技术演变和发展趋势

1. 新型干法窑技术

与国外专利相比,我国在新型干法窑方面的专利布局时间明显滞后 10~15 年。就新型预分解窑系统而言,对于中端及以下级别装备,应关注对三级、四级悬浮预热器的改造和升级专利技术,力求通过技术改造最大化发挥现有装备的功效;而五级悬浮预热器+预分解窑是主流预分解窑系统技术;六级预热器+预分解炉有少量专利布局,是未来发展方向。

对于燃烧器技术来说,经历了从单风道结构向多风道结构的发展,已经发展到四风道和五风道结构;从环形风口结构发展到多孔阵列结构,并由喷管平行发展到不同角度,由完全对称结构发展到不对称可调节结构。燃烧器结构更加适合多种燃料/混合燃料的燃烧,拓宽了燃料的替代空间。

对于冷却机而言,早期发展的单筒式冷却机、多筒式冷却机正逐渐被淘汰,高效篦式冷却机成为主流。篦式冷却机由单段篦床发展为多段篦床,篦床尺寸和空间布局结构设计更

加优化,空气梁、阻力篦板和推动棒等技术手段的运用使换热效率更高[48]。

2. 熟料替代技术

水泥工业在消纳和利用各种工业废弃物作为水泥生产替代原料方面具有优势,熟料替代技术将是重点发展的技术领域。

从专利披露的技术发展方向分析,废弃物用于水泥熟料烧成的适应性越来越强,种类越来越多,替代率不断提高。含活性钙废渣主要包括钢渣、镁渣、电石渣、冶金渣、火山灰和粉煤灰等,复合添加和成分调整成为发展趋势。矿物外加剂及含微量元素外加剂主要包括铜尾矿、硫石膏、磷石膏、钒尾渣、锰渣等,种类和加入量的调整、矿化晶种和微量元素理论研究是主要技术方向。

3. 余热发电技术

随着新型干法回转窑的推广,余热回收效率也不断提高,采用余热发电技术来回收利用余热成为技术主流。第一代余热发电技术主要是利用高温蒸汽,第二三代技术追求中温及低温余热发电。带补燃锅炉的低温余热发电技术是为了克服纯低温余热发电技术适用水泥窑生产波动较差的缺点而产生的,需要配套补燃锅炉,该技术一般只在设有自备电厂的水泥厂节能改造时才采用[49,50]。

综上所述,我国的水泥龙头企业要成长为国际型领军企业,必须在知识产权尤其是专利战略方面加大人力、财力、技术攻关的投入,深入分析专利情报信息,从具体的技术分支角度进一步明析我国与外国专利的不同技术分布态势,寻找我国专利存在的薄弱环节和进攻优势,并深入研究外国的专利技术,为我国技术创新战略制定提供参考依据。

第 11 章

我国水泥工业高温热工装备节能技术发展目标和重点任务

11.1 高温热工装备节能技术发展思路

基于第 9 章和第 10 章内容分析,从装备节能角度出发,我国水泥工业应持续发展新型干法水泥生产技术,彻底淘汰落后产能。对于新型干法生产技术而言,熟料烧成系统包括窑尾预分解系统、回转窑系统、熟料冷却系统及煤粉燃烧系统,能耗主要是燃料的消耗及电能的消耗。因此,烧成系统节能降耗的重点是降低系统的燃料消耗,先进节能技术的发展无疑是采用低阻的六级预热器带高效分解炉的预分解技术、两档支撑的短回转窑技术、大推力的煤粉燃烧器技术、行进式无漏料篦式冷却机技术、新型低导热系数的耐火材料及砌筑等新技术及技术集成,配置智能化检测和监测装备,达到综合性能先进、智能化程度高的生产线运行目的,以大幅降低水泥熟料的烧成热耗,实现熟料烧成系统节能减排、绿色低碳的可持续发展技术路径。

11.2 高温热工装备节能技术发展目标及路线图

研究水泥工业热工设备节能技术发展目标和路线图不仅有助于科学制定水泥工业节能的战略规划,引导节能技术研发,建立节能产品、市场和节能技术之间的联系,而且有助于提升水泥工业资源使用效率,缓解能源供需矛盾,降低环境污染,促进经济的可持续发展。依据目前节能技术进步的趋势和技术成熟度,初步勾勒出未来 5~10 年水泥工业热工装备节能技术发展目标和路线图。以下按预分解系统、燃烧系统、熟料冷却系统、熟料/燃料替代、余热利用等关键技术分类,对相关高温热工装备节能技术提出发展目标和路线图[1-4,6,8,10,17,22,29,48,51-53]。

11.2.1 高温热工装备节能技术发展目标

1. 预热器技术发展目标

(1) 五级悬浮预热器+预分解窑组合技术是目前主流预分解窑系统技术,我国水泥企业应积极开展技术改造和装备升级换代,并发展协同处置替代原料功能。

(2) 目前高效节能的六级预热器＋预分解炉组合技术仅有少量专利布局,水泥企业应积极投入研发力量,在悬浮预热器设备研制上形成集成创新。

(3) 对较早建造窑炉中的三级、四级悬浮预热器进行改造和升级,最大化发挥现有装备的功效。

2. 燃烧器技术发展目标

(1) 由喷管平行结构发展到不同角度结构。

(2) 由完全对称结构发展到不对称可调节结构。

(3) 燃烧器结构更加适合多种燃料/混合燃料的燃烧,拓宽燃料的替代空间,提高燃烧效率。

3. 熟料冷却技术发展目标

(1) 主流篦式冷却机由单段篦床发展为多段篦床。

(2) 篦床尺寸和空间布局结构设计更加优化(块结构→条结构转变),空气梁、推动棒等技术手段的运用使换热效率更高。

4. 熟料替代技术发展目标

(1) 利用多种含活性钙废渣(高炉炉渣、粉煤灰、硫酸渣、电石渣、赤泥、脱硫石膏等工业废渣),通过成分调整,发挥复合添加优势,开发出适合我国的熟料替代新体系。

(2) 基于矿化晶种和微量元素理论研究,开发新型矿物活化物料,实现熟料烧成温度的大幅度下降,最终实现能效提高。

5. 燃料替代技术发展目标

(1) 废弃燃料作替代燃料,包括城市垃圾、废木材、不可再生的包装材料、废地毯、秸秆、废溶剂、高分子材料残渣、废涂料等。

(2) 污泥作替代燃料,其无机成分类似黏土,有机成分主要为蛋白质、脂肪、矿物油、洗涤剂、腐殖质等。

(3) 废弃轮胎作替代燃料,轮胎比煤的热值更高,使用整体或切碎的轮胎作为燃料,可减少 NO_2、SO_2 和 CO_2 的排放,且重金属残渣被封固在熟料中。

6. 余热利用技术发展目标

(1) 重点发展第三代余热发电技术,当窑尾预热器废气温度为 320～330℃时,吨熟料发电能力达到 48～52.5 kW·h/t。

(2) 针对回收窑头冷却机收尘器排出的 100℃左右废气余热,力争使吨熟料余热发电量提高 2～3 kW·h/t。

(3) 针对回收窑筒体余热,力争使吨熟料余热发电量提高 3～4 kW·h/t。

(4) 研究、开发能够使 AQC 锅炉、SP 锅炉各自独立运行的技术,以提高余热发电站相对于水泥窑的运转率。

11.2.2 高温热工装备节能技术发展路线图

依据所提出的水泥工业高温热工装备节能技术发展目标建议,拟制出未来十年高温热工装备节能技术发展路线图,按预分解系统、燃烧系统、熟料冷却系统、熟料/燃料替代、余热利用等关键技术分类,如图 11.1～图 11.6 所示。

2016～2017年	2018～2019年	2020～2021年	2022～2023年	2024～2025年
\multicolumn{3}{c	}{五级悬浮预热器+预分解窑技术改造及更新换代}		
	\multicolumn{4}{c	}{六级悬浮预热器+预分解炉，研发布局，集成创新，投入生产运行}

图 11.1　预热器技术发展路线图

2016～2017年	2018～2019年	2020～2021年	2022～2023年	2024～2025年
\multicolumn{3}{c	}{由平行喷管结构发展到不同角度结构}		
	\multicolumn{3}{c	}{由完全对称结构发展到不对称可调节结构}	
\multicolumn{5}{c	}{适合多种燃料/混合燃料，拓宽燃料替代空间，提高燃烧效率}

图 11.2　燃烧器技术发展路线图

2016～2017年	2018～2019年	2020～2021年	2022～2023年	2024～2025年
\multicolumn{5}{c	}{篦式冷却机由单段篦床发展为多段篦床，优化篦床尺寸和空间布局结构，运用空气梁、阻力篦板和推动棒等技术提高换热效率}
	\multicolumn{4}{c	}{筒式冷却机与篦床的复合结构冷却机}

图 11.3　熟料冷却技术发展路线图

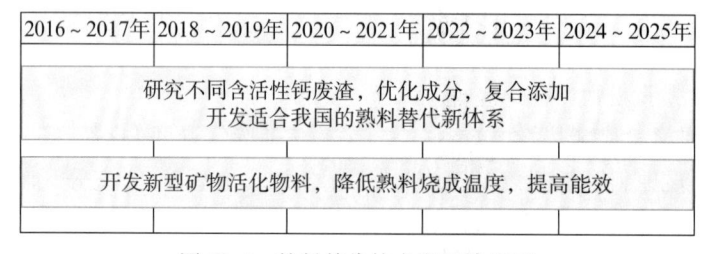

2016～2017年	2018～2019年	2020～2021年	2022～2023年	2024～2025年
\multicolumn{5}{c	}{研究不同含活性钙废渣，优化成分，复合添加开发适合我国的熟料替代新体系}
\multicolumn{5}{c	}{开发新型矿物活化物料，降低熟料烧成温度，提高能效}

图 11.4　熟料替代技术发展路线图

2016～2017年	2018～2019年	2020～2021年	2022～2023年	2024～2025年
\multicolumn{5}{c	}{城市垃圾、废木材、不可再生包装材料、废地毯、秸秆、废溶剂、高分子材料残渣、废涂料、污泥等作替代燃料}
\multicolumn{5}{c	}{高热值废弃轮胎作替代燃料，重金属残渣被封固在熟料中，还可减少 NO_2、SO_2 和 CO_2 的排放}

图 11.5　燃料替代技术发展路线图

2016~2017年	2018~2019年	2020~2021年	2022~2023年	2024~2025年
研发使AQC窑头锅炉、SP窑尾锅炉各自独立运行的技术,提高余热发电站相对于水泥窑的运转率				
		窑头冷却机收尘器排出低温废气余热回收(~100℃左右)实现吨熟料余热发电量提高2~3 kW·h/t		
			窑筒体余热回收,实现吨熟料余热发电量提高3~4 kW·h/t	

图 11.6　余热技术发展路线图

11.3　高温热工装备节能技术发展重点任务

基于以上分析,为了推进新型干法水泥生产技术中热工装备节能,建议发展的重点任务如下。

(1) 继续发展新型高效、低氮燃烧器技术,研发大推力、高风速、低风量的新型燃烧器,实现吨熟料生产节煤达 1 kg 以上。

(2) 发展高效分解炉预热器系统,将目前采用的 5 级预热器增至 6 级预热器,实现出口废气温度约 100℃及吨熟料生产节煤 5 kg 以上的目的。

(3) 大力发展新型篦冷机技术,采用新型行进式稳流篦冷机,实现根据料床变化可自动调节冷却风量及无漏料的技术要求。

(4) 发展高温风机变频技术,对窑尾风机、篦冷机风机等高温风机安装变频调速,实现节能降耗的目的。

(5) 继续发展纯低温余热发电技术和装备,达到在不增加熟料烧成热耗的前提下,通过采用出预热器废气和出篦冷机预余风实现余热发电。

(6) 发展低碳水泥和资源综合利用技术,重点开展水泥生产的可替代原料与燃料的技术创新,实现低品位原料和燃料以及废弃物(工业、农业、生活等)的充分利用,并不断提高替代比。

(7) 大力发展水泥窑协同处置城市生活垃圾、工业废弃物、危险品等自主创新技术,在引进吸收的基础上,建立适应国产化的水泥窑协同处置技术和装备。

(8) 继续发展水泥窑能效优化控制技术,建立能耗在线检测和分析管理系统,通过信息化、智能化技术应用、分解生产线各工艺过程的能耗水平,实现能源综合管理。

(9) 针对多品种、小批量的特种水泥(油井水泥、核电工程水泥、海工水泥、中热及低热水泥等)生产,实现落后高耗能生产工艺向新型干法生产工艺的过渡和转变,形成规模化生产。

(10) 通过水泥工业热工装备节能技术示范工程实施,推广节能创新技术在实际生产线中的应用。

11.4 重点支持的高温热工装备节能技术研发项目名录

水泥工业高温热工装备节能是一个系统工程,其中的关键环节涉及所有热工设备,针对提升关键装备节能技术水平的研发工作意义重大,建议从基础研究、技术创新、示范工程全链条展开布局,推荐近5~10年重点支持的节能技术研发名录如表11.1所示。

表 11.1 建议今后 5～10 年重点研发和推广的水泥高温热工装备节能技术

序号	名称	重点内容
1	装备节能技术基础研究及设计的创新体系构建	"产、学、研"合作,加强节能技术源头创新的实力,基于纳米技术等新兴科技及传统热力学、传热、传质理论等,开展装备节能新原理、新技术、新效能、模拟仿真等研究,提高自主创新水平
2	回转窑窑型优化设计	回转窑设计参数,如长径比、斜度、转速、物料停留时间、平均负荷、装机功率等对能耗的影响;基于数学模拟的设计模型建立及应用
3	新型悬浮预热器和预热分解炉节能技术优化	预热器器型、分解炉炉型、风阻、燃烧气氛、停留时间、燃烧效率等参数对原料分解率的影响。五级悬浮预热器更新换代;六级悬浮预热器创新研制
4	回转窑耐火材料及保温节能技术	旋风筒、分解炉、回转窑、篦冷机、余热发电锅炉等设备关键耐火材料的保温设计、开发、散热控制技术
5	新型高效篦冷机节能技术	第五六代篦冷机节能设计、熟料控制技术、料层控制技术等
6	新型高效节能喷煤管技术	不同角度、多通道喷煤管结构设计、计算模拟、节能效果评估、投入生产线
7	余热发电锅炉节能技术	新型低温余热发电锅炉结构设计、节能技术研发及应用
8	水泥窑处置城市污泥及生活垃圾等处理技术	机械破碎,生物干化,综合分选,多点协同喂料,可燃性垃圾固体燃料替代燃料,无极灰渣填料,实现工业与社会有机联系的产业链接
9	开发水泥熟料和燃料替代新体系	消纳和利用各种工业废弃物,开发出适合我国国情的熟料、燃料替代新体系;开发新型矿物活化物料,实现熟料烧成温度大幅下降,提高能效
10	水泥窑能耗在线检测和分析管理专家系统	引进"互联网+"技术,通过信息化、智能化技术应用、分解生产线各工艺过程的能耗水平,实现能源消耗监测和管理

第 12 章

我国水泥工业热工装备节能科技发展政策建议

12.1 国内外工业节能政策对比分析

12.1.1 国际工业节能政策分析

在1992年召开的"联合国环境与发展"大会上通过了《气候变化框架公约》，环境问题、可持续发展问题以及资源耗竭问题引起各国的高度重视。工业能耗比重之大使工业节能成为节能工作的重中之重。发达国家经过长期探索和实践积累的工业合理用能和提高能效经验值得我国参考和学习。国际上实施了如下的主要工业节能政策和措施[54,55]。

(1) 建立健全工业节能法律法规并实施。依法节能是保障国家能源供应安全、促进能源效率提高的有效手段。美国、德国、英国、日本等发达国家先后颁布了相关"能源政策和节约法"、"国家节能政策法"等(具体目录见附录1)。这些节能法律法规均涵盖了工业节能，要求超过一定规模的用能企业必须进行能源审计，向政府提交能源供需计划，开展节能监督检测，耗能设备执行严格的能效标准等措施。

(2) 制定激励工业节能的财政税收奖罚政策。促进工业节能的税收和财政经济政策包括税费政策和财政政策。前者是为增加能源利用成本，包括二氧化碳排放税、污染罚款、公共效益收费等。税收用于引导节能和提高工业企业能效水平。后者是为降低提高能效的成本，包括赠款和补贴、贷款(包括公共贷款和创新基金)、特殊技术的税费减免等。发达国家还采取组织国家节能计划和开展排放贸易活动等综合措施。

(3) 加强重点耗能工业企业的能源管理和监督。节能政策主要瞄准用能大户或高耗能行业。日本严格规定重点用能企业的责任，将年耗 300/150 万升标油或 1 200/600 万千瓦时以上电力的企业认定为一/二类重点用能单位。在法国，将年耗能超过 5 000 toe (toe 单位是 1 吨当量油)的 1 500 个用能单位列为重点用能企业。这些企业必须向政府承诺"自愿"节能，并达到年度用能限额。发达国家还普遍推行合同能源管理(Energy Management Contracting, EMC)的服务机制，运用市场手段促进节能。节能服务公司与用能企业签订能源管理合同，提供节能诊断、融资、改造、技术推介等服务，大大降低用能企业节能改造的资金和技术风险，充分调动用能单位节能改造的积极性。

(4) 广泛开展工业领域节能环保的自愿协议活动。企业界整体或单个企业在自愿的基础上为提高能效与政府签订协议,内容包括:单个企业或企业联盟承诺在一定时间内达到某一能效目标以及政府给予承诺方以某种形式的激励两个方面。联合国通过《气候变化框架公约》后,很多高能耗企业将自愿协议视为提升企业自身形象与竞争力的重要途径,政府也把自愿协议作为推进节能环保工作、提高管理效率的有效措施。

(5) 开展工业行业的能源效率基准分析与比对活动。工业企业把自身的主要能耗指标与行业内公认的最佳指标或平均指标对比,了解其能耗指标所处的水平,了解如何进行改进以及改进的空间等。运用行业内能耗基准比对,激励企业采取积极行动,提高节能效益,使政府清楚把握该行业能效状况并进行评估,跟踪了解行业能效发展状况;通过企业对自身能耗数据的详尽分析,改进优化工艺过程控制和能源管理,大大促进企业能效水平的提高。

(6) 建立工业耗能设备和产品的能效标准和标识制度。鉴于工业过程的差异性,对企业用能设备和生产制造的终端用能产品制定严格的强制性节能标准,要求企业严格执行。日本机电设备采取"TOP RUNNER"(领先产品)能效基准制度;美国实施"ENERGY STAR"(能源之星)自愿节能认证。"能源之星"产品采购成为供销链的一项强制性行为,也成为国外产品进入美国主流市场的"技术壁垒"。

(7) 加强节能宣传和信息咨询服务。政府提供经费资助节能信息传播和咨询服务,中介机构组织实施,属非盈利性质。日本政府高度重视对用能企业的节能诊断,设立专项资金,委托节能中心负责实施,并定期发布节能产品目录,设立节能月、节能日,举办能源效率展览等宣传,开展节能产品的技术评优和奖励活动。法国在全国建立了 100 多个信息宣传点,通过电视公益广告、发放宣传资料、设立咨询电话等方式,广泛宣传节能知识,每年用于节能宣传的财政预算达 9 000 万法郎(法国法郎)之多。

(8) 开展广泛的国际碳排放贸易活动。《气候变化框架公约》补充条款生效后,发达国家在挖掘国内节能减排潜力的同时,积极开展多国或区域性的国际合作,国际间有关二氧化碳排放贸易的经济合作已非常活跃。2005 年,《欧盟温室气体排放贸易计划(EU ETS)》开始运作,覆盖了 12 000 多个用能装置,贸易量接近欧洲一半的二氧化碳排放量。欧盟 ETS 计划包含了所有的电厂、石油冶炼厂、钢铁厂、焦炭厂、水泥厂、玻璃和陶瓷厂以及所有 20 MW 以上的用能装置。

上述 8 类工业节能政策和措施的主要特点表现在如下四个方面。

第一,市场与政府作用界面清晰,政府作用主要弥补市场缺陷。节能不仅涉及国家能源安全和社会的公共利益,更涉及国际间的政治外交问题。政府作用与市场作用的界面非常清晰。政府作用力是在市场力量基础上的,或是加强引导与调节,或是弥补节能技术消费方对信息掌握的缺乏。在能源价格形成机制方面,首先遵从市场对资源的优化配置作用,再利用财税手段予以适当调节和激励,充分考虑两者的结合与互补。

第二,通过法规政策,创造良好的外部环境。政府公共财政投入到节能领域,所支持的领域包括:法律法规、技术政策的制定,能源审计,教育培训,信息服务,R&D,示范项目,公众宣传等。受益对象包括:新技术研发单位,企业和消费者,中介组织等;支持的方式包括贴息直接补贴,税收优惠,贷款或提供担保,抵免所得税等。企业虽有承担节能法律责任的义务感和紧迫感,但各种激励和优惠政策也调动了企业自主节能的积极性,为企业节能营造了良性发展的外部环境。

第三,重视信息传播和服务能力建设。强化企业树立节能观念和意识,提供信息资讯服务和帮助。日本、法国、德国、澳大利亚等均在全国设立了上百个节能服务咨询点,定期与不定期地举行研讨会、展览会、与媒体合作开展节能专业知识宣传和培训,鼓励社会各界对企业的节能环保工作进行监督,提供企业能耗诊断和节能技术咨询服务。在法国,环境与能源控制署每年安排20个重大示范项目开展能源审计,包括预审计、审计、可行性研究,提出节能改造方案和建议。对首次使用的重大技术、工艺示范项目等,财政给予20%～30%项目经费资助,并在税收政策上予以优惠。

第四,强调与企业合作,惩罚措施降到最低。强调与企业合作,考虑企业的自身发展。最为广泛的自愿协议条款可以是企业与政府谈判的结果,节能改造以实现经济效益为原则,这类交流沟通充分体现了政府与企业的良好合作。政府还将软硬手段结合,把自愿协议作为一种"软性"手段与其他强制政策的"硬性"(如税收等)措施捆绑在一起,互为补充或调剂。政府尽量避免强调惩罚措施,企业也可权衡利益,政府与企业之间发展成为一种互惠互利的伙伴关系。

12.1.2 我国工业节能政策分析

"十一五"(2006～2010年)期间,我国把工业节能降耗减排治污作为调整产业结构和转变发展方式的重要举措,据初步测算,"十一五"期间,我国单位国内生产总值能耗累计下降19.06%,基本完成节能降耗目标,工业节能量超过6.5亿吨标准煤,以年均6.98%的能源消耗增长支撑了工业年均11.57%的增长。2009年与2005年相比,新型节能干法水泥熟料产量比重由6.4%上升到72.2%。"十一五"期间,我国6大高耗能行业(包括钢铁、水泥、石油与化工等)节能成效明显,降幅均超过10%,累计节能近4亿吨标准煤,对全社会节能贡献超过60%。其中,吨水泥综合能耗下降28.6%,共淘汰水泥落后产能3.3亿吨。取得上述成效除了节能技术发展和应用的贡献外,还归功于我国采取了六个方面节能减排政策措施[54-60]。

(1) 强化节能减排目标责任制。将"十一五"节能减排目标分解落实到省级政府、千家高耗能企业和五大发电公司。国务院发布了节能减排统计监测考核实施方案,从2008年起,国家每年对省级政府节能减排目标责任进行现场评价考核,考核结果向社会公告,形成了目标明确、责任清晰、级级抓、层层考的节能减排目标责任制。

(2) 调整产业结构,大力淘汰落后产能。提高节能环保准入门槛,严把土地、环保、信贷等关口,调整出口退税和配额,清理和纠正各地在电价、税费等方面的优惠政策,遏制高耗能、高排放行业过快增长。2010年,我国工业部门停止审批、核准、备案"两高"和产能过剩行业扩大产能项目。工信部制定了《部分工业行业淘汰落后生产工艺装备和产品指导目录(2010)》,加快淘汰落后生产工艺装备和产品,促进工业结构优化升级。

(3) 实施重点节能工程并配套经济政策。国家发展和改革委员会(简称发改委)会同有关部门颁发了《"十一五"十大重点节能工程实施意见(2006)》,分解十大重点工程的节能目标,明确各工程的实施内容和保障措施。中央预算内投资安排81亿元、中央财政节能减排专项资金安排224亿元,支持实施了5100多个十大重点节能工程项目,中央财政采取"以奖代补"、"以奖促治"、转移支付等方式支持节能减排重点项目,并组织相关专家进行现场核查,有效保证了改造项目的节能效果,一大批高效节能技术和产品得到普遍应用。

（4）推广能效指标和先进节能技术及产品。发布了三批国家重点节能技术推广目录,实施"节能产品惠民工程"。2010年安排中央财政补贴资金20亿元,支持节能服务公司采用合同能源管理机制对企业实施节能改造指导和服务。开展能源审计,编制节能规划,实施能效水平对标,公告能源利用状况等。先后制定了钢铁、有色、建材、化工等重点用能行业13种产品(工序)能效标杆指标,开展重点用能行业能效水平对标达标活动,推广行业节能减排先进经验和先进技术。

（5）健全法规标准和完善经济政策。修订颁布了节约能源法、水污染防治法。发布并实施了涉及钢铁、有色、建材、化工等行业的27项高耗能产品能耗限额强制性国家标准,并对执行情况开展严格的专项督查。工信部要求地方对不达标企业立即停产改造,改造无望或经改造仍不能达标的企业要列入淘汰名单。对于仍在使用国家明令禁止的落后高耗能设备,则要求限期更换。组织开展节能法执法检查、节能减排专项督查和环保专项行动。对限制类、淘汰类的高耗能产品实施差别电价政策,并不断提高加价标准。对节能节水环保设备给予税收优惠。

（6）加强能力建设和宣传动员。完善能源计量、统计制度,改进核算方法。推动各地区建立节能监察机构、污染源监控中心。国务院印发开展节能全民行动的通知。中央17个部门组织开展"节能减排全民行动"。每年组织全国节能宣传周、世界环境日等活动,开展形式多样的节能减排宣传。

对比发达国家的节能政策和措施,我国在工业节能政策的制定和实施过程中仍存在节能长效机制建设不足、相关配套制度滞后、节能减排目标与其他经济社会发展目标尚未实现协调一致、统计评估等节能基础工作仍显薄弱等问题,具体体现在如下八个方面。

第一,我国节能减排工作仍然是中央政府主导(发改委分工节能减排协调、示范与推广;能源局分工鼓励生产和使用节能产品;工信部分工节能减排规划、项目实施等管理;财政部分工节能产品等财税政策),以行政手段为主,依靠节能减排指标的层层分解来约束地方政府和企业实施,节能减排尚未转化为企业的自觉行动,企业还没有成为节能技术市场的主体。

第二,煤炭、燃油、电等资源性产品价格市场化改革进程缓慢,反映资源稀缺程度和供求关系的工业品价格形成机制还没有建立起来,高耗能和高污染的经济发展方式还没有根本转变。主要依靠行政手段配置资源,市场机制的作用发挥不充分。

第三,尚未形成健全的节能减排税收鼓励性支持政策体系,缺失限制低能效类产品和产业发展方面的税收政策;相应的能源环境税制,如碳税、能源税等尚没有正式出台。

第四,部分地区高耗能行业投资增长过快的趋势没有遏制,投资结构仍需改善。

第五,地方政府出于对就业、财政、社会稳定等多因素的考虑,对落后高耗能、高污染企业的关停并转推诿及拖延,加大了节能减排工作的难度。

第六,一些地区尚未改变追求出口贸易额的目标,将出口作为拉动地方经济增长的手段之一,使我国部分高耗能、高污染产品(钢铁、水泥等)仍有一定量的出口,且量大面广、低附加值的一般载能产品的出口比重也相对较高。

第七,能源消费统计工作尚待进一步完善,能耗数据可比性和可靠性精准度需提高。

第八,节能政策及重大节能行动动作大,但节能政策执行效果及重大节能行动效果检查和评估体系尚未建立起来,监督管理和奖惩力度还没有到位。

进入"十二五"之后,我国重化工业所占的比重仍保持较高水平,对能源、交通、原材料等需求大,资源消耗总量进一步增加,工业发展面临的资源约束进一步加大。"十二五"规划纲要已明确提出,到"十二五"末,非化石能源占一次能源消费比重达到11.4%,单位国内生产总值能源消耗降低16%,单位国内生产总值二氧化碳排放降低17%。这五年间,开展了重点行业资源节约和环境友好企业创建试点,组织工业"零"排放示范园区建设,探索建立节约、清洁、循环、低碳的新型生产方式,逐渐建立起一系列新的管理制度,推动节能、减排、降耗、防污、资源循环综合利用等,主要措施体现在三个方面。

① 在发展循环经济和再制造产业方面,组织实施了循环经济技术示范工程,发布工业循环经济重大示范推广技术目录,推进循环经济工业示范园区建设,推进循环经济发展,典型模式和产业链建设;推进水泥消纳工业固废、城市生活垃圾示范技术工程建设等,建设一批再制造示范工程和示范基地;开展再制造产品认定,研究制定再制造相关鼓励政策,推进再制造产业规模化、规范化发展。

② 针对我国工业企业的整体装备技术现状,专门出台了《"十二五"节能环保装备专项规划》,组织研究制定节能环保装备、产品标准体系,引导节能环保装备制造业有序发展。同时,营造良好的市场应用环境,加强供需对接,拉动市场需求;以技术为主线,提出一批需要研发、应用和推广的环保技术装备,编制推荐目录,提升环保装备的技术水平;优化产业结构,壮大产业规模,培育一批具有自主品牌、核心技术能力强、市场占有率高的龙头企业和配套能力强、提供就业岗位多的中小企业和节能环保服务企业,促进产业集聚。

③ 发达国家大力倡导低碳经济、绿色经济,推动碳交易、碳关税等节能环保技术标准、贸易壁垒和准则,已严重冲击到我国广大工业企业的竞争力。在"十二五"期间,我国加强低碳技术研发与应用,在钢铁、建材、石油化工、水泥、装备等重点行业选择一批技术成熟、减排潜力大的低碳技术,实施低碳技术示范工程,推动传统产业的低碳化改造;建立不同层次低碳评价指标体系,探索低碳产业发展模式;推动碳标识、低碳认证、碳排放标准研究,探索基于行业碳排放的经济政策。利用税收、补贴、罚款、排污收费、排污权交易等,建立促进资源节约、环境友好的激励机制和政策环境,并建立节能环保融资绿色通道,实施鼓励资源节约、环境友好产品出口的贸易政策。

12.2 我国水泥工业装备节能科技发展的资助机制和政策建议

基于12.1节所述的国内外节能政策对比分析,针对未来5~10年适合我国水泥工业装备的节能科技发展战略,提出如下8个方面有望凸显成效的资助机制和政策建议[1,2,6,7,54-60]。

(1) 增加研发投入及免税优惠,大力推进节能技术发展及技术的国产化率。高温热工装备节能技术应用前景十分广阔,可提高能源利用率,降低温室效应、保护生态环境。大力推进节能技术发展的有效手段是:① 现有能源管理约束政策的有效实施,细化政策的可操作性;② 增加国家对节能装备改造和研发的经费投入力度,建议在科技部、发改委、工信部、基金委等部委设置水泥行业节能装备创新的重大专项;③ 对水泥行业发展、转型升级相关的节能技术、协同消纳废弃物技术及余热利用技术,加大税收优惠和奖励机制,将原有的"普惠式"政策调整为"倾斜式"政策,约束落后产能发展,激励优势企业做强做大;④ 激励企业合作多赢,扩大技术合作广度和深度,加强自主研发力度,逐步提高节能技术的国产化率。

(2) 低温余热发电机组并网运营,维护企业节能收益。水泥窑纯低温余热发电是21世纪的新技术产业,节能潜力很大,我国目前已建成投产的水泥低温余热发电机组700多台套,年发电超过350亿千瓦时,节能效益显著。然而,余热发电机组必须通过并网才能保证供电质量,但目前出现水泥企业余热发电机组的输出电力自发自用的现象,即"实并网,虚上网",主要原因有两个:一方面水泥企业使用低价电以确保其经济效益(低温余热发电电价为0.15元/千瓦时,仅是电网电价的25%);另一方面,现行政策规定余热发电机组并网后,水泥企业需要向电网企业支付额外的系统备用费,无疑大大增加了水泥企业的负担,并打击了水泥企业发展和利用余热发电技术的积极性。对于目前的现状,国家及相关电力主管部门和企业应在"去利益化"的前提下,提出优惠鼓励政策,充分支持水泥企业的余热利用,促进资源节约和综合利用。

(3) 加强资源循环综合利用,创建生态型新型水泥生产基地。推进水泥工业消纳工业固体废弃物和危险品(钢铁、化工、火电、煤炭等行业产生的废渣等)、城市生活垃圾和淤泥等示范技术工程建设,变废为宝。国家与企业联合投资建设一批再制造示范工程和示范基地,政府补贴运行经费;开展再制造产品认定,研究制定再制造相关鼓励政策,推进再制造产业规模化、规范化发展。

(4) 利用市场机制和碳排放交易模式,推进节能减排新技术研发和应用。针对低碳水泥生产发展的必然趋势,我国需借鉴发达国家的经验,更多引进和自主研发先进的低碳水泥生产技术,同时逐步开展清洁发展机制工作和碳排放交易。这一措施已经在部分地区奏效。广东省已启动了水泥企业碳排放权交易试点,企业以每吨60元的价格认购碳排放权,获得年新增产能的权利。采用"碳强度"体系,即"单位GDP产出(消耗)的碳排放量",所有参与企业碳排放必须达标,否则就要购买新的排放权,在充分考虑企业产能的基础上鼓励采用节能减排新技术。北京于2013年正式启动碳排放权交易,北京金隅集团等10家重点排放企业成立了"北京市碳排放权交易企业联盟"。目前,碳排放权交易体系需尽快辐射到整个高排放水泥行业。

(5) 高素质专业人才队伍培养及产学研联盟建设。从职业教育和高等教育入手,与教育机构联手,在多所工科院校恢复或建立水泥专业和水泥热工设备专业,建立实践锻炼和继续深造相辅相成的人才培养机制和基地,造就可持续发展的人才梯队,以适应我国迈向世界水泥强国的软实力需求。强化先进水泥装备的基础和应用基础研究以及设计能力,建立产学研联盟,充分发挥院校的人才和专业优势、院所的工程及设计能力及企业的生产和营销优势,形成协同创新的发展模式。

(6) 增强行业竞争实力,提高国际竞争力。注重企业技术创新和管理创新,加大创新研发投入,转变过去主要依靠引进消化技术的传统经营管理模式,不断打造拥有自主知识产权的优势企业,提升在国际市场的竞争力、影响力,赢得国际同行的话语权。

（7）延伸水泥产业链，促进企业升级转型。前十年，我国水泥工业的重点是发展新型干法水泥窑和扩大产品规模，为节能减排作出了贡献。在新时期，将转变依靠单一水泥产品规模来取胜市场的传统发展方式，延伸产业链至特种水泥、混凝土、水泥制品等，做大多元产业，并融合咨询、测试、科研、技术开发、工程设计、安装调试、工程承包等业务，促进运营服务及生产一体化发展，这已成为增强企业综合竞争力的最佳途径。向资源节约型、环境友好型转变，把推进绿色发展作为重点；推广水泥窑余热发电技术和协同处置技术，发展循环经济。

（8）强化政策和行业标准的制定，刺激行业良性发展。统一能耗及污染物排放指标和测定方法，尽快出台企业兼并重组的优惠政策，分解产能过剩的矛盾；在淘汰落后产能的规模标准中应加入能耗、质量、环境等综合约束性指标，统一测定和计算标准；应与国际接轨，细化环境排放标准的指标；除了粉尘、CO_2、SO_2 和 NO_x 排放指标，需增加汞排放指标（全球汞污染企业中，水泥行业占 9% 的排放量）、HCl 排放指标、TOC（总有机碳）排放标准、其他重金属排放标准以及呋喃和二噁英排放标准。

中国作为水泥大国正经历由大变强的转型重要时期，必须依靠国家综合实力的提升、绿色 GDP 发展、公众生活水准改善及水泥全行业的不懈努力和奋斗，持续强化自主研发和创新能力，不断增加研发投入，中国跻身世界水泥强国一定能"梦想成真"。

参 考 文 献

[1] 李贺林."十二五"中国水泥工业发展研究报告[M].北京：中国建材工业出版社，2011.
[2] 《中国水泥》杂志社有限责任公司.中国水泥年鉴(2014)[M].北京：中国建材工业出版社，2015.
[3] 范永斌,王郁涛.2014年水泥行业科技发展报告(上、下)[J].中国水泥，2015，7：26-35；8：26-30.
[4] 高长明.跻身世界水泥强国之梦[J].中国水泥，2013，2：22-26.
[5] Ali Hasanbeigi, Cecilia Fino-Chen, Lynn Price, et al. Organizations, Programs and Resources for Energy Efficiency and Resource Productivity in the Cement Industry[R]. 2012.
[6] 中国水泥协会.中国水泥年鉴(2011)[M].北京：中国建材工业出版社，2012.
[7] 中国水泥协会.中国水泥年鉴(2012—2013)[M].北京：中国建材工业出版社，2014.
[8] 孔祥忠,陈柏林.2015年水泥行业形势分析及应对措施建议[J].中国水泥，2015，8：20-23.
[9] 王旭烽,朱培武.中国水泥行业能耗限额标准现状分析[J].水泥工程，2014，5：1-5.
[10] 崔元声,李辉,徐德龙.2020年水泥工业总产值、理论需求量及能耗预测[J].水泥，2012，6：17-19.
[11] 2012中华人民共和国统计局.中国能源统计年鉴2013[M].北京：中国统计出版社，2012.
[12] 蒋明麟.我国能源形势与水泥工业的节能任务[J].建材发展导向，2007，6：1-7.
[13] 曾学敏.水泥工业能源消耗现状与节能潜力[J].中国水泥，2006，3：16-21.
[14] 郑鑫,邱泽晶,彭旭东.水泥工业过程节能潜力分析[J].节能技术，2014，2：144-147.
[15] 高长明.关于水泥窑协同处置垃圾问题的释疑与答辩[J].中国水泥，2015，1：21-23，27.
[16] 高长明.对垃圾发电与水泥窑协同焚烧两种垃圾处置方式的再认识[J].水泥，2014，7：1-3.
[17] 国际能源署(IEA)和世界可持续发展工商理事会(WBCSD).水泥技术路线图——2009直至2050年的碳减排目标[R].2009.
[18] 纪友红,钟克辉,李国军,等.带流化床分解炉在技改中的应用[J].中国水泥，2015，6：82-84.
[19] 姜正荣.生料立磨改磨矿粉遇到的问题及解决措施[J].四川水泥，2013，S1：125-126.
[20] 贾华平.水泥工艺节能技术展望[J].四川水泥，2013，4：112-120.
[21] 季佳铭,汪澜,考宏涛,等.水泥熟料烧成技术的研究进展[J].水泥工程，2012，3：6-9.

[22] 陈全德,崔素萍,兰明章.水泥制备与应用的生态化技术[M].北京:化学工业出版社,2013.
[23] 胡道和.水泥工业热工设备[M].武汉:武汉理工大学出版社,1991.
[24] 高长明,聂纪强,魏振生.水泥熟料箅冷机述评[J].新世纪水泥导报,2015,5:1-5.
[25] 吴国芳,赵莹,张乐军,等.乌兰3号预分解窑的热工标定与节能分析[J].水泥,2007,9:29-31.
[26] 杨彦春.高海拔地区预分解窑热工标定与工艺分析[J].中国水泥,2013,5:94-96.
[27] 朱凯华,陆雷,李莽.对国产第四代RTLF—2500型冷却机的热工标定[J].水泥,2011,9:32-33.
[28] 陶从喜.新型节能环保水泥熟料烧成技术的研发及应用(下)[J].水泥技术,2011,5:32-36.
[29] 马保国.水泥热工过程与节能关键技术[M].北京:化学工业出版社,2010.
[30] 吴铭生,陈俱,腾海波.化工废渣在水泥生产中的应用实践[J].中国水泥,2013,1:97-98.
[31] 孔祥忠.余热发电技术在中国水泥行业节能减排中的贡献[J].中国水泥,2009,4:11-13.
[32] 贾华平.对水泥窑余热发电技术的几点看法[J].新世纪水泥导报,2012,1:5-7.
[33] 戴国华.余热发电烧成窑头结构设计改造[J].中国水泥,2013,12:85-86.
[34] 张邓杰,王江峰,王家全,等.水泥窑余热发电技术的分析及优化[J].动力工程,2009,9:885-890.
[35] Tahasin E, Veda T A. Energy auditing and recovery for dry type cement rotary kiln systems-a case study[J]. Energy Conversion and Management, 2005, 46(4): 551-562.
[36] Liu F, Rossm, Wang S. Energy efficiency of China's cement industry[J]. Energy, 1995, 20(7): 669-681.
[37] 王新春,胡如进,史伟,等.促进水泥工业温室气体减排的政策建议[J].中国水泥,2013,6:39-41.
[38] 韩仲琦,赵艳妍.开发低碳技术,构建低碳水泥工业体系[J].水泥技术,2014,1:15-17.
[39] 庞军,石媛昌,冯相昭.实施低碳水泥标准的影响及协同减排效果分析田[J].气候变化研究进展,2013,4:275-283.
[40] 郭随华,张洪滔,林震,等.高贝利特水泥熟料出窑颗粒度、显微结构组成和水泥性能关系的研究[J].硅酸盐学报,2002,4:417-422.
[41] 沈宝镜,冯绍航,李辉,等.利用高钙粉煤灰烧制贝利特水泥熟料的试验探索[J].硅酸盐通报,2011,2:415-419.
[42] 李志博,陈平,刘荣进.燃煤炉渣-锰渣-石灰石-矿渣复掺制备绿色生态水泥[C].中国硅酸盐学会水泥分会第四届学术年会论文摘要集,2012:10.
[43] 李彤.2012年水泥科技四大亮点[J].中国水泥,2013,1:29-32.
[44] 蔡玉良,汤升亮,卢仁红,等.水泥工业二氧化碳减排及资源化技术探讨[J].中国水泥,2015,1:69-73.
[45] 电力简讯.国内燃煤电厂CO_2捕集示范工程投产[J].华东电力,2008,8,124.
[46] 龚小宝,黄华军,周春飞,等.微藻在生物减排CO_2中的应用[J].环境污染与防治,2010,8:75-79.
[47] Technology Planning Department of Taiheyo Cement Corporation R & D Center. Cement enterprise technology development of the forefront Taiheyo Cement Corporation R & D Center [J]. Cement & Concrete, 2009, 4: 3-6.
[48] 韩仲琦.先进科学技术在水泥工业的应用与研究[J].中国水泥,2014,6:71-74.
[49] 杨柳青.水泥窑余热发电工程设计与运行优化[J].中国水泥,2014,9:77-79.
[50] 胡希栓.带供热系统的水泥窑余热发电系统的优化[J].水泥,2014,11:40-41.
[51] 王杰曾.计算机辅助工艺优化设计全解析[M].北京:机械工业出版社,2015.
[52] 韩仲琦.加强水泥工业应用基础研究,提高自主创新水平(上、下)[J].中国水泥,2013,2:27-30;2013,3:14-16.
[53] 文寨军.我国特种水泥发展历程、现状及发展趋势[J].中国水泥,2013,2:31-33.
[54] 中科院国家科学图书馆武汉分馆/中科院先进能源科技创新基地办公室.我国工业节能政策与技术态

势分析[J].能源与科技参考,2011,03.
[55] 刘虹.国外工业节能政策与措施[J].中国能源,2007,3:41-43.
[56] 林卫斌,方敏.能源管理体制比较与研究[M].北京:商务印书馆,2013.
[57] 中国电子信息产业发展研究院.2012年中国工业节能减排发展蓝皮书[M].北京:人民出版社,2013.
[58] 中国电子信息产业发展研究院.2013—2014年中国工业节能减排发展蓝皮书[M].北京:人民出版社,2014.
[59] 中国工业节能与清洁生产协会及中国节能环保集团公司.中国节能减排发展报告[M].北京:中国经济出版社,2014.
[60] 中国能源中长期发展战略研究项目组.中国能源中长期(2030、2050)发展战略研究[M].北京:科学出版社,2011.

高温节能耐火材料与技术篇

第13章

耐火材料与高温节能

13.1 耐火材料是高温工业的基础材料

耐火材料为高温工程用无机非金属材料,具有耐高温、抗化学和熔体侵蚀等一系列高温特有性能,广泛用作高温装置、炉窑、高温容器的隔热、内衬材料,是一切高温工艺赖以实施不可或缺的重要支撑材料。耐火材料工业是为所有高温工业服务的基础材料工业,高温工业的发展、技术进步乃至重大工艺变革都离不开耐火材料工业的相应发展所支持。耐火材料是高温装备的稳定高效运行、高温工程和科学发展的重要基础材料,是支持材料工业发展的重要材料,所起作用关键,美国、欧洲等国家已将耐火材料确定为战略性材料。

高温流程是各高温工业的最主要特征。各高温工业因高温工艺不同、高温作业条件不同、要求不同,采用不同的高温装置,应用不同种类和具备不同性能的耐火材料。图13.1为

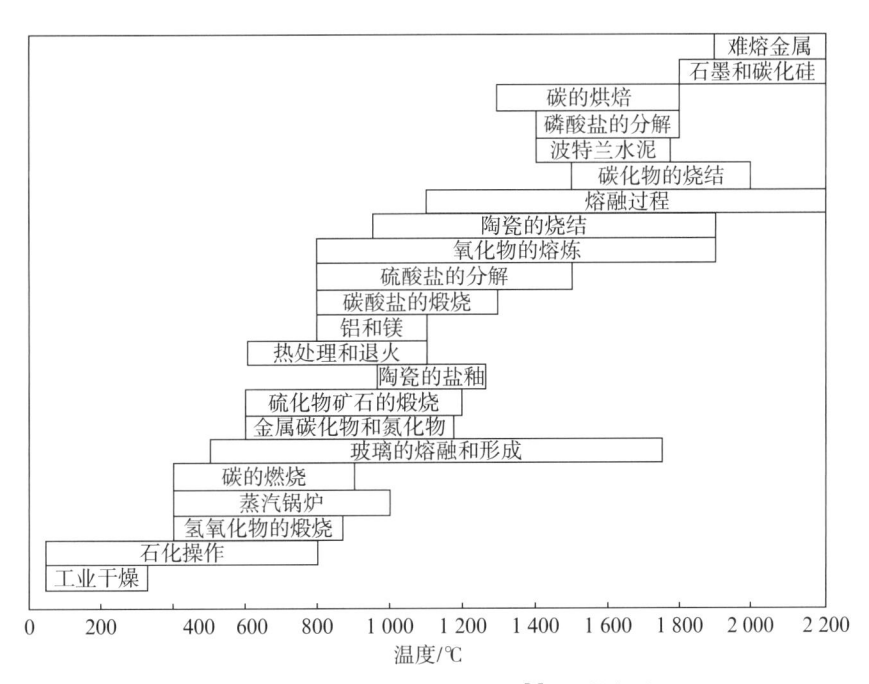

图 13.1 高温工艺作业温度图[1](后附彩图)

不同类型高温工艺的作业温度范围。主要的高温过程装置按所涉及的材料高温处理工艺可粗分为三类：以金属材料为主的各类熔炼炉（钢铁、铁合金、有色金属冶炼、特种材料熔炼等），以传统及新兴无机非金属材料为主的各类烧成、煅烧、焙烧、热处理等炉窑（水泥、玻璃、陶瓷、各类特种陶瓷材料以及耐火材料自身等），以有机原材料为主要加工处理物质的各类反应炉等（焦炉、烃类裂解炉、蒸汽转化炉、加压气化炉、垃圾焚烧炉等）。

耐火材料种类繁多，按所用原料区分，既有以天然矿物原料为原材料的黏土、高铝、硅质、镁质等传统耐火材料，又有以工业合成原料为原材料的特种耐火材料，如以 SiC 为代表的非氧化物耐火材料、氧化铝、氧化锆等高纯氧化物耐火材料等；按主要热学和工程作用及功能来区分，既有重质耐火材料，又有轻质隔热耐火材料；按照耐火材料产品形态来分，既有定形耐火材料，又有类似建材领域混凝土一样的不定形耐火材料等。各类耐火材料应用于不同温度领域的高温装置，满足不同的服役环境和条件、服役寿命的要求。耐火材料和高温工业的发展相辅相成，互为促进，耐火材料从材质、结构、性能、品种上一直在不断发展，以适应和满足各类高温工业技术发展需要和新型高温工业及高温装置的技术需要。

钢铁、有色、建材、石化等既是最主要的高温工业和高耗能工业，同时也是国民经济的重要支柱产业和耐火材料工业所服务的主要行业。钢铁、有色、建材、石化等高温工业的主要工艺装备和耗能主体都为高温热工设备，耐火材料是高温热工设备的基础结构材料，耐火材料的设计、选材、结构和性能等和高温热工装备的运行效率、能耗、服役寿命等密切相关。图13.2 为耐火材料在各高温工业的应用比例，90%以上的耐火材料用于冶金熔炼工艺装置和建材生产高温工艺装置。表 13.1 列出了高温工业的典型热工装置及采用的主要耐火材料种类。

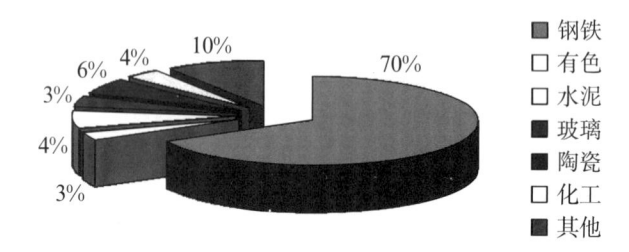

图 13.2　耐火材料在高温工业的应用比例[2]（后附彩图）

钢铁的冶炼、铸造和轧制成材是在高温下进行的，钢铁工业 90%的工艺过程与耐火材料相关，约 70%的耐火材料应用于钢铁工业工艺流程中的各高温装置，如制备焦炭的焦炉、炼铁系统的高炉、热风炉、铁水罐、鱼雷车、炼钢系统用转炉、电炉、钢包、炉外精炼装置、中间包、轧钢加热炉等[3-5]。耐火材料是各冶金装置不可或缺的衬里和构件材料，有的还起特定的功能作用，例如，透气元件是炉外精炼工艺的关键材料，起搅拌钢液、强化精炼工艺过程的作用，滑动水口、长水口、浸入式水口、整体塞棒等功能耐火材料用作钢水从钢包到中间包、结晶器的控流，并起着稳流、防止钢水二次氧化等作用[6]。钢铁工业是耐火材料消耗大户，通常以每吨钢消耗多少千克耐火材料（又称耐钢比）来表征其消耗水平，也以热工装备或炉衬的使用寿命（至大修为止的加热次数，操作时间，盛装铁水、钢水的累积数量等）表征耐火材料的耐用性和技术水平[7]。高性能、高品质耐火材料意味着耐火材料高的服役效率、低的

表 13.1　高耗能热工装置及耐火材料

领域	主要热工装置	炉衬耐火材料
钢铁工业	炼焦 焦炉：由炭化室、燃烧室、蓄热室等部分构成，操作温度在 1 000～1 500℃ 炼铁 高炉：结构包括炉喉、炉身、炉腰、炉腹、炉缸，操作温度为 600～1 800℃，分别经受强机械磨损和不同类型的侵蚀 热风炉：内燃式、外燃式、顶燃式，操作温度为 800～1 500℃ 炼钢 转炉：顶吹、底吹或顶底复吹，操作温度可达 1 700℃以上，蚀损严重部位有渣线区、装料侧、耳轴区 电炉：直流电弧炉、交流电弧炉，结构有炉底、炉坡、熔池、炉墙 炉外精炼：LF、VD、AOD、VOD、RH 等不同精炼装置 连铸：控流系统；中间包	主要采用硅质耐火材料以及黏土质、高铝质、SiC 质等耐火材料 依作业条件、蚀损机理不同，高炉各部位分别采用致密黏土砖、高铝砖、碳化硅砖和炭砖等耐火材料；依热风炉操作时温度区域不同从低温到高温区域采用低蠕变黏土砖、低蠕变高铝砖、红柱石砖和硅砖等 转炉工作衬镁碳砖，永久衬镁砖；电炉工作衬：镁质、镁碳质等耐火材料 依精炼工艺不同采用镁碳质、铝镁碳质、铝镁、镁钙、镁铬等耐火材料 以铝碳质为主的（长水口、整体塞棒、浸入式水口）连铸功能耐火材料，中间包永久衬为高铝质、工作衬为镁质材料
建材工业	水泥：新型干法水泥窑由燃烧器、预热器及管道、分解炉、回转窑、冷却机等构成，操作温度高、温度波动大、机械磨损和化学侵蚀较严重 玻璃：各类玻璃池窑、耐火材料工作环境玻璃液侵蚀冲刷、碱蒸气侵蚀、1 600℃ 以上高温作用等；热风炉耐火材料受温度变化、气氛变化、粉尘及碱蒸气作用 陶瓷：隧道窑、梭式窑、辊道窑等各类烧成窑炉，依烧成制品不同操作温度从 1 000℃ 左右到 1 800℃	从预热器到回转窑分别依据服役环境采用抗剥落高铝砖、高强耐碱浇注料、耐高温具挂窑皮特性的镁铝、镁锆、镁铬等碱性砖，隔热层耐火材料：高温硅钙板、隔热砖、高强硅藻土砖、耐火纤维毡、轻质浇注料等。有近 30 余种耐火材料 玻璃池窑依部位不同、作业环境不同分别采用硅砖、尖晶石砖、熔铸 Al_2O_3 - SiO_2 - ZrO_2 砖、熔铸 Al_2O_3 砖；热风炉采用 MgO、MgO - Cr_2O_3、MgO - SiO_2 质耐火材料 依烧成制品不同采用各类合适耐火材料砌筑内层，如黏土质、高铝质、莫来石、刚玉等；许多窑炉内衬及窑车直接选用各类轻质耐火材料：轻质砖、耐火纤维等
有色工业	铝工业：铝电解槽、铝熔炼炉等，铝电解槽作业温度 900～1 000℃，冰晶石侵蚀；熔铝炉铝液渗透和合金元素侵蚀 炼铜工业：反射炉、闪速炉、诺兰达炉、澳斯曼特炉、转炉等，铜熔炼、精炼反射炉操作温度分别在 1 450～1 500℃ 和 1 300～1 400℃；吹炼转炉炉温波动在 800～1 500℃；闪速炉反应塔温度可达 1 350～1 550℃ 铅锌工业：铅鼓风炉、铅锌密闭鼓风炉、氧化底吹熔池炼铅转炉、竖罐炼锌蒸馏炉、粗锌精馏炉等	侧墙材料：Si_3N_4 结合 SiC 材料；槽底阴极为石墨质炭砖；铝熔炼炉：系列抗渗透高铝浇注料 各类铜镍冶炼炉主要采用镁砖、镁铬砖，直接结合镁铬砖、再结合镁铬砖、熔粒再结合镁铬砖、铬镁尖晶石砖等耐火材料 铅鼓风炉咽喉口和炉缸采用镁质耐火材料，铅锌密闭鼓风炉炉缸采用直接结合镁铬砖、炉身采用高铝砖或红柱石砖，氧化底吹炼铅转炉熔池上部直接结合镁铬砖，熔池部位为熔粒再结合镁铬砖，竖罐炼锌蒸馏炉、粗锌精馏炉多采用碳化硅质耐火材料
石化工业	烃类裂解：管式炉、裂解炉，1 100～1 400℃ 合成氨和氢气：转化炉有一段炉和二段炉，一段炉温度为 1 300℃；二段炉特点为高温、中压（3 MPa）、还原气氛 气化炉：重油、渣油、煤、石油焦、生物质燃料等多种原料气化炉，高温（1 300～1 600℃）、高压（3～8 MPa）操作	铝硅系可塑料、轻质耐火材料、耐火纤维、硅酸钙保温板等 一段炉：轻质耐火砖、轻质耐火混凝土、硅酸钙保温板等；二段炉：高纯刚玉砖、纯铝酸钙结合氧化铝空心球耐火混凝土等 工作衬有刚玉质、铬刚玉、氧化铬、碳化硅质等耐火材料，隔热层有轻质砖、硅藻土隔热砖、硅酸钙隔热板、耐火纤维等

消耗和钢铁生产的高效率、低能耗。

建材工业中的水泥、玻璃、建筑陶瓷等领域以各种高温窑炉构成其主体生产工艺装备。我国水泥工业仅新型干法水泥窑炉就有1 000多条、各种玻璃熔窑5 000多座、隧道窑、梭式窑、辊道窑等各种陶瓷烧成窑数以万计,所有高温炉窑内衬均必须由耐火材料来砌筑,耐火材料消耗总量占到第二位。各类建材高温生产工艺显著不同,对耐火材料高温性能有完全不同的要求,需满足特殊要求:水泥窑烧成带用耐火材料需具有耐高温、抗侵蚀和挂窑皮特性,玻璃窑熔池用耐火材料需具有耐高温和抗玻璃液侵蚀等性能。同时,随着提高燃烧强度、强化传热效果、减少热损失、节能减排和有利环保等多项技术的发展,耐火材料不仅是建材工业窑炉的基本砌筑材料,也是实现建材工业新技术、新工艺所依赖的材料[8-11]。

不同种类有色金属,冶炼方法、冶炼条件和冶炼装置各不相同,有色重金属铜、镍、铅、锌、锡、锑等采用火法冶炼,有色轻金属铝采用电解槽生产。有色金属熔炼特点是熔体温度不高,但流动性好,排渣量大,对耐火材料渗透、侵蚀性强。所以,有色金属高温熔炼装置耐火材料都需要具有良好抗侵蚀性。20世纪80年代以来,有色金属工业迅速发展了闪速熔炼、富氧吹炼及闪速焙烧等新技术,强化了冶炼过程,对耐火材料的要求越来越苛刻,尤其是炉体的关键部位要求更为严格。有色金属冶炼及处理除部分使用黏土砖、硅砖及高铝砖传统耐火材料外,关键部位都需采用高性能耐火材料,如直接结合镁铬砖、再结合镁铬砖、碳化硅制品等,保障了高效冶炼技术的实施[12,13]。

各种裂解炉、转化炉、气化炉、反应炉、焙烧炉等是石化工业的关键工艺装备,依高温工艺不同选用合适的耐火材料,它们的运行和效率都和耐火材料相关[14,15]。裂解炉是生产乙烯、丙烯、芳烃等有机原料的主要设备,炉衬耐火材料的隔热保温性能直接影响裂解反应深度;转化炉是生产合成氨和氢气的主要设备,二段炉炉衬直接受高温(1 300℃)、中压(3 MPa)、还原性反应气流(H_2、CO等)冲刷,要求结构均匀、致密、体积稳定,需选用致密、低硅、低铁的高纯刚玉质耐火材料以适应工作环境条件。

耐火材料也是各新兴和特殊高温产业、高温领域的重要支撑材料。作为高温工业的基础材料,耐火材料不仅广泛应用于冶金、建材、有色、石化等传统高温工业中,而且还广泛应用到煤化工、各种垃圾焚烧和减容熔融处理、新材料、新能源等新兴工业中,以及电子、军工、航空航天等高端领域。需要持续开发新型耐火材料或新产品来满足新高温领域、新工艺发展需要。事实上,从居民生活到航天科技,凡涉及热能环境或过程的作业都需用耐火材料。

煤化工产业。我国具有丰富的煤炭资源,一直是我国能源的主体,占全国能源消耗的70%以上。出于环保和能源安全需要,洁净煤技术的煤化工工业是重要的发展方向。煤化工的核心设备是煤气化炉,其内部需要能承受高温、高压、高速介质冲刷、高还原气氛的特殊材料保护,耐火材料不可或缺,目前使用的高纯氧化铬质、氧化锆质、碳化硅质等具有优良的高温强度、高温抗腐蚀、抗渗透和高荷软温度等性能的特种耐火材料,是煤气化炉安全、高效运行的保证[16-19]。

环保产业是一新型产业。以垃圾处理为例,中国的垃圾已占世界年产出垃圾量的1/4以上,垃圾焚烧处理势在必行。我国的垃圾焚烧业始于20世纪80年代后期,如今正处于快速发展阶段,已成为新兴的环保产业。垃圾焚烧时,气氛复杂、酸碱有害成分夹杂、侵蚀磨损严重,碳化硅耐火材料具有良好强度和耐磨性,可以抵抗固体物料的磨损和热气流的冲刷,具有突出的稳定性抵抗炉内碱金属和酸性物质的侵蚀,并以高热导率及良好的热振稳定性承受炉温急剧变化,以良好的抗一氧化碳侵蚀能力避免炉衬崩裂。目前发达国家为减少垃圾焚烧处理过程中高致癌物二噁英的产生及对生态环境造成的污染,大力发展垃圾焚烧-灰渣熔融处理技术,炉内温度由1300℃提高到1600℃以上,必须有优质的耐火材料才能推动该技术的推广应用与进步[20,21]。

在电子产业领域,电子陶瓷烧成需要推板、匣钵等优质高性能耐火窑具。在军工和航空航天领域,金属热成形装备的加热装置中需大量使用耐热保温特种耐火材料,火箭发射导流槽广泛使用耐火混凝土进行浇筑,航空航天设施使用绝热陶瓷纤维材料保温,高温耐火涂料耐温防护等。在新能源领域,如1000℃以上极高温潜热储存材料,采用氧化铝和氧化锆耐火球等功能材料等。

总之,无论是传统的冶金、建材、石化、火电等高温行业,还是新兴的环保、新能源、新材料、航空航天、电子等高温技术领域,都离不开耐火材料。耐火材料的技术进步直接关系这些领域的技术进步和行业发展。耐火材料在国民经济中的重要性如下。

(1) 服务于国民经济基础材料工业的重要高温工程材料,是高温工业正常运行的基本保障。当前我国是几乎所有高温工业的第一规模大国,钢铁、水泥、玻璃、陶瓷以及重要有色金属等国民经济基础材料的产量均占到世界总量的近半或超过50%,同时也是这些原材料的世界第一消耗大国,耐火材料起着基本保障作用。高温工业的生产工艺离不开耐火材料,耐火材料是绝大多数材料工业生存和发展的基本条件。

(2) 为高温工业的技术进步提供支撑,为高温工业的健康可持续发展提供保障。耐火材料工业的技术进步是高温工业实施新技术、新工艺的保证。往往每一项高温新工艺,都要求有新的或性能更优的耐火材料来支撑。近年来的钢铁冶炼新技术,如非高炉炼铁、大型高炉高风温热风炉、铁水预处理及炉外精炼、洁净钢生产等,都有赖于优质高效耐火材料的发展。耐火材料所服务的行业多为高耗能产业,是全球大力发展低碳经济新时期的节能减排重点对象,诸多工业窑炉用耐火材料,不但要求能满足使用寿命,而且要求有更好的隔热效果和重量更轻。当前,我国传统高温工业正处于新的发展阶段和转折时期,结构调整、产品升级优化、低碳、绿色、环境友好、可持续发展成为主旋律,耐火材料在此转型发展中同样会发挥重要的作用。

(3) 新材料、新能源、节能环保等新兴产业的重要支撑材料。高温工艺是一些新兴产业的基本工艺,需要具备特色高温性能的耐火材料。新型显示材料、电子材料、光伏材料、功能材料、纳米材料等新材料制造需要低污染、高性能的耐火材料,多种工业固、液废弃物减容无害化处理需要高抗侵蚀耐火材料等。

我国拥有得天独厚的耐火原料资源,持续快速增长的经济形势和耐火材料用户行业的高速发展,促进了耐火材料工业的蓬勃发展。2010年以来,我国的耐火制品总产量一直保持在2800万吨以上,占世界耐火材料总量的60%以上,是名副其实的耐火材料生产大国。耐火材料工业与高温工业相互依存,耐火材料工业的技术水平对高温工业的技术进步和低碳经济的实施具有举足轻重的影响,我国耐火材料行业的结构调整、节约资源、健康可持续发展也关系着高温工业的发展前景。

13.2 耐火材料是高温工业节能重要相关技术

钢铁、有色、建材、石化是耐火材料服务的主要行业,也是国民经济中最主要的高耗能行业(四大高耗能工业能源消耗量占工业总能耗的比重达70%(其中,钢铁工业约占23%、有色占20%、建材工业占8%、石化工业约占19%)。高耗能工业占我国经济总量比重较大的原材料工业如水泥、钢铁、石化、有色等高温流程工业,有着各种高温装置和炉窑,既是高温工业流程的主体,又是最主要高耗能设备,其用能效率的提高对节能减排意义重大。高温工业能源效率的提高除工艺的优化外,也取决于装备和材料,由材料结构和特性决定的传热技术和保温技术的水平对高温装备能源消耗具有重要影响。高温工业用节能耐火材料在发展高温工业节能技术中有重要的地位。

耐火材料既是一切高温热工装备的基础材料,同时也是高温热工装备降低能耗、提高能效的基本相关条件和重要影响要素。所有耐火材料都和高温相关,所有耐火材料都具有直接或间接的隔热功能,直接或间接的节能作用,耐火材料是高温热工装备节能技术的重要支撑条件和基础,发展节能耐火材料和技术也是发展高温工业节能技术的重要内容之一。耐火材料对高温工业节能的贡献主要体现在三个方面:对重大节能新工艺、新技术、新装备的高温材料技术支撑;提升耐火材料产品服役性能、服役寿命对提高生产效率、降低能耗的技术支撑;高效隔热耐火材料对高温热工装置减少热损失、提高热效率的支撑。

13.2.1 耐火材料在高温工业重大节能技术中的重要性

耐火材料是钢铁、有色、水泥、石化等高温工业赖以运行的重要支撑材料,耐火材料新产品也是高温工业重大节能新工艺、新技术的重要环节,几乎所有重大节能新工艺、新技术都必须有耐火材料新技术、新产品相配套,两者互相依存、互相促进。

钢铁工业对耐火材料需求量最大,钢铁工业发展进程中所有重大的新技术、新工艺、新炉型的出现,都与耐火材料的质量提高和新产品开发分不开。耐火材料科技的发展有力地推动了钢铁工业技术升级、节能减排、降低成本的实现。

1. 钢铁连铸技术

与模铸相比,钢铁连铸工艺的优点是:① 简化生产工序。省去了模铸的脱模、整模、钢锭均热和开坯等工序,可使基建投资节约40%,占地面积减少30%,劳动力节省75%,同时缩短了从钢水到坯料的周转时间。② 提高金属收得率。消除了模铸中注管和汤道的残钢损失,降低了切头切尾损失,可提高金属收得率10%~14%。③ 降低能量消耗。采用连铸省掉了均热炉的再加热工序,可使能量消耗降低25%~50%(吨钢能耗可节约$(0.63\sim1.05)\times10^6$ kJ)等。④ 铸坯质量好。连铸冷却速度快,树枝晶间距小,浇铸条件稳定、可控性强,因此铸坯内部组织均匀、致密,偏析小,沿铸坯长度方向化学成分均匀,性能稳定。⑤ 生产过程易于实现自动化,劳动条件大为改善。连铸用系列特种耐火材料的开发是连铸工艺得以成功推广应用的必要条件。连铸用滑动水口、长水口、浸入式水口、整体塞棒等功能耐火材料在连铸工艺中起着控制钢液流动、防止钢液二次氧化、稳定钢液在结晶器中的流场等重要功能和作用,是保证连铸工艺得以实现的关键配套技术之一。连铸中间包包衬及稳流器、挡渣墙、挡渣堰等内置构件等耐火材料有效保证了中间包作为连铸工艺的关键盛钢容器所起的稳流、促夹杂物上浮、分流及保证钢水连续性的作用。长服役寿命连铸用功能耐火材料和中间包耐火材料的发展是高效连铸得以实现的重要前提。

2. 干熄焦技术

与传统湿法熄焦技术相比,干熄焦技术是钢铁炼焦工序重要节能环保技术之一。干熄焦技术以其节能、环保和提高焦炭质量三大优点备受重视,并正在逐步大力推广中。节能方面:干熄焦可回收利用红焦约83%的显热,每干熄1 t焦炭回收的热量为3.9~4.0 MPa、450℃蒸汽0.45~0.55 t。而湿熄焦没有任何能源回收利用。干熄焦技术对炼焦工序可实现吨焦节能40千克标准煤。提高焦炭质量方面:避免了湿熄焦急剧冷却对焦炭结构的不利影响,其机械强度、耐磨性、真比重都有所提高,热反应性(CSR、CIR)均有所改善,这对降低炼铁成本,提高生铁产量极为有利,炼铁焦比下降5 kg/t,产量则提高4%。在降低有害物质的排放,保护环境方面:与湿熄焦工艺对比,采用干熄焦工艺酚排放由33 kg/h降到零、氰化物排放由4.2 kg/h降到零、硫化物由7.0 kg/h降到零、氨由14.0 kg/h降到零、焦尘由13.4 kg/h降到7.0 kg/h,减排效果明显[22]。配套发展的干熄焦装置专用系列耐火材料是干熄焦装置正常运行和干熄焦技术普遍推广应用的必要保障条件。与干熄焦技术同步发展的干熄焦用系列耐火材料有[23]:特种莫来石砖、莫来石-红柱石砖、半碳化硅质砖(SiC<50%)、莫来石-SiC砖、高铝SiC制品、碳化硅砖(SiC≥50%)以及不同结合类型的SiC砖等,这些耐火材料新品种具有高抗磨性、高抗热振性,用于干熄焦装置不同部位,适应相应的的特殊服役环境,实现干熄焦装置长期稳定运行。

除钢铁工业外,建材、有色、石化、电力、垃圾焚烧等高温技术的不断发展也有赖于耐火材料的科技进步。

3. 新型干法水泥窑

与传统水泥窑相比,新型干法水泥窑是以低能耗、低排放、高产量为特点的水泥生产新工艺。我国从20世纪80年代初开始引进国外先进的新型干法水泥生产技术,到现在中国新型干法水泥生产线已居世界最大规模并输出相关技术,离不开中国水泥装备技术的快速发展,尤其是水泥工业用耐火材料品质的全面提升。系列具特种性能耐火材料的开发和应用,促进了水泥新建项目投入的成本大幅降低,并确保了水泥生产的节能环保、长周期安全运行。其中包括系列高性能耐火浇注料(高强耐碱耐火浇注料、高温高强耐碱耐火浇注料、碳化硅质抗结皮耐火浇注料、高强耐碱低水泥耐火浇注料、高性能喷煤管专用刚玉莫来石耐火浇注料、高性能窑口专用刚玉莫来石耐火浇注料、高热高铝低水泥耐火浇注料、高铝低水泥防爆耐火浇注料等)、新型水泥窑烧成带用环保型碱性耐火砖(镁尖晶石材料、镁钙锆材料、铁铝尖晶石材料等)、特种高铝砖(抗剥落高铝砖、硅莫砖等)、微孔硅酸钙板等[24,25]。特别是高性能镁铝铁尖晶石产品等系列耐火材料技术的突破,促进了水泥回转窑向大型化、高效化、环境友好方向发展的进程。

4. 循环流化床锅炉技术

循环流化床锅炉是一种高效、低污染的节能技术。自问世以来,在国内外得到了迅速的推广与发展,在改善环境、充分利用一次能源资源、降低工程造价、促进电力工业可持续发展、提升电力工业和机械制造业技术水平等方面,具有重要的意义。节能降耗的潜力巨大,提高企业的经济效益和社会效益显著。循环流化床锅炉性能特点是：① 燃料适应性范围广，能燃用常规锅炉几乎不能燃用的燃料，如高硫劣质煤、煤矸石、洗中煤、石油焦、废弃轮胎和垃圾等，可以充分利用一次能源资源。② 调峰能力强。大型循环流化床锅炉易于保持燃烧稳定和蒸汽参数，具有很强的调峰能力，锅炉不投油最低稳燃负荷合同保证值为锅炉额定负荷的 35%±5%，远低于常规锅炉。③ 环保性能高。炉内脱硫脱硝，不需要另外安装脱硫和脱硝装置。循环流化床锅炉使脱硫剂与燃料中的硫分能够充分发生化学反应生成固体硫酸钙，加之在燃烧室不同部位分部送风，使 NO_x 生成量较少，从而实现炉内脱硫脱硝。从锅炉设计和实际使用效果来看，大型循环流化床锅炉 SO_2 和 NO_x 排放能够满足严格的环保排放标准要求。④ 灰渣综合利用多。循环流化床燃烧过程属于低温燃烧，同时炉内优良的燃尽条件使锅炉的灰渣含碳量低，灰渣活性好，可作为水泥的掺和料或建筑材料，具有良好的经济价值，已被国家列为重点发展的能源技术。开发了系列高性能不定形耐火材料（耐火高性能耐磨浇注料、耐高温耐磨浇注料、轻质隔热浇注料等）[26,27]，在高颗粒浓度和高运行风速服役环境条件下具高抗磨性特性，克服了制约 CFB 大型化发展的主要技术瓶颈，对循环流化床锅炉高效、环保稳定运行和推广起到保障作用。

13.2.2 优化耐火材料高温性能和提升服役寿命对高温工艺能效提高作用显著

耐火材料涉及高温工业各流程，耐火材料不仅要满足使用条件下的高温物理化学性能要求，其服役行为也直接影响高温生产效率和能效。例如，钢铁工业 90% 的工艺过程与耐火材料相关，生产效率和能源效率受其制约；化工、石化行业与煤/生物质气化领域，40% 的工艺能源消耗直接受到耐火材料及隔热材料的影响，核心装置生产效率受耐火材料制约；铝工业 90% 的工艺过程能源消耗受到耐火材料的影响。优质、长寿耐火材料有效提高高温热工装置生产效率，对高温工业节能降耗有直接作用，对节能减排意义重大。

在钢铁工业领域，耐火材料高温性能优化和服役寿命提升有力地推动了钢铁工业各流程生产效率和能效提高。例如，炼铁方面：若没有氮化硅结合制品、在线维修技术及材料的开发，就不可能达到高炉长寿化的要求；在高炉炼铁工艺中，提高高炉的入炉风温可有效节能降耗。高炉风温每提高 100℃，吨铁焦比可以降低 20 kg，增加产量 4%，系列高性能低蠕变砖等热风炉用耐火材料新产品的发展使热风炉实现了高风温运行，降低了焦炭消耗；喷枪和鱼雷车用成套材料的成功使铁水"三脱"顺利进行。在炼钢方面：为了均化钢水的成分和温度，对钢水搅拌提出了新要求，钢包底吹氩透气砖这种功能型耐火材料的发明与不断进步，替代了吹氩枪的使用，解决了钢水精炼技术的瓶颈，寿命由吹氩枪仅 5 次提高到透气砖的 30 次以上，吹炼效果和生产效率大幅提升，精炼工艺能耗大幅度降低，钢水质量极大改善；低碳镁碳砖、无碳钢包衬砖，以及具有吸附钢水夹杂作用的含游离氧化钙耐火材料的开发，推动了洁净钢、超纯净钢的冶炼的发展。

在有色冶炼领域，新型高性能耐火材料的研究开发，有效推动了有色冶炼技术的进步、生产效率提高、节能环保发展。没有氮化硅结合碳化硅制品的成功开发，大功率铝电解槽的工艺技术就不能顺利实现。节能型铝电解槽冶炼技术进步要求铝电解槽内衬材料由过去的碳素材料内衬发展到现在的氮化硅结合碳化硅等高级材料。同样铜、铅、锌等有色冶金新技术、新工艺的发展，都无不依赖于相关领域耐材质量的提高和新品的研发。铜熔炼、镍熔炼工艺采用奥托昆普闪速炉,矿石焙烧和熔炼结合在一起进行,反应迅速,能耗低,大大减轻了有色金属冶炼过程对环境的污染。但耐火材料所处服役环境恶劣:温度高、高温熔体的冲刷,熔渣和锍的渗透与侵蚀,研究开发了高性能熔铸镁铬砖和熔粒再结合镁铬砖使此节能环保技术得以实施。

在建材、石化、化工等其他高温工业领域,耐火材料性能的提高、品质的改善对提高它们的高温热工装备服役寿命、运行效率、减少耐火材料消耗、降低成本等方面起到了重要作用,同时带来了高温热工装备节能降耗的结果。

总之,耐火材料是钢铁、建材、有色等高温工业热工装备不可或缺的重要支撑材料,高品质耐火材料是高温工业炉窑安全、稳定、长周期、满负荷、高质量运行的保障条件。各领域高温热工装置的高效和节能对耐火材料具有强烈的依赖性。

13.2.3　高温热工装备中的节能隔热耐火材料

隔热耐火材料又称轻质耐火材料或保温材料,是一类采用不同工艺制备的具有高气孔率、低体积密度、低导热系数、低热容量的起隔热功能的专用耐火材料。高温热工装备几乎都是金属外壳结构,隔热耐火材料是除水冷壁外所有高温装置必用的非工作面(背衬)材料,是减少高温装置热量散失,保持热工装置内部的高作业温度和外部低的炉壳温度之必需,对高温热工装置减重轻量、降能耗、提高能效有最直接的影响。在保证其他性能满足服役要求的条件下,降低导热系数是高温热工装置对隔热耐火材料的共性要求,研究开发和推广应用更高隔热性能材料始终是高温热工装置为降低能耗所不懈追求的目标。

工业窑炉是冶金、建材、石化、化工等高能耗行业的主要工艺装备,节能问题是工业窑炉的重要课题。减少窑炉能耗和提高热效率的重要措施之一就是对窑炉筒体采用隔热保温措施,即尽可能采用轻质材料构筑炉窑衬里,借此减少窑炉散热损失。轻质隔热材料广泛应用于各种高温场合,可根据窑炉温度高低和工作环境的不同要求,选择不同种类和厚度的材料为内衬,不仅可减少窑炉炉壁的厚度,而且显著减轻窑炉的重量,加快窑炉升温速度。轻质高温隔热材料不仅可以作为窑炉内衬(或整体炉胆)应用于工业窑炉,而且还可作为高温窑炉的填充密封与隔热材料。不同种类、不同材质的隔热耐火材料为高温工业窑炉隔热优化设计提供了材料基础。目前轻质隔热材料材质上有硅质、黏土质、高铝质、刚玉质和莫来石质等,品种上有散状(粉粒状)隔热材料、定形隔热材料(轻质砖)、纤维隔热材料、轻质不定形隔热材料等,适用各种工业炉窑在一般使用条件(不含金属溶液或熔渣接触,不受剧烈的机械冲撞、磨损,无剧烈热振荡,无化学反应,不受侵蚀等)下,作为直接接触火焰的炉衬或中间隔热保温层。例如,冶金行业的带式烧结机、球团焙烧炉、加热炉、热处理炉、铝电解槽、铝熔炼炉、炼锌电热蒸馏炉及精馏设备;碳素焙烧窑,陶瓷、耐火、建材制品烧成窑;石化工业各种加热炉、催化裂化装置、合成氨装置的一段、二段转化炉、废热锅炉、变换炉;垃圾焚烧炉及各种用途的电阻炉等,采用合适的隔热保温材料和技术,降低能耗,提高热效率。

冶金、建材、石化等高耗能工业高温热工装备操作条件苛刻,节能和高效运行需要高性能隔热耐火材料支撑。通过采用优质高性能隔热耐火材料,高温热工装备的热效率可以得到明显提升。钢铁冶金钢水储运设备,如钢包、铁水包、鱼雷罐、中包等采用强度、隔热、耐温性协调的隔热保温材料设计,起到有效降低钢包外壳温度,提高服役安全性、服役寿命、耐火材料衬寿命、钢水温降小和节能的效果。对于石化工业的管式加热炉、裂解炉、制氢转化炉等耗能主体热工设备，隔热技术是其工程实践的关键技术之一，而隔热材料性能的优劣又是其隔热技术的关键，直接影响石化工业生产的节能降耗。开发耐火材料的新品种及高效优质隔热材料，改善并提高高温隔热材料的使用性能，是发展石化工业节能技术的重要内容。在裂解炉炉墙复合隔热结构的总热阻中，炉墙内壁的高温隔热材料所占的比例最大，且技术要求最高，采用高性能莫来石轻质耐火材料、高性能纤维制品，对提高炉墙总体隔热效率具有重要作用。

第 14 章

高温节能耐火材料的技术发展现状和态势

14.1 耐火材料发展规律和现状

14.1.1 耐火材料发展规律

耐火材料是所有高温工艺的基础,是材料工业的基础材料。耐火材料的发展是满足高温工艺要求、适应高温工艺的变化、保障材料工业的发展。长期以来,提高各种高温热工设备服役寿命和服役稳定性一直是高温工业为提高生产效率、实施新工艺、新技术、发展新材料对耐火材料的核心要求,也是耐火材料研究开发的最主要方向和追求的目标。服役长寿化、消耗减量化成为耐火材料技术发展的主要特征。围绕服役寿命的提高,耐火材料在原料品种和品质、材料设计、材料制造水平、产品性能优化、材料应用水平等各方面持续不断地提高、发展和进步。

以钢铁行业用耐火材料为例,耐火材料在技术进步中发展。随着钢铁冶金技术的发展进步,对耐火材料品质和功能的要求不断提高和更加苛刻。耐火材料通过创新和技术进步,发展新材料,提高耐火材料高温性能,提高服役寿命,降低耐火材料消耗,满足了钢铁工业技术发展需求。如图 14.1 和图 14.2 所示,20 世纪 70 年代吨钢耐火材料消耗国际先进水平为 30 kg,随着冶金技术的进步和耐火材料的发展,到本世纪初,减少到 10 kg,近些年基本处于较稳定的时期。钢铁生产工艺的变革和钢铁冶炼用耐火材料技术的全面进步对这种减量化发展起到重要作用,如高炉长寿耐火材料技术,铁水罐或鱼雷罐材质变革寿命成倍提高技术,钢包材质和施工技术进步使包龄由几十炉次提高到最高可达几百次。喷补料和喷补技术的发展,使炉龄进一步得到提高。耐火材料消耗减量化发展也是我国耐火材料的主要发展规律和科技进步的重要体现,我国吨钢耐火材料消耗在 20 世纪 80 年代仍超过 50 kg,目前已减少到 15~18 kg,最好水平也减少到 10 kg。耐火材料消耗减量化发展是耐火材料在材质、结构、性能、工艺、应用等技术上综合提高的结果,消耗减量化对高温流程工业具有提高效率、节能、减排、节约资源等多重效果。

除钢铁工业外,建材、有色、石化、电力等工业高温装置服役寿命提高、消耗量减少也有赖于耐火材料技术的协同进步。

我国从 20 世纪 80 年代初开始引进国外先进的新型干法水泥生产技术,到现在中国新

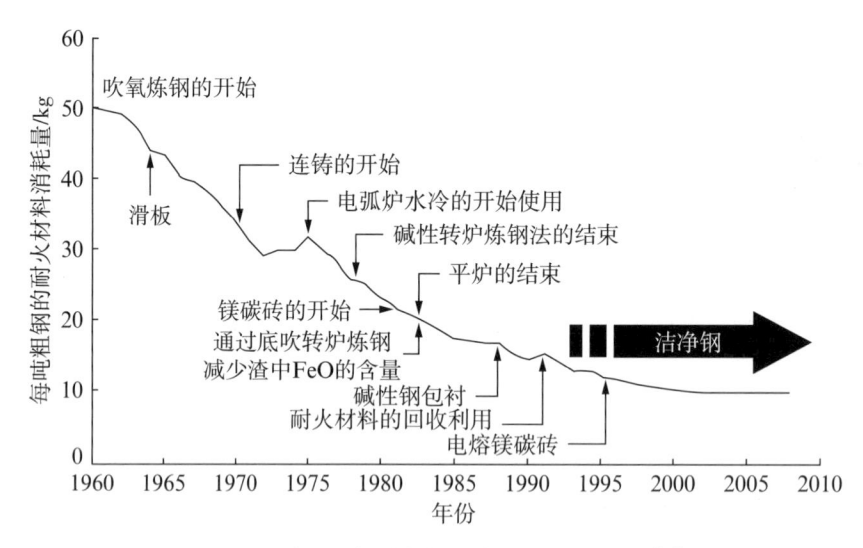

图 14.1 德国吨钢耐火材料消耗量的发展变化[28]

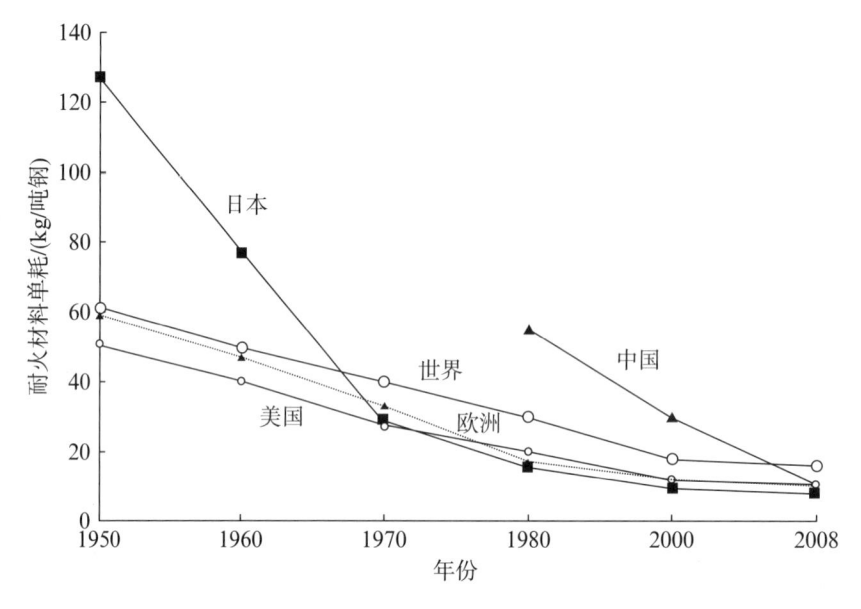

图 14.2 各国吨钢耐火材料消耗量发展变化比较[29]

型干法水泥生产线已居世界最大规模并输出相关技术,这一发展离不开中国水泥装备技术的快速发展,尤其是水泥工业用耐火材料的全面提升。我国新型干法水泥窑吨熟料耐火材料消耗从过去的 0.8 kg 降到目前的 0.4 kg 以下,耐火材料的使用寿命有了显著的提高[30]。主要耐火材料技术发展有以下两方面。无铬碱性砖—镁铁铝尖晶石砖：良好的高温力学性能和良好的挂窑皮性能,如今已在窑内气氛稳定的水泥回转窑烧成带得到了广泛的推广应用；镁钙锆砖：把一定量的预合成锆酸钙加入配料中,形成镁钙锆砖制品,既具有优良的挂窑皮性能,又具有良好的抗侵蚀性能,能有效抵抗窑内气氛的变化,目前已在新型干法水泥窑烧成带使用,效果良好,具有良好的推广应用前景。高铝砖的技术发展——硅莫砖,在水泥回转窑的分解带和安全带上逐步代替原来配置的抗剥落高铝砖及磷酸盐结合高铝砖等传统产品,并取得良好的使用效果。在硅莫砖中加入红柱石、硅线石、蓝晶石,利用其在高温下的膨胀性提高制品的抗蠕变性和高温强度,而且能提高抗热振稳定性。不定形耐火材料技术发展:窑口浇注料由传统的高铝高强浇注料发展为以添加超微粉和高效减水剂为特征的高性能低水泥浇注料。在配方体系上也有了很大的变化,逐渐由传统的高铝质浇注料演变为红柱石基低膨胀浇注料、刚玉-碳化硅浇注料以及采用复合骨料的刚玉-莫来石高强低水泥浇注料。使窑口浇注料的使用寿命由之前的4～6个月提高到10个月以上,甚至1年半以上;喷煤管浇注料主要为铝-碳化硅系浇注料,在高铝原料中添加超微粉和碳化硅,碳化硅的加入提高了材料的抗热振性,并在高温下在材料表面形成液相层,改善了材料的耐碱性能,提高了使用寿命。刚玉-尖晶石浇注料是在材料中添加 α-Al_2O_3 粉和富铝尖晶石细粉,具有较高的高温抗折强度,尖晶石本身具有一定的耐碱性能。这些新产品新技术的开发应用,使喷煤管的使用寿命从之前的3～4个月提高到目前的6～8个月。为进一步提高寿命,降低耐火材料消耗,这些材料还在继续提高改进中。

耐火材料是为高温工业服务的不可或缺的基础材料,耐火材料发展与高温工业技术发展紧密联系。耐火材料工业发展的基本规律和特点是随高温工业的发展而发展,二者相互依存,互为促进。满足高温工业在规模上的发展、工艺和技术上的进步、生产效率提高的发展等需求主导着耐火材料的发展和技术进步,是耐火材料发展的最主要推动力。耐火材料的重大技术进步,往往给高温工业带来提高生产效率、提高产品质量、节约能源、降低生产成本的综合效益。耐火材料是高温工业炉窑装置安全、稳定、长周期、满负荷、高质量运行的"保护神",高温技术对耐火材料具有强烈的依赖性。

14.1.2 耐火材料产业现状

进入21世纪以来,我国钢铁、有色、建材、石化、电力等高温工业在关键装备和技术上快速进步,不少已具国际先进水平,规模上高速发展,产量已多年遥居世界第一。2013年,我国粗钢产量达到7.79亿吨,占世界产量48.5%;水泥产量24.144亿吨,占世界产量60%以上;平板玻璃产量77 898万重量箱,占世界总量的60%以上,日用陶瓷271.23亿件,占世界产量73%;建筑陶瓷78.08亿平方米,占世界60%;卫陶1.74亿件,占世界42%;十种有色金属产量达4 029万吨,都居世界第一产量大国。耐火材料同步发展,从数量到品种、品质有效支撑和保障了高温工业飞速发展和技术进步,对高温工业技术进步、节能降耗发挥了保障性作用。

同各传统高温工业一样,我国耐火材料也发展成为全球耐火材料和耐火原料生产、消耗、出口最多的国家,不仅满足了我国高温工业发展需要,在国际上也有重要影响。图14.3为2012年世界主要耐火材料产区的份额,中国耐火材料产量已占世界近70%。表14.1为我国耐火材料近5年的产量情况,表14.2为我国近年来的耐火材料和耐火原料出口量,依托原料资源的优势,耐火材料产业不仅规模大,产品品种齐全,Al_2O_3-SiO_2 质、富镁的碱性制品、含炭制品具有一定的出口优势。在耐火材料技术上进步成效显著,产品质量水平不断提高,服役寿命逐年提高,一些产品也达到国际先进水平。

与2001年的1 070万吨总产量相比,全国耐火材料产量增加了2倍,近五年一直维持在占全球产量60%以上。到2015年,耐火材料出口量达171.81万吨,耐火原料出口量达到

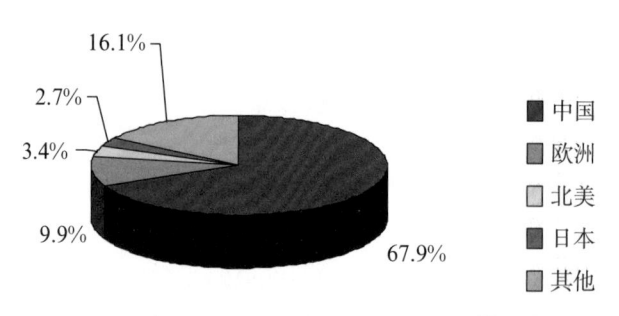

图 14.3 2012 年世界主要耐火材料产区的份额[2]（后附彩图）

344.62 万吨,电熔镁砂、高铝矾土、电熔刚玉、鳞片石墨等重要耐火原料对世界耐火材料产业都有重要的支撑作用[31,32]。

表 14.1 2009～2015 年中国耐火材料产量　　　　　　　　　　　　　　（单位：万吨）

年份	年总产量	致密定形耐火制品									隔热耐火制品	不定形耐火材料
		总量	黏土质	高铝质	硅质	镁质	特种耐火制品	含碳制品	功能材料	其他		
2009	2 454	1 559	391	290	238	159	358	243	44	123	54	841
2010	2 808	1 699	402	282	247	170	434	310	48	164	64	1 045
2011	2 950	1 765	422	288	263	207	407	298	47	178	67	1 117
2012	2 819	1 634	401	272	241	175	377	271	46	168	57	1 128
2013	2 928	1 731	384	275	232	180	410	295	51	241	56	1 142
2014	2 797	1 656	348	261	212	194	404	290	50	238	53	1 088
2015	2 615	1 528	320	234	187	185	379	271	51	223	47	1 040

表 14.2 2009～2015 年中国耐火材料和耐火原料出口量　　　　　　　　（单位：万吨）

年份	耐火材料制品				耐火原料							
	总出口量	碱性耐火材料	铝硅耐火材料	其他	总出口量	电熔镁砂	烧结镁砂	高铝矾土	棕刚玉	石墨	SiC	白刚玉
2009	144.7	72.8	48.8	23.0	195	18.6	35.7	35.8	24.1	9.78	11.8	7.2
2010	179.3	96.4	61.0	21.85	390	47.0	73.0	85.8	65.5	18.9	22.3	13.4
2011	195.4	104.8	71.2	19.4	333	34.6	58.1	65.1	67.0	14.9	21.6	14.7
2012	204	108.7	78.0	18.4	327	32.7	67.5	61.2	58.1	11.4	16.5	15.5
2013	176.9	103.9	58.9	15.1	326	30.2	47.6	76.3	55.5	12.4	28.7	15.7
2014	186.2	99.9	72.2	14.1	380	36.9	66.3	86.9	61.6	12.1	32	19.4
2015	171.8	82.4	73.2	16.2	344.6	30.2	54	84	51.6	10.7	31.5	16

注：出口原料总量中其他原料未列出

耐火材料既是钢铁、有色、建材、石化、电力等所有高温工业赖以运行的重要支撑材料,也是高温工业实现节能降耗、环保和清洁生产、技术进步,高温新技术、新工艺的重要基础。高温工业和耐火材料工业的快速发展和规模总量的超大化,已使我国成为耐火材料研究最集中、最活跃的国家。重要高温热工装备用耐火材料在产品品质、种类、应用水平等方面都取得显著进步,高温绿色、节能、环保和高效的不定形耐火材料基础理论和应用领域得到全面发展,不定形耐火材料在高温工业中的实际应用比例也已接近国际先进水平。满足高温工业健康可持续发展是耐火材料当前重点发展方向,保障耐火材料的可持续供给与为高温工业提供高效节能环保耐火材料已成为我国耐火材料热点研究领域。

14.2 隔热和节能耐火材料发展现状

广义上来讲,所有耐火材料都具有隔热保温和节能作用,耐火材料的发展对高温热工装置提高能效有重要影响。隔热耐火材料是以隔热保温节能为主要服役功能的耐火材料,主要用于热工装备非工作面隔热,其隔热效果对高温装置节能有直接作用。高温工业的节能降耗、环保和清洁生产已成为重要方向,具有高效节能功能的耐火材料的发展和应用对高温工业节能降耗发挥了保障性作用,促进了能源的高效利用。近10年来,随着高温工业节能减排、可持续发展的重要性日益突出,对隔热和节能耐火材料和技术重视程度得到了前所未有的提高,并正在成为耐火材料重点发展的科技领域之一。隔热和节能耐火材料品种、性能、生产和制备工艺及应用领域都有了长足的发展和进步,在高温工业热工装备节能中发挥越来越大的作用。

传统隔热耐火材料品种齐全,适应和满足各类不同领域应用的工业窑炉,不同的使用温度和不同的强度要求:较低温度范围使用的如硅藻土隔热砖、膨胀蛭石制品、膨胀珍珠岩制品等,工业窑炉常用的不同牌号的黏土质隔热砖、硅质隔热砖、高铝隔热砖等,较高温度或作为高温窑炉热面使用的莫来石隔热砖、氧化铝隔热砖,以及高温工业窑炉使用的氧化铝空心球砖、氧化锆空心球隔热砖等。

耐火纤维是一类高效节能柔性隔热材料,具有比轻质耐火砖低得多的导热系数和容重、方便快捷的施工方式,自从20世纪80年代在我国开始生产和推广应用以来,产品种类、应用领域和应用技术一直处于不断发展和进步的进程中。用轻质、低导热率纤维材料作工业窑炉壁衬,厚度可减少1/2,质量减轻60%~80%,节省筑炉钢材30%~50%,全纤维窑炉即窑墙和炉衬均采用陶瓷纤维,蓄热量仅为砖砌炉衬的1/10~1/30,重量为其1/10~1/20。对我国鞍、武、首、太、马钢等12个冶金企业的431台陶瓷纤维窑炉调查表明:间隙式电炉平均节能20%以上;间隙式燃料炉平均节能15%~20%;连续式燃料窑炉平均节能5%~8%[33]。当前硅酸铝陶瓷纤维及其制品的生产和应用已形成完整的系列,生产技术和应用技术已接近国际先进水平,产品在钢铁、建材、机械、石油、化工、电子、船舶、交通运输、轻工等领域广泛应用,对工业窑炉节能贡献显著。

耐火材料的节能性能研究开发正在受到重视,也成为耐火材料领域的研究热点之一。新型高温节能材料和技术发展迅速,一些新材料、新技术已在高温领域成功应用,显示了显著的隔热节能效果。不同材质和使用温度的节能涂料在热工窑炉炉衬表面涂覆应用,显著提高传热效率[34]。如高发射率涂料应用于大型高炉热风炉,提高预热温度,能源效率提高了25%左右;低热导高吸收涂料应用于石化化工管式加热炉,可提高热效率5%左右。为提高一些热工装备换热效率,开发高效蓄热换热材料,例如,焦炉用功能性高导热硅砖(导热系数 1.9 W/(m·K)提高到 2.3 W/(m·K)开发成功,可使燃烧室内火焰温度从 1 320℃降低至 1 279℃,从而大大减少能源消耗。以 7.63 m 焦炉计算,每年可节省 4 404 万立方米焦炉煤气,热值约为 25.55×10^4 tce。按照焦炉 40 年寿命计每台焦炉在生命周期内可节省 102.2×10^4 tce,我国焦炉数量世界第一,节能减排效果显著。在热工装备炉衬材料结构设计上推广应用复合隔热材料和优化配置炉衬耐火材料,从炉衬材料整体考虑平衡和优化炉衬耐火材料的隔热能力和高温服役性能。采用精炼钢包综合保温技术,以无碳材料取代传统热导率大的含碳内衬材料,热导率由 10~18 W/(m·K)降到 1~3 W/(m·K),大幅提高钢包的保温性能,与现行的普通钢包(使用次数 75 次)的钢壳温度相比,无碳钢包(使用次数 125 次)的外壳温度降低约 80℃,降低了 LF 炉吨钢电耗和电极消耗。一些新型高效隔热材料,如具有纳微米孔结构的轻质材料、纤维模块等高性能隔热材料的研究开发和推广应用,提高了窑炉的热效率,促进高温技术向节能减排、绿色环保方向发展。同时,高性能轻质材料的推广和使用,实现了窑炉的轻型化、高效化,降低了耐材和建筑材料的消耗。

14.3 高温节能耐火材料和技术的发展态势

14.3.1 高温工业发展趋势及对耐火材料发展的需求

高温工业大都属于高耗能行业,特别是钢铁、有色金属、化工、建材四大高耗能行业的能源消费占整个工业终端消费的 40%以上,占全国能源消费总量的 30%之多。我国钢铁、水泥、石化等行业发展面临全球性激烈竞争、能源资源约束和环境容量限制等重大问题。解决这些问题重点在于减少能源消耗、提高生产效率、研究替代技术。经过多年的发展,我国高温工业工艺技术水平有了很大的提高,单位能耗已经大大降低了,但总体还是高于国际先进水平,节能减排任务仍很艰巨且潜力巨大。以钢铁工业为例,其 90%工艺与耐火材料相关。我国钢铁工业吨钢可比能耗 2012 年为 674 kgce/tn,而日本 2009 年为 612 kgce/tn。仅出钢温度与发达国家相比至少高出 20℃,造成能源和资源的浪费,同时过热的钢水会加速金属氧化,促使耐火材料和渣中硫磷进入钢液中,形成非金属夹杂,影响钢材质量,还会增加耐火材料消耗,影响生产效率,增加生产成本。相类似,石化行业工艺能源消耗直接受到耐火材料及隔热材料的影响。我国乙烯生产可比综合能耗 2012 年为 893 kgce/tn,国际先进水平为 629 kgce/tn。提高传热效率用节能材料与工程技术与发达国家相比相对落后。现在,美国借助军用技术,开发出民用高辐射涂料材料,应用于乙烯裂解炉,可提高效率 3%以上。高温工业的深化发展、工艺技术的更高层次的进步对耐火材料技术提出了更高的要求和对高性能高温节能耐火材料更迫切的需求,通过改进耐火材料性能和应用技术实现节能降耗和提高生产效率是高温工业可持续发展的重要环节之一。

随着钢铁行业结构的调整,钢铁工业重点是发展连续、紧凑和高效率的新一代钢铁流程,致力于优化产品结构,生产洁净钢、纯净钢及高附加值钢铁产品,减少资源消耗和对环境的影响。新一代钢铁流程的主要内容为高效、低成本、洁净钢流程技术集成。为适应钢铁行业的上述发展和推动新一代钢铁制造流程技术集成,需要研究和发展高品质、长寿命、多功能、对熔钢低污染或无污染的新一代钢铁工业用耐火材料。洁净钢用耐火材料将进一步发展,控制耐火材料对钢水污染的同时,提高耐火材料功能性作用和长寿化;通过优化碱性耐火材料性能,增加碱性材料使用比例;发展低碳无碳消耗性耐火材料,调整消耗耐火材料产品结构。适应高炉大型化发展趋势,发展大型风口组合砖、高导热碳化硅砖和碳砖;适应钢铁行业对非焦炼铁工艺的深化开发,发展和优化赛隆等非氧化物结合材料。

水泥工业干法窑外分解技术的发展和水泥窑的大型化,并要求具有环保功能,越来越多地使用二次燃料(废弃物替代燃料)资源,使其关键部位对耐火材料性能要求越来越高,我国清洁生产技术的大力推行和环境保护政策的力度加大,要求加快推进使用环境友好型的无铬碱性制品替代镁铬砖。我国垃圾焚烧技术进入大发展时期,垃圾焚烧-灰渣熔融处理技术、水泥窑协同处置城市污泥、生活垃圾等众多工艺技术均进入应用推广阶段。开发适用于新型垃圾处理技术的新一代耐火材料以及进一步提高耐火材料的使用寿命亟须同步加快。

电解铝工业的节能减排新技术对铝工业的可持续发展具有重要意义,铝电解槽新技术发展方向之一是开发长寿命、低能耗的铝电解新技术,吨铝直流电耗由当前 13 000~13 500 kW·h降低至 12 500 kW·h 以下,铝电解槽结构由散热型向保温型结构转变,需要开发抗冰晶石侵蚀性能强、低导热系数的新型侧衬材料及炉底阻流功能材料、导热功能材料等系列先进新型节能耐火材料。低槽压大型节能铝电解槽的技术是电解铝行业节能减排的推广技术,低热导高性能复合材料成为该技术成功推广的关键。在铝工业中由耐火材料影响的工艺占到直接能耗的 90% 左右。新材料的研制与成功应用,以 500 KVA 槽子为例,可吨铝节电 450 kW·h,全年节电 60 万千瓦时。

通过耐火材料、传热材料等材料性能的提高和新材料的开发及相关工程技术改进,高温工业窑炉能效将有较大的提高。例如,高效工业锅炉方面:根据美国能源部 2005 年的"Refractories for Industrial Processing: Opportunities for Improved Energy Efficiency"研究报告[1],高效工业锅炉若提高 2% 的能效,可降低燃料消耗 2.3%,减少 CO_2 排放 2.3%,NO_x 排放 2.29%;高温蒸汽输送管网隔热性能提高 10%,可降燃料消耗 1.9%,CO_2 排放 1.9%,NO_x 排放 1.53%。气化技术方面:美国到 2020 年煤气化、生物质气化及林业黑液气化炉在合成气、清洁能源、高附加值能源产品生产及由煤制备各种石化产品方面将得到更广泛应用。但制约问题是缺少高可靠性长服役寿命耐火材料;由耐火材料影响的工艺占到气化技术直接能耗的 40% 左右。

我国能源利用效率与国外的差距也说明高温行业节能潜力巨大。耐火材料是所有高温工业的重要基础材料,耐火材料的蓄热、保温、热导率等性能与高温工业能耗或能源利用效率密切相关,发展新型高效节能耐火材料是耐火材料行业的重点任务,也是今后发展节能耐火材料的主导方向。

轻质隔热材料与国外还有差距,在提高窑炉高温热效方面作用没有得到充分发挥。我国陶瓷纤维中以硅酸铝纤维及制品为主,长期使用温度在 1 500℃ 及以上高附加值高纯氧化铝、氧化锆纤维及制品较少;我国生物可降解纤维品种少,使用温度低(小于 1 260℃),缺少应用温度在 1 260~1 500℃ 的材料;节能隔热材料应用技术研究较薄弱,受产品品种、配套技术等因素制约,在提高高温热效率方面的作用没有得到充分发挥。在隔热耐火材料领域发展热点和前沿技术是具有低导热系数的隔热材料,低维导热新材料开发;结构低导热材料开发,如具有微气孔结构的轻质材料、具有纳米孔结构的超轻质超级隔热材料、不同应用温度和领域的晶体纤维、可降解纤维材料和制品等以及隔热耐火材料的集成应用。

总体来说,提供安全、节能、环保、长寿命的新型绿色耐火材料是我国高温工业可持续发展对耐火材料行业提出的没有终点的要求。耐火材料是高温工业各领域重要的基础材料,是高温工业不可缺少的支撑材料,随着我国经济、科学技术的不断发展,当前和未来高温工业各领域也必然会进一步向前发展,技术进步、工艺创新。但高温工业能耗高、污染大,发展的模式将会突出节能减排、生态友好、可持续,耐火材料发展要适应这些需求而发展和技术进步。

14.3.2 高温节能耐火材料和技术的发展态势

节能减排、环境友好、节约资源关系国民经济健康可持续发展,已成为长期国策,特别是对高耗能工业而言,针对性更强,相应地对耐火材料的要求也更加强调高效和隔热。耐火材料服务于高温工业,高温工业发展态势决定了耐火材料的发展趋势。高效、低耗、节能、环保正在成为各类耐火材料和各高温应用领域用耐火材料的重要发展趋势:适应高能耗高温工业的节能降耗需要,满足高温工业节能降耗新工艺、新技术对高性能耐火材料的需要、新兴高温工业发展需要。同时,耐火材料工业本身也是高温工业,可持续发展是战略需要。所呈总体发展态势是:提升耐火材料为高温工业服务水平,提高耐火材料制造、应用的设计水平和科学性,实现耐火材料服役功能化、消耗减量化、热工装置轻量化。节能正在作为耐火材料的重要服役功能和一项共性技术而得到重视和开发,节能的概念与耐火材料组成、结构、性能设计紧密结合,与服役结合,形成从微结构到宏观结构、复合结构的综合节能耐火材料设计理念。具体体现在以下方面。

1. 节能成为耐火材料设计和开发重点考虑性能指标

对于热工装置而言,其保温隔热效果不仅与外层隔热材料有关,也与工作衬的热性能密切相关。为提高热效率,热工装置的节能既要考虑保温隔热衬材料的优化选择,也要考虑工作衬耐火材料具有高温隔热的功能。工作衬耐火材料处于较高温度范围,低导热工作衬耐火材料的隔热作用明显。采用微孔、超微孔结构设计的低导热系数内衬耐火材料,既保证了材料的关键服役性能不变(如抗侵蚀性)或提高(如抗剥落性),又扩大了工作衬材料内部的温度梯度,进一步提高炉衬材料的隔热效果,减少了热量散失,减小了炉衬厚度,使耐火材料兼具良好的服役行为和隔热节能效果。这一理念在诸多热工装备用耐火材料上可得到应用。例如,刚玉质微孔耐火材料具有高强度、耐高温、抗侵蚀特性,在工作面直接使用;低碳化含碳耐火材料在钢包应用,服役寿命提高,浇钢周期内钢液降温较小,钢包外壳温度降低。

2. 传统隔热耐火材料制备工艺和性能优化及隔热保温性能提升

传统隔热耐火材料的制造工艺已有几十年的历史,甚至更久,在使材料具有隔热保温功能的材料多孔结构控制上简单粗放,在材料的隔热性能和其他性能的调控上简单粗放,未达到优化,在强度与轻量化和隔热性能上互为制约。为了获得具有较高强度、较低热导率等优良特性的轻质隔热材料和扩大应用范围,采用新思路、新工艺、新技术设计和制造具有更高性能的传统隔热耐火材料,整体提升隔热耐火材料水平。精细化材料设计:设计合理的材料的种类、物相和结构组成,采用合适的黏合剂和添加量、工艺和工艺参数,制造性能更加优越的轻质隔热材料;优化材料内部孔隙的引入技术、孔隙结构、孔径分布,增加闭口气孔率,提高隔热保温效果的同时增加高温荷载能力和其他服役性能;采用合适的添加剂、多相复合等措施提高隔热耐火材料高温隔热性能。以新技术、新的材料结构设计提升隔热性能和相关使用性能指标是传统轻质隔热材料今后的发展方向。

3. 加速发展新型高效节能耐火材料和技术

高性能隔热耐火材料正在成为耐火材料领域的一个热点研究开发方向。以传热机理和结构设计的理论指导,科学化发展新型高效隔热耐火材料和隔热技术,提升材料隔热保温能力和水平,全面提升高温窑炉和高温装置的热效率。采用纳米二氧化硅粉和其他材料复合制备的纳米微孔超级隔热材料具有比静止空气低的导热系数,用于钢铁冶金工业钢包、中间包、铁水包,钢壳温度降低40℃,用于陶瓷行业辊道窑,减薄侧墙厚度,在有色工业用于铝液运输包中,获得温降速度不高于10~15℃/h,可以使运输时间增加到6 h等,目前已用于冶金、陶瓷、玻璃、石化等行业热工窑炉的高效隔热材料[35]。功能性表面改性涂层技术,高温下传热以辐射为主,提高蓄热体发射率可提高其吸-放热效率,起到节能作用。在热工装置耐火材料表面涂覆高温高发射率覆层,强化高温下的辐射传热,节能效果显著:在5 000 m³以上高炉热风炉节能5%以上或提高蓄热能力10%以上,在大型焦炉燃烧室应用节能3%~5%,减少CO_2排放[36]。为适应不同应用领域的隔热节能,有针对性地开发和应用新型隔热耐火材料:特种纤维隔热制品,例如,整体性pyro-bloc纤维模块产品具有均匀的压缩性和良好的隔热性能,是节能效果良好的内衬材料,在石化热工装置乙烯裂解炉和重整炉应用隔热效果明显,降低了炉衬厚度和炉壳外壁温度,得到了迅速推广;新的功能性高温隔热材料用于高温工作面材料,如六铝酸钙新材料、微孔刚玉材料、微孔莫来石材料等。

4. 轻量化成为热工装备节能发展的重要方向之一

热工装置的主要工程结构材料是耐火材料,各高温工业的热工窑炉数以万计,轻量化发展对所有热工装备的建造、运行高效、经济化及节能降耗都有意义。热工装备的轻量化是一个系统技术集成工程,涉及高性能隔热耐火材料和技术(如复合结构隔热耐火材料、功能耐火涂料等)、高性能工作衬耐火材料和技术(如功能化耐火材料、高强轻质工作衬耐火材料、原位表面改性技术)的应用和优化配置,以及材料和装备结构的优化设计、热工装置的炉衬传热和热场计算机模拟和设计等。

14.3.3 对我国高温节能耐火材料和技术的发展前景分析

我国耐火材料发展已具备了较扎实的基础。近十年我国耐火材料工业有了前所未有的发展,从生产装备技术到发展品种、提高质量、降低消耗都达到了较高水平。立足我国资源,开发了一大批我国高温技术急需的优质高效耐火材料,填补国内空白,高温窑炉的使用寿命、耐材消耗与国际先进水平的差距明显缩小。研发能力、管理水平和整体素质逐步提高。产品技术水平、质量可靠性有了较大的提高,服务用户的能力逐步提升,参与国际市场的竞争力不断增强,耐火材料出口量大幅度增加。耐材生产工艺不断优化,研发设备、生产装备、检测设备不断更新,保护生态环境的意识逐步加强。

与国外耐火材料比较,我国在发展高温节能耐火材料方面优势明显。科技人力资源优势：拥有一支庞大的耐火材料科技队伍，总数达到其他国家总和，具有潜在的技术发展优势。相对来说，工业发达国家耐火材料科技人员队伍总体呈减少趋势。生产规模优势：中国是世界耐火材料生产大国，产量占世界总量的60%以上，种类齐全，为科技发展提供的空间大，领域广。市场优势：中国主要高温工业规模都已居世界第一，每年耐火材料消耗量约占世界耐火材料总消耗量的60%，为耐火材料的技术发展提供了最为广泛的需求空间。但中国耐火材料发展上也存在不足之处，亟待加强。研发能力不足，研发效率低：尽管研发人员、研发经费总量大，但相对分散，低水平重复性、模仿性研究多、创新研究少，知识创新、原始创新能力不强；缺乏高层次人才、缺乏对科技开发的前瞻性、战略性安排部署、缺少国际品牌的持久和精心培育；研发水平、层次偏低，研发活动多限于产品开发，缺乏从材料、工艺、产品、施工装备到应用的一体化开发研究，技术集成、工程技术、集成技术、应用技术、服务技术水平偏低，整体工程层面方案设计和实施能力弱，与用户的关系和对用户的服务模式不适应技术发展和进步。

传统高温工业转型升级、节能减排对耐火材料要求提高，为高温节能耐火材料和技术的发展提供了良好的时机，给国内耐火材料行业的技术进步提供了机遇，也给耐火材料行业提高技术竞争力提供了机遇。高温工业新产业、新工艺、新技术的发展，会促进耐火材料技术发展。国家的发展低碳经济、加大力度的节能减排和环保政策为耐火材料的技术进步提供了政策支持。

总之，中国已成为世界最大的耐火原料和耐火材料生产和消费国，也是当前世界最主要的研究耐火材料的国家。把握国家出台的高温工业技术升级由大做强、低碳经济、节能环保政策给耐火材料工业发展带来的机遇，将消极因素转化为发展求变的动力，坚持自主创新，高温节能耐火材料科技发展在中国将大有希望。

第15章

高温节能耐火材料和技术发展战略

15.1 发展思路

耐火材料是高温工业,尤其是高耗能高温工业重要的基础材料,耐火材料的发展进步始终以高温工业和高温技术领域的需求为其推动力,以能为高温工业提供高服役能力产品为宗旨。高温工业技术进步和健康可持续发展需要发展高效、长寿、节能、环境友好的耐火材料。

1. 高温工业节能减排需要高效节能耐火材料的技术支撑

高温工业大都属于高耗能行业,特别是钢铁、有色金属、石油化工、建材四大高耗能行业的能源消费占全国能源消费总量的近30%。工业窑炉的能耗占了相当比重,我国热工炉窑的能耗占全国总能耗的21%,按照2010年全国能耗统计数据约32×10^8 tce 来计算,热工炉窑用能当量为 6.7×10^8 tce。然而当前我国热工炉窑装备的平均热效率为50%~60%,与国外先进水平相比有15%~20%的差距,高温行业节能任务重但潜力巨大。高温窑炉用耐火材料的蓄热、保温、热导率等性能与高温工业能耗或能源利用效率密切相关,但我国在节能耐火材料的发展明显滞后,品种少、热性能指标落后,在一定程度上限制了高温窑炉能效的提高。发展系列高效节能耐火材料和技术是高温工业提高热工装置热效率的重要基础和发展方向之一,也是高温窑炉节能降耗的迫切需要。

2. 高温工业转型升级需要耐火材料品质、品种和技术进步的支撑

高温工业提高高温装置生产效率、提高产品质量和产品升级、降低生产成本和环境友好要求耐火材料向减量化、轻量化、功能化发展。我国钢铁工业平均吨钢耐火材料单耗较国际先进水平高出一倍以上,需要耐火材料在高温品质稳定性、高温服役功能和寿命、高温应用技术等方面有一整体水平的提高,以达到国际先进水平。我国钢铁工业致力于优化产品结构,发展洁净钢、纯净钢及高附加值钢铁产品,减少资源消耗和对环境的影响。洁净钢生产是从精炼钢包、中间包、到连铸的全流程保障过程,需要相关耐火材料的技术发展和进步的支撑,在使用寿命、作业稳定性、对钢液无二次污染或对钢水具有洁净化功能减少非金属夹杂等方面能有明显提升。建材、有色、石化工业的高温装置在服役寿命、运行效率、耐火材料消耗上与国外先进水平也有不同程度的差距,需要这些领域用耐火材料综合技术水平有较全面的提升。

3. 高温工业和新兴产业发展均需要新型耐火材料及新技术的支撑

制造业领域中可循环钢铁流程工艺与装备等技术、水泥工业干法窑外分解技术的发展和

水泥窑的大型化及使用二次燃料(废弃物替代燃料)技术等;新兴高温工业,如煤的清洁高效开发利用、液化及多联产技术,环境领域中综合治污与废弃物减容高温处理技术等;新型电子材料、新型显示材料、特种功能材料等新材料制造技术,对耐火材料提出了新的更高的要求,需要围绕这些新技术需求发展相适应的安全、节能、环保、长寿命耐火材料和耐火材料技术。

4. 传统高温工业健康可持续发展需要耐火材料的有效支撑

传统高温工业虽然是高耗能工业,目前甚至是产能严重过剩产业,但在相当长时间内仍是国民经济不可或缺的重要支柱产业和有重要影响产业。节能降耗是传统高温工业走向健康可持续发展的重要环节之一,耐火材料是高温工业节能降耗的重要相关技术,耐火材料不论其应用领域何在、应用目的何在,本质上都具有高温隔热功能,都对工业窑炉、高温装置的能耗有直接或间接关系,发展节能耐火材料和技术对高温工业调结构、转型升级、可持续发展既重要又必不可少。

5. 节能耐火材料和技术发展的总体思路

以服务和满足高温工业发展节能高温工艺、节能高温热工装备、提高能效的需求和可持续发展为宗旨,创新发展高效、节能型耐火材料,构建热工装备高效节能耐火材料体系;以功能化为核心,创新发展结构—功能(性能)—应用一体化的耐火材料设计和制造技术,提升各类耐火材料在服役中的隔热功能或提效节能作用,提升各类高温装置能效水平,为我国高温热工装置实现国际先进水平提供高温材料和技术支撑。

15.2 发展目标和任务

耐火材料对高耗能工业高温热工装置提高能效、降低能耗的作用是所用耐火材料的综合效应,主要贡献体现在提高服役寿命和服役功能以提高生产效率,提高隔热保温效果以提高热效率。发展高温节能耐火材料和技术将围绕高温工业提高生产效率、节能降耗和发展新技术而开展。

15.2.1 目标

通过高效节能耐火材料的结构—功能—应用一体化的系统研究开发,提升隔热耐火材料的隔热功能化水平,构建完整的高效节能耐火材料的设计、制备工艺体系、材料体系和应用技术体系;通过新型高效节能耐火材料和技术的推广应用,实现高温热工装备节能2%~10%的普遍提升。

15.2.2 重点任务

为构建完整的高效节能耐火材料的材料体系和应用体系,实现我国耐火材料在高温热工装置中节能降耗作用整体水平的提高,主要研究开发任务如下。

1. 建立高温隔热耐火材料数据库,为高温热工装备节能选材设计提供科学参考和依据

完整和准确的隔热耐火材料性能指标及参数是提高热工装置耐火材料设计整体水平、选材科学性和合理性、运行高效节能、长寿、轻量的迫切需求。热工装备高热效率的优化设

计需要全面、完整的耐火材料性能指标和有关信息,合适的选材、合理的材料配置对热工装备长寿、节能、高效有事半功倍效果。目前工程应用的耐火材料性能数据缺乏,有关隔热耐火材料的数据则更显不足,一是仍以一些传统隔热耐火材料的数据为主,陈旧而不够全面、粗放和不够准确;二是缺乏新型高效隔热耐火材料的系统基础数据和知识,远不适应高效节能热工装置设计采用先进隔热耐火材料的需要,亟待建立完整、科学的高温隔热耐火材料数据库,具有重要社会意义。

2. 传统隔热耐火材料系统集成优化提升节能降耗效果

传统隔热耐火材料量大面广,应用范围涉及高温工业的各行各业、各种类型热工装备,全面提升传统隔热耐火材料的隔热性能和相关性能,将对高温热工装备整体热效率提高有普遍意义。传统隔热耐火材料原体系粗放、简单,仅仅从隔热作用考虑,简单调控材料气孔率来调控隔热性能,而非以传热机理和材料结构调控为指导,作为一系统工程来考虑节能耐火材料的组成优化、工艺优化、结构优化、配置优化、应用科学化。充分利用现代耐火材料先进理论和先进技术,提升传统隔热耐火材料性能指标,将对隔热耐火材料整体水平提升有显著作用,对热工装备整体隔热水平提升具有普遍意义。

3. 发展高端隔热耐火材料和新型高温高效节能耐火材料和技术

高端隔热耐火材料是我国节能耐火材料和技术领域的弱项,也是我国与先进工业国家在隔热耐火材料发展上的主要差距所在。发展高端隔热耐火材料和高温高效隔热耐火材料是缩小此差距的必需措施。主要领域为:提升我国晶体纤维及制品制造水平、优化性能指标、扩大产品种类,解决目前高温(1 500℃以上)晶纤制品生产和推广应用的技术瓶颈;发展耐火纤维的高端产品和前沿应用技术(如 pyro-bloc 纤维模块、气凝胶-纤维复合隔热材料、纤维复合功能材料等);系统开展系列耐火材料功能涂料的研究开发,提升耐火材料服役的专项能力;开发超高温(1 700℃以上)高效隔热新材料,解决超高温装置对节能型炉衬材料需要。通过高端、新型高效隔热耐火材料开发,在关键技术上取得突破,构建新型隔热耐火材料体系、技术体系。

4. 耐火材料隔热功能提升和功能复合耐火材料

热工装置炉衬耐火材料的保温隔热作用是由外层保温材料和内层工作衬材料共同热物理性能决定的,优化全炉衬材料的隔热性能对提高热工装置热效率具有同样重要的意义,提高炉衬内侧温降梯度对隔热节能的作用甚至更大。发展耐火材料服役性能和节能功能一体化,提升作业耐火材料的隔热作用,可更有效改善耐火材料衬整体隔热能力。对众多高温工业热工装备而言,工作面耐火材料微结构对高温服役行为有重要影响。采用微孔、超微孔显微结构、原位改性、复合结构等技术,在保证材料重要高温服役性能不变的同时,可有效降低材料导热率,从而提高热工装置工作面材料的隔热功能和节能效果。

15.3 发展重点

15.3.1 重点领域

节能耐火材料和技术在耐火材料产业中的地位和重要性呈明显上升势头,在高温工业发展节能降耗减排工艺技术中的作用在明显增强。节能耐火材料和技术发展直接关系各高温工业的热工装备的技术发展：高效、节能、轻量化、智能化等，是未来5～10年耐火材料科学技术发展和构建先进耐火材料体系的重点领域。重点发展和构建的先进节能耐火材料体系和技术是：节能耐火涂料、高性能耐火纤维及复合材料、轻质和轻质化不定形耐火材料、超高温领域用隔热材料、耐火材料功能化及综合节能耐火材料技术。

1. 节能耐火涂料领域

表面处理技术对材料改性具有事半功倍的效果，表面涂层技术在材料领域广泛应用，在耐火材料领域也极具应用前景和应用效果，是耐火材料发展的新领域。耐火材料表面涂层具有功能和表面改性作用，通过涂层，赋予耐火材料表面特定的化学、物理功能，如热阻功能、红外或远红外辐射功能等，有效提高耐火材料的专项服役能力和热工装置的热效率。我国耐火材料涂层尚处于起步阶段，有必要加快发展速度，建立系列耐火材料功能涂料，成为提升耐火材料服役水平、节能降耗的重要技术。

2. 耐火纤维领域

耐火纤维在热工装备隔热节能和轻量化发展中的作用明显优于传统轻质耐火材料，耐火纤维技术和产品的开发方兴未艾，仍在继续深化发展中，在高温热工装置应用仍在扩展中。国际上已开发和应用使用温度在1 260℃以上的环保生态可降解纤维，能够长期在1 500℃及以上使用的高性能氧化物纤维及柔性纤维制品，以耐火纤维为主成分的高温轻质高强复合材料、特种功能部件等。虽然耐火纤维在我国已有几十年的发展历史，但与国外先进水平相比仍有差距，全面提升我国在耐火纤维领域的产品制造技术、产品品质、品种、档次和应用技术水平，特别是加快该领域高端产品的发展，对扩大耐火纤维应用范围和应用效果、提升高温窑炉节能隔热水平、满足高端需求等有重要作用。

3. 轻质和轻质化不定形耐火材料领域

近30年来，不定形耐火材料一直是耐火材料技术发展的主体，已占据耐火材料的"半壁江山"，但轻质和轻质化不定形耐火材料还处于开始发展阶段，轻质不定形耐火材料的诸多应用领域和节能作用有待开发。功能化和轻质化不定形耐火材料应用前景广阔、轻质耐火原料是发展轻质、轻质化不定形耐火材料的基础，以轻质耐火原料为重点，研究不同系列和不同结构特点的轻质耐火骨料、轻质不定形耐火材料的组成—结构—性能研究和作业性能研究、应用技术研究等，构建轻质不定形耐火材料体系和技术，推广应用轻质、节能不定形耐火材料。

4. 特种、超高温隔热材料领域

特种、超高温(1 700℃以上)应用高性能隔热材料的缺乏和不能有效供给是影响许多行业在特殊环境或超高温条件下作业的热工装置提高效率、节能降耗的重要因素和技术瓶颈，也是节能耐火材料领域的研究热点。开展该方向研究开发，对发展和构建自主创新新型高端节能耐火材料体系具有重要意义。结合陶瓷制造先进工艺制备的高纯氧化物、复合氧化物、非氧化物等微纳孔高强多孔材料显示了优异和可调控的高温隔热性能、力学性能、抗环境侵蚀等性能，解决了材料耐高温、低导热、高强度等性能的协调，在超高温(1 700℃以上)领域和特殊高温应用环境领域具有良好的应用前景。

5. 结构—性能—功能一体化节能耐火材料领域

发展耐火材料功能化技术,优化和提升工作衬耐火材料隔热性能。通过调控工作衬耐火材料微成分、微结构,降低热导率提高隔热性能,如美国近年开发了既能高效隔热又具有优良的抗金属熔体、化学侵蚀性的微孔高性能材料。研究开发结构、性能梯度和复合耐火材料,德国近年来加大了梯度结构或层状结构耐火材料的设计与制备研究,满足高温工业高温装置的节能并实现耐火材料的轻量化,减少资源消耗。对耐火骨料或耐火制品进行表面改性以制备梯度材料等。

6. 高温热工装备的综合节能耐火材料技术

综合节能耐火材料技术从工程层面和全结构耐火材料综合考虑和设计高温热工装置的耐火材料和节能运行,包含耐火材料科学选择和优化配置、性能优化选择、结构优化设计,以及涂层、复合等技术的采用。发展高温热工装备的综合节能耐火材料技术是高温工业热工装置实现精细化节能的需要。

15.3.2 关键技术路线图

围绕高温工业节能环保与可持续发展的大方向,耐火材料的发展大方向是功能化、轻量化、减量化、绿色生态化。节能耐火材料和技术发展的基础是提高材料的高温热物理性能和服役性能研究,以提高改善耐火材料服役行为,满足高温工业提高能效的需要,如图 15.1 所示。

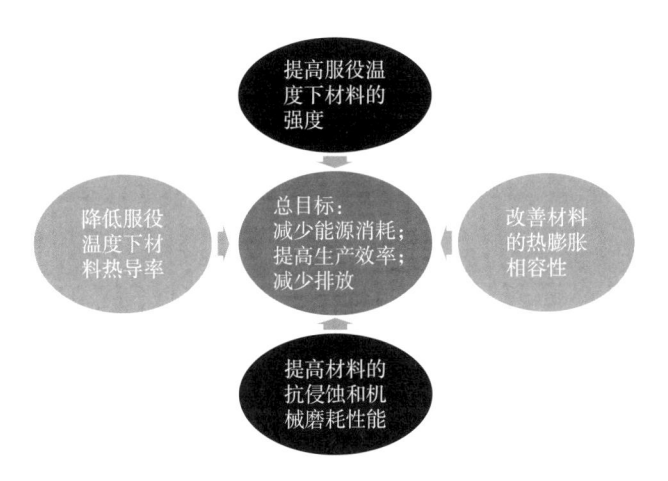

图 15.1 提高能效为宗旨的耐火材料性能改善图

耐火材料高温应用、环境恶劣、条件复杂苛刻,要求也越来越高。节能耐火材料技术提高体现的是综合技术水平进步,不仅包含材料的进步,也包括材料设计、配置、制备与评价、高效应用等技术进步,是工程和技术一体化的整体技术提升。上述节能耐火材料和技术各重点领域的开发研究以功能化、轻量化、高效节能和环保为目标,需要发展的关键技术是提高材料的高温热物理性能,材料微结构设计与性能调控、先进的材料制备工艺、高温服役性能评价及服役环境下材料的失效机理等方面的系统性研究。以高温工业发展需求为导向,表 15.1 列出了发展高温节能耐火材料和技术的关键技术路线图。

表 15.1 发展节能耐火材料和技术的关键技术路线图

市场需求	目标和战略任务	技术难点	关键技术
高耗能高温工业转型升级，发展高效、节能高温热工装置，需求发展高效、节能耐火材料和技术： (1) 设计高效节能高温热工装置，需求全面、完整、准确的隔热耐火材料基本性能指标数据； (2) 建造高效节能高温窑炉，需求系列高性能隔热耐火材料、超高温高效、高性能隔热耐火材料、新型高效隔热耐火材料； (3) 特殊高温作业环境热工装置高效节能，需求具有特定物理、化学性能的新型高效隔热耐火材料； (4) 环保、新材料、新能源等新兴产业中的高温工艺高效、节能需要新型高性能耐火材料支撑； (5) 高温热工装置轻量化发展，不仅需求低导热隔热材料，也需求具有高服役性能的轻量化不定形耐火材料、轻量化高温窑炉工作衬耐火材料； (6) 高温行业强化高温工艺过程需要发展新的炉衬材料，高效、长寿运行	(1) 通过全面提升耐火材料隔热保温性能，高温工业热工装置热效率提高2%～10%； (2) 更新和构建耐火材料性能数据库，提高高温工业热工装置耐火材料设计和选材的科学水平和精细化水平； (3) 提高节能耐火材料制造技术水平，进入节能耐火材料先进制造国家行列； (4) 发展多品种、多功能新型高性能节能耐火材料，构建先进节能耐火材料体系，为高温工业高效节能高温窑炉提供材料支撑； (5) 大力发展低导热率的多层复合结构节能耐火材料，提高高温窑炉耐火材料隔热保温效果； (6) 发展轻量化不定形耐火材料，支持高温热工装置的轻量化发展； (7) 提高炉衬耐火材料性能，发展或扩展耐火材料功能，提升高温领域高温设备先进性水平，达到高效、节能、长寿	(1) 隔热耐火材料结构(如微结构、微成分、微气孔等)和性能(热学、力学、化学等)的可调控工艺技术； (2) 功能性复合结构耐火材料，如层结构耐火材料复合界面的全寿命热匹配稳定性调控； (3) 高温装置炉衬耐火材料的材料结构—性能—配置和服役寿命一体化调控和精准设计； (4) 高效隔热耐火材料在苛刻服役条件下的结构、性能保持稳定性； (5) 不定形耐火材料轻量化后的主要服役性能保持； (6) 不定形耐火材料轻量化后的良好作业性能保持	(1) 耐火材料极端热性能(高温热导率、超低热导率等)测试技术； (2) 铝硅系轻质耐火材料、耐火纤维、晶体纤维及制品等隔热耐火材料先进制造技术； (3) 新型低导热耐火材料的组成—结构—性能设计、调控和制造技术(即研究开发超低导热隔热材料、超高温用隔热材料、高性能化轻质耐火材料等新型隔热耐火材料)； (4) 复合结构隔热耐火材料基础研究和制造技术开发(高温功能涂料、微结构复合、层结构复合等高性能具隔热功能的耐火材料)； (5) 不定形耐火材料轻量化发展基础研究：开发高性能轻质耐火骨料，研究改善轻质不定形耐火材料作业性能的功能外加剂等； (6) 高效、节能、长服役寿命高温热工装置耐火材料的优化设计和配置集成技术

15.4 需要发展的重大关键共性技术

节能耐火材料和技术的发展以发展我国隔热耐火材料和技术体系，达到国际先进或领先水平和提升我国工业窑炉的能效水平为宗旨，开发和推广应用新型高效隔热耐火材料产品和技术，丰富隔热耐火材料产品系列和种类，拓展隔热耐火材料的节能应用范围，构建先进隔热耐火材料生产体系、产品体系和应用技术体系，促进行业在节能耐火材料领域的技术进步，支持发展高热效率的节能降耗减排高温窑炉。实现这些目标需要在重大关键共性技术上取得创新和突破，重点发展技术有以下几种。

1. 加强隔热耐火材料的基础研究

以传热理论和材料微结构设计为基础的高温高效隔热材料气孔结构、数量，材料性能调控技术和低导热耐火材料设计技术，指导隔热耐火材料的开发；隔热耐火材料热性能研究，包括耐火材料高温热性能系统研究、高温隔热的热物理模拟和计算机数值模拟等，对各类隔热耐火材料的科学应用有普遍意义。

2. 高性能优质隔热耐火材料基础原料制备技术

如系列微闭气孔化高强轻质耐火骨料工业化制造技术、环保生态可降解纤维、高品质晶体纤维工业化制造技术等。高性能优质隔热原料是发展高性能高效高温隔热耐火材料产品的重要基础。

3. 耐火材料表面处理和改性技术

如系列高效节能涂料研究开发、表面高强红外加热改性、复合改性等，提升耐火材料高温热阻、热辐射、抗冲刷等相应的服役性能和内部温度梯度调控能力，提高热工装备服役效率和热效率。

4. 原位提高技术

原位耐火材料是耐火材料内部或与外环境中的气氛、渣、熔体等反应提高作业性能；研究方向有原位反应自保护、自修复、自涂层耐火材料，原位反应实现结构改变、服役性能改变、服役功能提升和寿命提高。

5. 轻质不定形耐火材料作业技术开发研究

不定形耐火材料生产工艺绿色、环保、节能、高效，可实现机械化、自动化施工，通过后期修补容易延长寿命，以及节约工时和材料等优点。轻质不定形耐火材料是不定形耐火材料领域具发展前景的方向，也是一些不定形耐火材料的节能换代产品方向，需要有适应轻质特点的不定形耐火材料施工作业技术。针对轻质不定形耐火材料的特点开发轻质不定形耐火材料高效施工技术和装备，如轻质不定形耐火材料用添加剂技术、轻质骨料表面改性（作业性能）技术、纤维复合材料分散技术、含纤维材料喷射施工技术等。

6. 耐火材料功能化技术

耐火材料功能化技术是耐火材料向应用科学化、安全化和消耗减量化发展的重要途径，对热工装备提高运行效率、降低运行能耗有重要作用。发展与使用条件相适应的耐火材料组成、结构、性能与功能的一体化设计，辅以先进工艺技术应用与集成，实现相应耐火材料关键使用性能的优化，从而科学开发耐火材料服役功能和提高服役寿命。例如，精炼钢包和连铸用耐火材料的功能化、安全智能化技术研究：通过采用材料多种形式的功能复合技术、特种功能添加剂技术、耐火材料微结构及高温性能原位调控等技术，结合精细化制造工艺，开发在服役状态下与服役环境自适应的和具有特定高性能或功能（高抗侵蚀性、高抗剥落性、抗冲刷性、洁净钢液功能、工作面自保护功能、隔热保温功能等）的钢包衬耐火材料和连铸控流耐火材料，提升耐火材料服役安全性和可控性。推而广之，研究高温工业新工艺、新技术、新装备用关键耐火材料集成技术，支撑和促进高温工业的技术发展。

15.5 建议重点支持的研发项目目录

（1）建立隔热耐火材料全性能数据库。为高温热工装备隔热材料选材设计提供科学参考和依据。

（2）耐火材料高温隔热性能测试方法研究和高温传热—隔热模拟研究。提升隔热耐火材料研究的理论水平和验证能力。

（3）高温隔热耐火材料微结构和隔热性能及其他性能关系基础研究。为不同类型隔热耐火材料结构优化设计提供指导。

（4）Al_2O_3-SiO_2系轻质耐火材料孔结构优化和隔热及力学性能提升技术研究。提高当前大宗轻质隔热耐火材料综合性能指标，提高服役能力和服役水平。

（5）系列耐火材料功能涂料的开发研究。改善耐火材料专项服役行为，提高能效。

（6）系列微纳孔轻质耐火原材料的开发和应用研究。不定形耐火材料轻量化基础研究，探索不定形耐火材料轻量化的综合集成技术。

（7）轻质不定形耐火材料技术开发研究。轻质不定形耐火材料适用的功能添加剂、结合剂、施工作业技术等研究。

（8）高温、高性能纤维及制品开发研究。提升我国耐火纤维及制品制造水平达到国际先进水平。

（9）特种隔热耐火材料开发研究。超高温、高侵蚀性气氛环境等。

（10）梯度结构或层状结构耐火材料的设计与制备研究。探索耐火材料结构—性能—功能一体化设计和制造技术，发展耐火材料高效利用技术。

（11）高温工业高效生产新技术、新工艺用耐火材料开发研究。如薄带连铸用功能性耐火材料、灰熔炉、化工废液处理炉等装置用特种抗侵蚀耐火材料、玻璃窑全氧燃烧技术用高寿命耐火材料等、煤气化、有色冶炼等高温炉用环保型高效、长寿命耐火材料研究等。

（12）高温工业高耗能热工装置高效节能耐火材料和技术的应用示范和推广。钢铁冶金典型高温容器高效隔热材料和高效隔热技术应用示范和推广；建材高温窑炉高效隔热材料和高效隔热技术应用示范和推广；有色冶炼典型热工装置高效隔热材料和高效隔热技术应用示范和推广；石化领域典型热工装置高效隔热材料和高效隔热技术应用示范和推广。

15.6 推动节能耐火材料与技术研发及应用的机制和政策建议

战略性新兴产业是引导未来经济社会发展的重要力量。发展战略性新兴产业已成为世界主要国家抢占新一轮经济和科技发展制高点的重大战略[37]。为此，国务院出台了关于加快培育和发展战略性新兴产业的决定。在此基础上国家发改委、工信部等部门相继出台了开展节能减排、节能环保等综合性措施和办法[38,41,42]，并在"十二五"规划中强化了节能减排等的规划。由此看来，国家对节约能源和资源相当重视。节能材料及其技术的应用是完成这些节能规划的基础。

"十一五"以来，我国大力推进节能减排，发展循环经济，建设资源节约型环境友好型社会，为节能环保产业发展创造了巨大需求，节能环保产业得到较快发展，目前已初具规模。在节能领域，干法熄焦、纯低温余热发电、高炉煤气发电、炉顶压差发电、等离子点火、变频调速等一批重大节能技术装备得到推广普及；高效节能产品推广取得较大突破，市场占有率大幅提高；节能服务产业快速发展，到2010年，采用合同能源管理机制的节能服务产业产值达830亿元[39]。上述节能成效显著的领域都离不开耐火材料。如果这些窑炉设备内衬能够开发应用高效高温节能耐火材料会进一步提高节能效果。

国务院发布的节能减排"十二五"规划指出,"十二五"期间的节能总目标是:到2015年,全国万元国内生产总值能耗下降到0.86 tce(按2005年价格计算),比2010年的1.034 tce下降16%(比2005年的1.276 tce下降32%)。"十二五"期间,实现节约能源6.7×10^8 tce[40]。耐火材料的应用范围是钢铁、有色、石化、陶瓷、玻璃、水泥、热电等高温领域,这些领域,除了热电都是耗能大户,其能耗指标的降低与高温设备的节能也有直接关系。因此,高温节能材料与技术的开发应用具有非常重要的意义。

国家发改委、工信部印发了《重大节能技术与装备产业化工程实施方案》[43],提出的任务是培育节能科技创新能力、突破重大关键节能技术、推动形成节能装备制造产业集聚、加快节能装备推广应用、强化节能技术装备市场需求。

节能材料与技术的研发与应用是系统工程,根据近几年国家的政策导向,仅就有关高能耗工业节能材料与技术研发和推广应用等环节提出如下意见建议,以便相关部门决策参考。

(1) 从政府层面,重点支持制约高能能耗工业节能材料与技术的研发项目,引领相关技术研发工作的开展;可以在国家自然科学基金或其他相关基金项目中设立专项基金对高温节能材料的研发给予支持;从而培养科技创新能力。

(2) 支持相关领域科研平台建设,在条件保障和人才队伍建设方面纳入相关计划;建设一批高效节能耐火原料、耐火制品的科研开发平台,并在平台的基础上建立生产基地。以节能隔热材料为基础带动节能窑炉设计开发基地的建设等。

(3) 节约资源、保护环境已经成为我们的基本国策。因此节能材料的开发应用具有越来越重要的意义。建议根据相关部门的政策规划,设立专项支持引导节能材料与技术科研成果的推广应用,完善奖励机制,设立科研成果推广基金,对试点单位给予资金支持,使科研成果尽快转化。

(4) 加强节能耐火材料技术的基础理论研究。科技部门、教育部门应重视节能材料的理论研究,建议相关高校开设节能材料专业或学科,从事节能材料的基础理论研究,为节能材料的开发建立坚实的理论基础,加强后备专业人才的培养。

(5) 国家发改委在《重大节能技术与装备产业化工程实施方案》中提出加快节能装备的推广应用。耐火材料是高温高耗能行业实现装备节能的基础,在这些行业装备上推广应用高效节能耐火材料将会取得显著的节能效果。建议组建由研发、生产及使用三方组成的节能耐火材料的技术创新战略联盟,加大对节能耐火材料技术创新的支持力度;国家在节能减排补助资金管理制度中应考虑对节能材料研发、生产单位的奖励,激励节能产品生产企业开发生产新产品的积极性。

(6) 强化《耐火材料行业规范条件》[44]的落实和管理,切实落实《耐火材料企业行业准入公告管理办法》,引导耐火材料企业研发节能、高效耐火材料,指导耐火材料行业自身科学发展;根据《耐火材料行业规范条件》的要求,首先在耐火材料行业推广轻质节能产品的应用,降低耐火材料生产能耗,对达到或低于能耗指标要求的企业予以财政或税收奖励,增强符合节能要求企业的市场竞争力,逐步淘汰能耗不达标企业。

(7) 在《耐火材料行业规范条件》的基础上,支持制定高能耗工业窑炉节能规范,依据节能材料和节能技术应用,指导高能耗工业窑炉节能工作;建立严格的窑炉节能考核制度,杜绝达不到节能要求的窑炉进入市场。

（8）加强高能耗工业节能材料的标准化制定工作；现在，对于高耗能行业而言，节能材料的应用并没有得到高度重视，没有建立高温节能材料使用效果的单独考核机制。随着国家对节能降耗的日益重视，高温节能材料的应用将越来越多，必须加强高温节能材料生产的标准化工作。通过推行标准化工作，起到降低生产成本、交易成本，提高工作效率，促进规模效益，推动技术创新和技术扩散等作用。

（9）建议出台相关政策，做好有利于节能材料的科技创新和知识产权保护的良好氛围，促进节能材料研发和应用技术的稳定发展。

参 考 文 献

[1] Hemrick J G, Hayden H W, Angelini P, et al. Refractories for industrial processing: opportunities for improved energy efficience[R]. Prepared for the DOE-EERE Industrial Technologies Program, 2005.
[2] Ted Dickson. Refractories Industry Worldwide 2012-2017-A market[R]. Technology Report.
[3] 全荣. 炼钢耐火材料技术的发展[J]. 耐火与石灰, 2009, 34(4): 34-38.
[4] 彭朝文. 热风炉用耐火材料的使用探讨[J]. 耐火材料, 2013, 47(5): 473-475.
[5] 洪学勤, 李具中, 易卫东, 等. 洁净钢炉外精炼与连铸用耐火材料及其发展[J]. 耐火材料, 2012, 46(2): 81-86.
[6] 贺中央. 连铸用功能耐火材料的现状及发展趋势[J]. 耐火材料, 2011, 45(6): 462-465.
[7] 邱文冬, 鲍戟, 欧阳军华. 宝钢耐火材料的消耗水平及发展趋势[J]. 耐火材料, 2012, 46(5): 377-380.
[8] 宋秋芝, 刘志海. 我国玻璃窑用耐火材料现状及发展趋势[J]. 玻璃, 2009, (1): 11-13.
[9] 王杰曾, 袁林. 浮法玻璃窑用耐火材料的发展趋势[J]. 耐火材料, 2009, 43(6): 460-465.
[10] 袁林, 王杰曾. 新型干法水泥窑用耐火材料的现状与发展[J]. 耐火材料, 2010, 44(6): 383-386.
[11] 何天雄. 我国陶瓷工业用耐火材料现状与发展[J]. 耐火材料, 2012, 46(2): 151-153.
[12] 王战民, 曹喜营, 张三华, 等. 铝熔炼炉用耐火材料的现状和发展[J]. 耐火材料, 2014, 48(1): 1-8.
[13] 陈肇友. 有色金属火法冶炼用耐火材料及其发展动向[J]. 耐火材料, 2008, 42(2): 81-91.
[14] 任燕明, 孟铭新, 盈生才. 乙烯裂解炉用高温隔热材料性能的优化[J]. 耐火材料, 2002, 36(5): 270-272.
[15] 陈国忠. 中国石化裂解炉能耗现状分析与节能改造[J]. 石油化工, 2012, 41(12): 1397-1400.
[16] Taber, Wade A. Refractories for gasification[J]. Refractories Applications and News, 2003, 8(4): 18-23.
[17] Bennett J P, Kwong K S. Refractory liner materials used in slagging gasifiers[J]. Refractories Applications and News, 2004, 9(5): 20-25.
[18] Kwong K S, Bennett J, Krabbe R. Engineered refractories for slagging gasifiers[J]. Am Ceram Soc Bull, 2006, 85(2): 17-20.
[19] 赵玉勇. 水煤浆气化炉耐火材料的应用[J]. 内蒙古石油化工, 2009, (14): 20-23.
[20] 吴秋玲, 辛英杰. 垃圾焚烧用耐火材料及发展趋势[J]. 国外耐火材料, 2001, 26(1): 16.
[21] 杨秀丽, 李冰, 刘会林, 等. Al_2O_3—Cr_2O_3—ZrO_2 砖在医疗垃圾焚烧炉上的应用[J]. 耐火材料, 2014, 48(2): 143-144.
[22] 王永林. 干熄焦技术的节能减排及环保分析[J]. 煤化工, 2011, 39(3): 33-36.
[23] 李迪, 车千里. 干熄焦装置中耐火材料的使用[J]. 耐火与石灰, 2008, 33(5): 4-9.
[24] 范泳, 谢杰华, 陶贵华, 等. 水泥窑用耐火材料的发展与展望[J]. 水泥技术, 2011, 32(4): 98-100.
[25] 曹百言, 刘洋. 新型干法窑耐火浇注料的合理选用和发展趋势[J]. 水泥, 2008, 52(3): 27-29.

[26] 王炳栋,王才重,侯向军.循环流化床锅炉耐火材料的选用及安装[J].洁净煤技术,2001,20(2):32-34.
[27] 吴耀臣,罗建伟.循环流化床锅炉用耐火材料[J].耐火材料,2000,34(4):232-235.
[28] Maier F, Whitley R S, Volckaert A. The contribution of refractories to the resource efficiency of industry[C]. Unitecr'11, Oct. 30-Nov. 2, 2011, Kyoto, Japan, 1-A-13.
[29] Semler C E. 2010 Refractories congress in India[J]. Refractories Applications and News, 2010, 15(3): 11-13.
[30] 范泳,谢杰华,陶贵华,等.水泥窑用耐火材料的发展与展望[J].水泥技术,2011,(4):98-100.
[31] Xu D L. Production and running status of China's refractories and main downstream industries in 2013 [J]. China's Refractories, 2014, 23(2): 1-6.
[32] 徐殿利.2015年全国耐火材料行业生产运行情况及2016年耐火材料市场预测分析[R].中国耐火材料行业协会2016年工作会议,2016.
[33] 侯来广,刘艳春,曾令可.陶瓷纤维应用及现状[J].中国陶瓷工业,2013,20(1):25-28.
[34] 周惠敏,苍大强,宗燕兵,等.高炉热风炉蓄热体微纳米节能涂料覆层技术的研究与应用[C].全国能源与热工年会论文集,2006:620-623.
[35] Anton O, Krasselt V, White G, et al.在钢铁工业中隔热设计的矿物和基质工程[J].耐火材料,2007,41(增刊):41-46.
[36] 王晓婷,刘成雷,严文福,等.高辐射覆层节能涂料的焦炉应用[J].冶金能源,2012,31(6):38-41.
[37]《国务院关于加快培育和发展战略性新兴产业的决定》(国发〔2010〕32号).
[38]《国务院关于加快发展节能环保产业的意见》(国发〔2013〕30号).
[39]《"十二五"节能环保产业发展规划》(国发[2012]19号).
[40]《国务院关于印发节能减排"十二五"规划的通知》(国发〔2012〕40号).
[41]《节能减排补助资金管理暂行办法》(财建[2015]161号).
[42]《国务院关于加快发展节能环保产业的意见》(国发〔2013〕30号).
[43]《重大节能技术与装备产业化工程实施方案》(发改环资〔2014〕2423号).
[44]《耐火材料行业规范条件(2014年本)》(工信部公告2014年 第84号).

附录 1

国内外相关工业节能的法规和政策目录（部分）

联合国

- 1992《气候变化框架公约》
- 1997《京都议定书》(《气候变化框架公约》补充条款)
- 2015《巴黎协议》(《气候变化框架公约》新)

欧盟

- 2005《温室气体排放贸易计划(EU ETS)》
- 2014《冶金复兴》

美国

- 1975《能源政策与节能政策法》
- 1976《生产与节能法》
- 1978《国家节能政策法》
- 1992《能源政策法案》
- 2001《国家能源政策》
- 2005《能源政策法》
- 2007《能源自主与安全法案》
- 2012《国家能源效率行动计划——2025年愿景：变革的框架》

英国

- 1994《可持续发展：英国的战略选择》

- 2015《英国 2030 制造业关键趋势》

法国

- 2000《能源效率方案》
- 2008《国家能源效率行动计划》

德国

- 1999《实施生态税改革法》
- 2014《节能条例(修订)》

日本

- 1979《合理用能法》
- 1993《合理用能及再生资源利用法》
- 1998《合理用能法(修订)》

印度

- 2001《能源节约法》

中国

- 《节约能源监测管理暂行规定》(计节能[1990]60 号)
- 《中华人民共和国节约能源法》(中华人民共和国主席令[1997]第 90 号)
- 《重点用能单位能源管理办法》(原国家经贸委令[1999]7 号)
- 《节能中长期专项规划》(发改环资[2004]2505 号)
- 《关于控制部分高耗能、高污染、资源性产品出口有关措施的通知》(发改经贸[2005] 2595 号)
- 《国家鼓励发展的资源节约综合利用和环境保护技术(综合利用部分)》(国家发展改革委、科技部和国家环保总局公告[2005]65 号)
- 《水泥工业产业发展政策》(发改委令[2006]50 号)
- 《关于加快水泥工业结构调整的若干意见的通知》(发改运行[2006]609 号)

- ◆ 《关于印发千家企业节能行动实施方案的通知》(发改委环资[2006]571号)
- ◆ 《关于印发"十一五"十大重点节能工程实施意见的通知》(发改委环资[2006]1457号)
- ◆ 《中国节能技术政策大纲(2006)》(发改环资[2007]199号)
- ◆ 《国务院批转节能减排统计监测及考核实施方案和办法的通知》(国发[2007]36号)
- ◆ 《能源发展"十一五"规划》(发改委[2007])
- ◆ 《关于印发重点用能单位能源利用状况报告制度实施方案的通知》(发改环资委[2008]1390号)
- ◆ 《中央企业节能减排监督管理暂行办法》(国资委令[2010]23号)
- ◆ 《关于开展重点用能行业能效水平达标活动的通知》(工信厅节函[2010]594号)
- ◆ 《水泥行业准入条件》(工原[2010]第127号)
- ◆ 《关于水泥工业节能减排的指导意见》(工信部节[2010]582号)
- ◆ 《国务院关于进一步加大工作力度确保实现"十一五"节能减排目标的通知》(国发[2010]12号)
- ◆ 《新型干法水泥窑纯低温余热发电技术推广实施方案》(工信部节[2010]25号)
- ◆ 《关于清理对高耗能企业优惠电价等问题的通知》(发改委价格[2010]978号)
- ◆ 《合同能源管理项目财政奖励资金管理暂行办法》(财建[2010]249号)
- ◆ 《国务院关于加快培育和发展战略性新兴产业的决定》(国发[2010]32号)
- ◆ 《节能技术改造财政奖励资金管理办法》(财建[2011]367号)
- ◆ 《产业结构调整目录》(发改委第9号令)
- ◆ 《水泥行业准入条件》(工信部原[2011]406号文)
- ◆ 《水泥工业"十二五"发展规划》(工信部规[2011]523号文)
- ◆ 《国家重点节能技术推广目录(第四批)》(发改委第34号公告)
- ◆ 《高耗能特种设备节能监督管理办法》(国家质检总局[2011]116号令)
- ◆ 《关于进一步加强高耗能特种设备节能工作的通知》(国家质检总局特函[2012]39号)
- ◆ 《环境空气质量标准(GB 3095—2012)》(环保部环发[2012]11号文)
- ◆ 《国家鼓励的循环经济技术、工艺和设备名录》(发改委,环保部,工信部[2012]第13号公告)
- ◆ 《工业行业淘汰落后产能企业名单(第一批)》(工信部[2012]第26号公告)
- ◆ 《工业行业淘汰落后产能企业名单(第二批)》(工信部[2012]第39号公告)
- ◆ 《加强万家企业能源管理体系建设工作》(发改环资[2012]3787文)
- ◆ 《关于规范水泥窑低温余热发电机组并网运营的意见》(电监市场[2012]65号)
- ◆ 《节能减排"十二五"规划》(国发[2012]40号文)
- ◆ 《"十二五"节能环保产业发展规划》(国发[2012]19号)
- ◆ 《水泥单位产品能源消耗限额》,国标(GB 16780—2012)
- ◆ 《国务院关于加快发展节能环保产业的意见》(国发[2013]30号)
- ◆ 《关于坚决遏制产能严重过剩行业盲目扩张的通知》(发改委产业[2013]892号文)
- ◆ 《关于化解产能严重过剩矛盾的指导意见》(国发[2013]41号文)
- ◆ 《能源管理体系要求》,国标(GB/T 23331)

- 《水泥制造能效测试技术规范》,建材行业协会标准(CBMF1—2013)
- 《关于加快推进重点行业企业兼并重组的指导意见》(工信部联产业[2013]16号文)
- 《关于加大工作力度确保实现2013年节能减排目标任务的通知》(发改环资[2013]1585号文)
- 《国家应对气候变化规划(2014—2020年)》(发改气候[2014]2347号文)
- 《2014—2015年节能减排低碳发展行动方案》(国发办[2014]23号)
- 《工业和通信业节能与综合利用领域技术标准体系建设方案》(工信厅节[2014]49号)
- 《耐火材料行业规范条件(2014年本)》(工信部公告[2014]第84号)
- 《关于印发重大节能技术与装备产业化工程实施方案的通知》(发改环资[2014]2423号)
- 《关于实施煤炭资源税改革的通知》(财税[2014]72号)
- 《关于调整原油、天然气资源税有关政策的通知》(财税[2014]73号)
- 《关于调整排污费征收标准等有关问题的通知》(发改价格[2014]2008号)
- 《中国制造2025》(国发[2015]28号)

附录 2

缩略语和计量单位注释

Ⅰ 缩略语

AOD：Argon Oxygen Decarburization，氩氧脱碳法（钢包精炼法）
APC：Advanced Process Control，先进过程控制
AQC：Air Quenching Cooler，水泥窑窑头空气冷却器
BGL：British Gas Lurgi，液态排渣气化炉
BPI：Bulks Price Index，大宗商品价格指数
Castrip LLC：美国薄带连铸公司
CCPP：Combined Cycle Power Plant，燃气蒸汽联合循环发电机组
CCS：Carbon Capture and Storage，碳捕集与封存技术
CDQ：Coke Dry Quenching，干法熄焦技术
CDM：Clean Development Mechanism，清洁发展机制
CFD：Computational Fluid Dynamics，计算流体动力学
COT0：Coil Outlet Temperature，炉管出口温度
CSP：Compact Strip Production，紧凑式热带生产工艺
DRI：Direct Reduced Iron，直接铁还原
ECS：Electrical Control System，电气控制系统
ERP：Enterprise Resource Planning，企业资源计划
ETS：Emissions Trading Scheme，欧洲减排交易体系
EAF：Electric Arc Furnace，电弧炉
GE：一种美国德士古石油公司开发的煤气化技术
IGCC：Integrated Gasification Combined Cycle，整体煤气化联合循环发电系统
LCA 标准：Life Cycle Assessment，生命周期评价
LF：Ladle Furnace，具有加热/搅拌功能的钢包精炼法
Lurgi：鲁奇加压煤气化法
OBM：Opposition Multi-Burner，多喷嘴对置气化技术

PHAS：Process Heat Assessment and Survey，工业热能评价鉴定软件
PID 控制理论：Proportional Integral Derivative，比例积分控制
Praxair's Cojet：普莱克斯喷枪
PSA：Pressure Swing Adsorption，变压吸附
RH：Ruhrstahl Hearaeus，真空循环脱气法
ROMT：Remote Oxygen Monitor Technology，远程氧控制技术
RSW：Rring Slitr Water，环隙洗涤器（调节液压）
SE：SINOPEC＋ECUST 粉煤气化技术，中国石化与华东理工大学联合开发的单喷嘴冷壁式粉煤加压气化技术
SFH：Scale Free Heating，无氧化加热
Shell：荷兰壳牌公司
SP：Suspension Preheater，悬浮预热器（水泥窑窑外分解）
SUPCONWebField：开放性控制系统
Texaco：美国德士古石油公司
TRC：Twin-roll Strip Casting，双辊薄带连铸技术
TRT：Blast Furnace Top Gas Pressure Recovery Turbine，TRT，高炉炉顶煤气余压发电装置
VD：Vacuum Degassing，真空脱气（钢包精炼法）
VOCs：Volatile Organic Compounds，挥发性有机物
VOD：Vacuum Oxygen Decarburization，真空吹氧脱碳法（钢包精炼法）
VPSA：Vacuum Pressure Swing Adsorption，变真空吸附
Winkler：德国温克勒技术，一种流化床粉煤气化技术

Ⅱ 计量单位

kgce/t：公斤标煤/生产吨钢（吨水泥等）
MJ/t：兆焦耳热量/生产吨钢（吨水泥等）（1 MJ＝10^6 J）
1kgce/t 约折合 29.25 MJ/t
GJ/t：吉焦耳热量/生产吨钢（吨水泥等）（1 GJ＝10^9 J）
MPa：兆帕，压强单位，1 兆帕＝10^6 帕斯卡（Pa）
kW·h：千瓦时，能量单位，1 千瓦时＝3.6×10^6 焦耳
ngTEQ/Nm³：二噁英浓度单位，二噁英类主要以混合物的形式存在，对二噁英类的毒性进行评价时，国际上常用毒性当量（Toxic Equivalent Quantity，TEQ）。"N"表示标准状态下。"ng"表示纳克，1g＝10^9 ng

彩 图

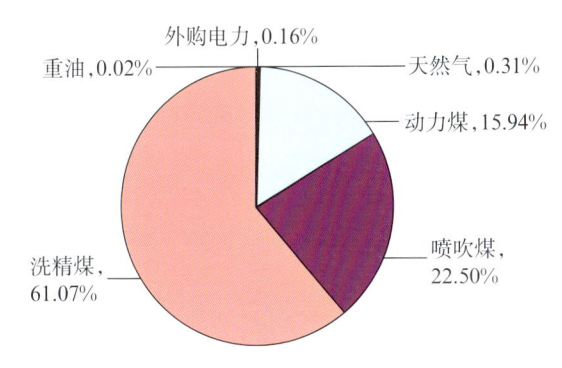

图 1.2 某长流程钢铁联合企业实际消耗的外购能源种类及其比例

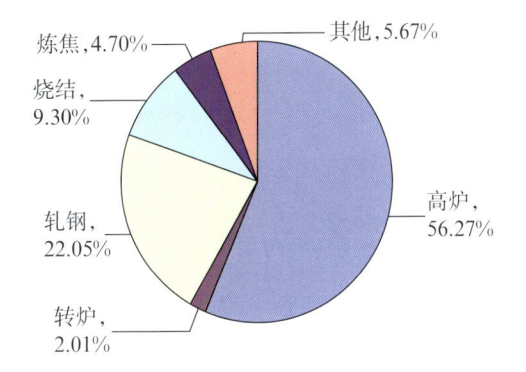

- 外购电力, 0.16%
- 重油, 0.02%
- 天然气, 0.31%
- 动力煤, 15.94%
- 喷吹煤, 22.50%
- 洗精煤, 61.07%

图 1.3 某长流程钢铁企业各工序能耗占比情况

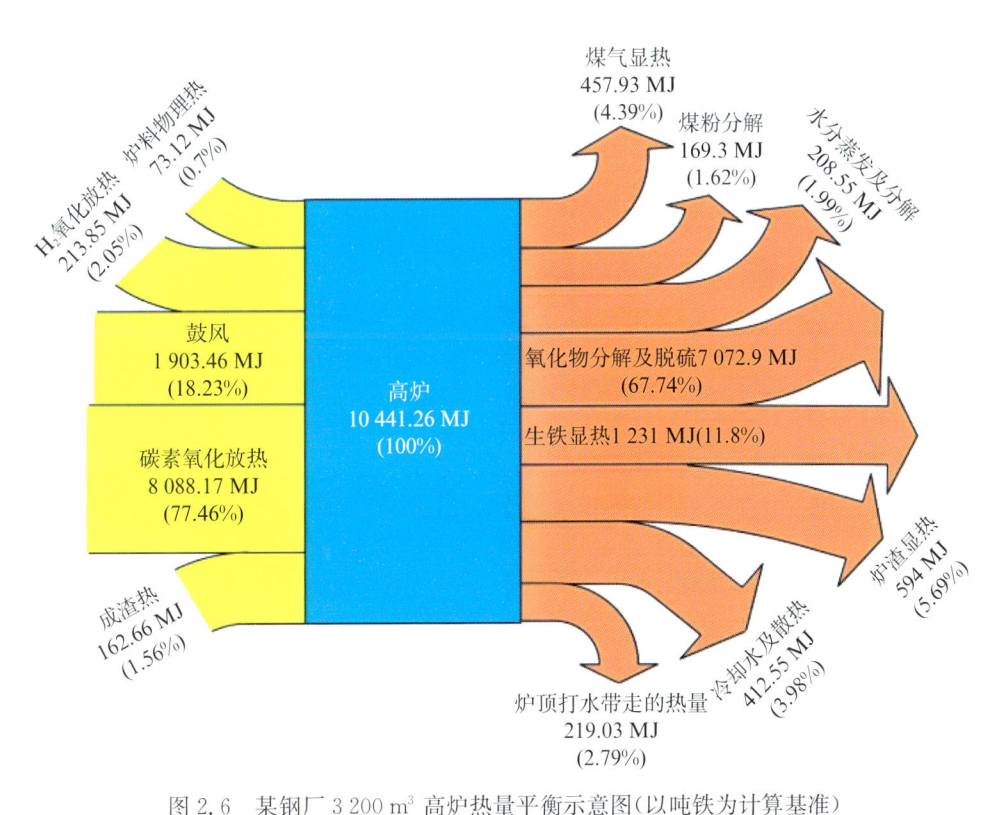

- 炼焦, 4.70%
- 其他, 5.67%
- 烧结, 9.30%
- 轧钢, 22.05%
- 转炉, 2.01%
- 高炉, 56.27%

图 2.6 某钢厂 3 200 m³ 高炉热量平衡示意图（以吨铁为计算基准）

输入项：
- 炉料物理热 73.12 MJ (0.7%)
- H₂氧化放热 213.85 MJ (2.05%)
- 鼓风 1 903.46 MJ (18.23%)
- 碳素氧化放热 8 088.17 MJ (77.46%)
- 放渣热 162.66 MJ (1.56%)

高炉 10 441.26 MJ (100%)

输出项：
- 煤气显热 457.93 MJ (4.39%)
- 煤粉分解 169.3 MJ (1.62%)
- 水分蒸发及分解 208.55 MJ (1.99%)
- 氧化物分解及脱硫 7 072.9 MJ (67.74%)
- 生铁显热 1 231 MJ (11.8%)
- 炉渣显热 594 MJ (5.69%)
- 冷却水及散热 412.55 MJ (3.98%)
- 炉顶打水带走的热量 219.03 MJ (2.79%)

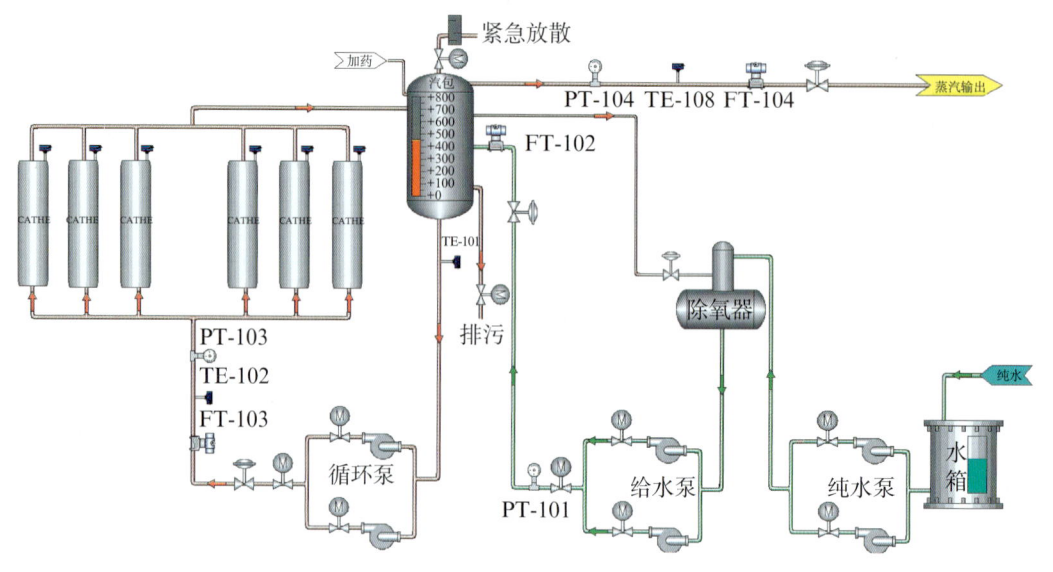

图 3.1 宝钢荒煤气显热回收系统工艺流程

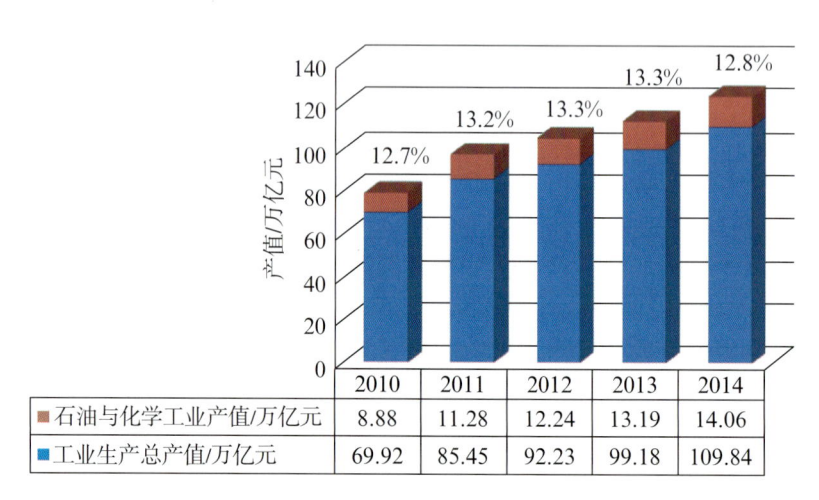

图 5.1 石油与化学工业和规模以上工业总产值对比

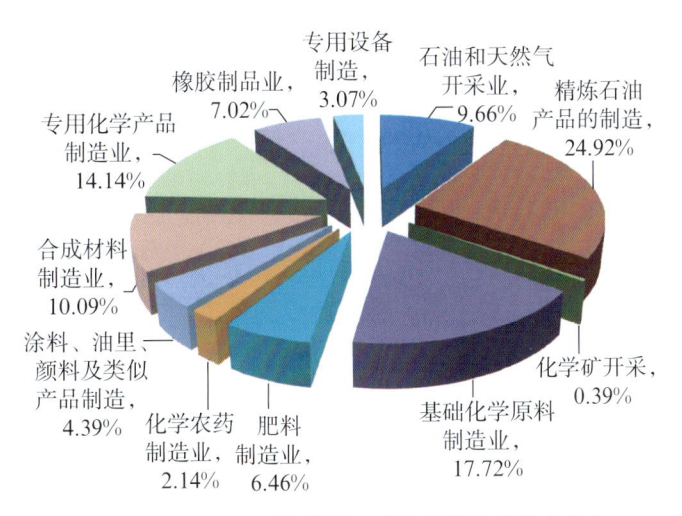

图 5.2　2014 年石油与化学工业各行业主营业务收入

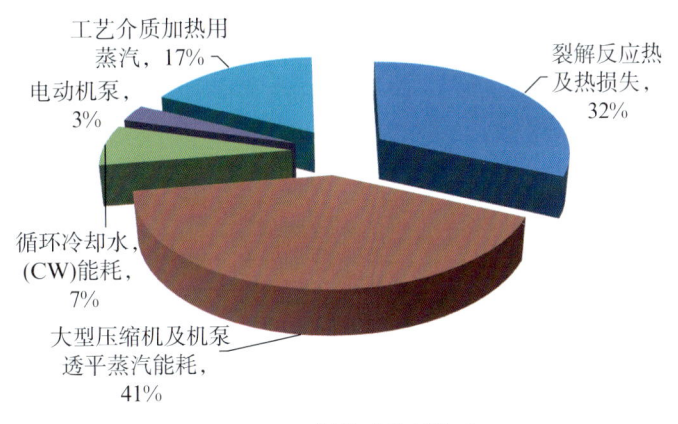

图 5.4　乙烯燃动能耗构成

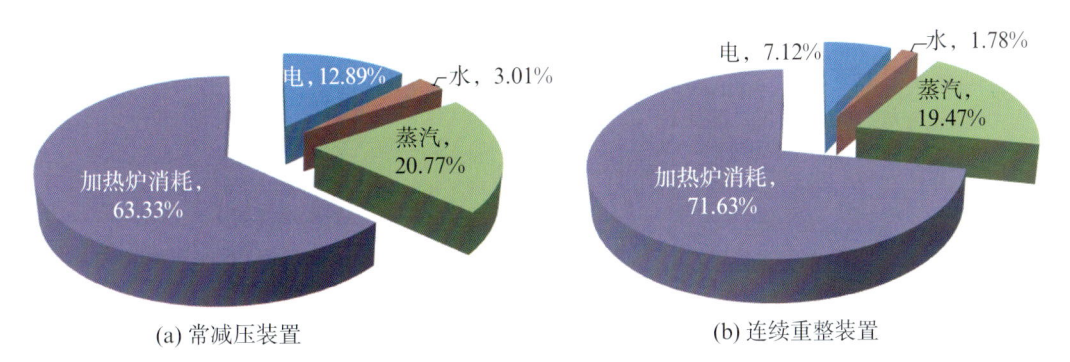

(a) 常减压装置　　　(b) 连续重整装置

图 6.5　某炼油装置能量消耗结构

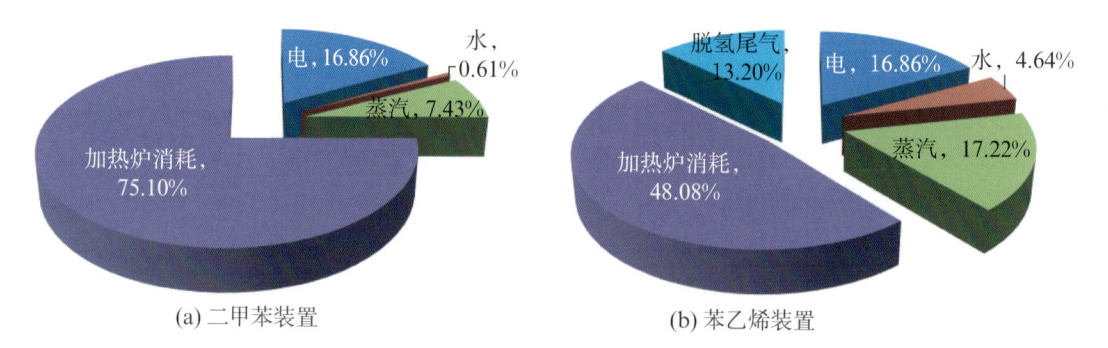

(a) 二甲苯装置 — 加热炉消耗 75.10%，电 16.86%，水 0.61%，蒸汽 7.43%

(b) 苯乙烯装置 — 加热炉消耗 48.08%，脱氢尾气 13.20%，电 16.86%，水 4.64%，蒸汽 17.22%

图 6.6　化工装置能量消耗结构

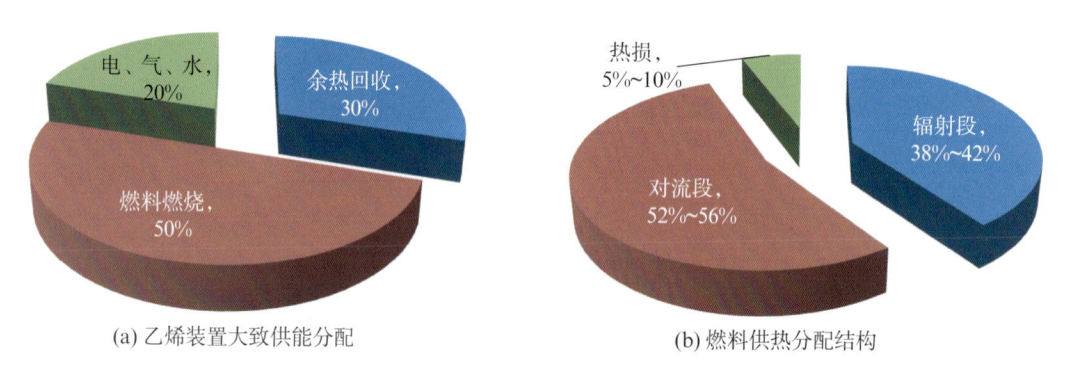

(a) 乙烯装置大致供能分配 — 燃料燃烧 50%，电、气、水 20%，余热回收 30%

(b) 燃料供热分配结构 — 对流段 52%~56%，辐射段 38%~42%，热损 5%~10%

图 6.9　乙烯装置和乙烯裂解炉燃动能耗

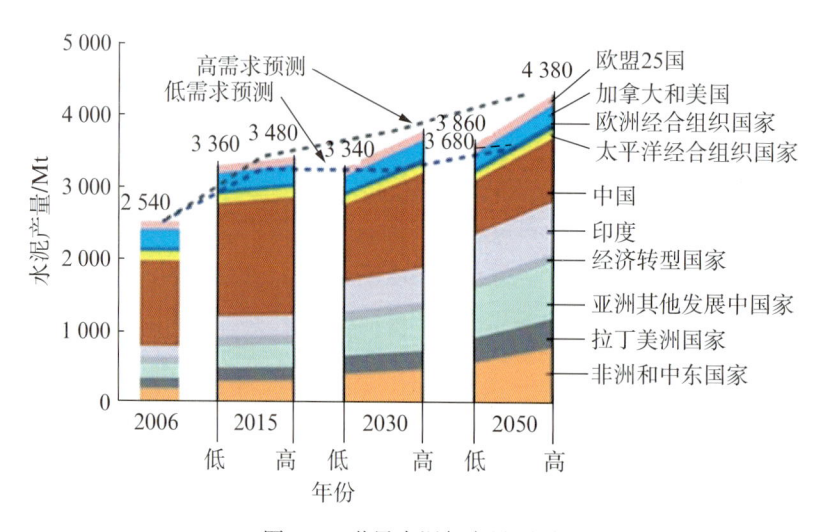

图例：欧盟25国、加拿大和美国、欧洲经济组织国家、太平洋经合组织国家、中国、印度、经济转型国家、亚洲其他发展中国家、拉丁美洲国家、非洲和中东国家

水泥产量/Mt

2006: 2 540
2015 低: 3 360　高: 3 480
2030 低: 3 340　高: 3 680
2050 低: 3 860　高: 4 380

高需求预测
低需求预测

年份

图 9.1　世界水泥年产量预测

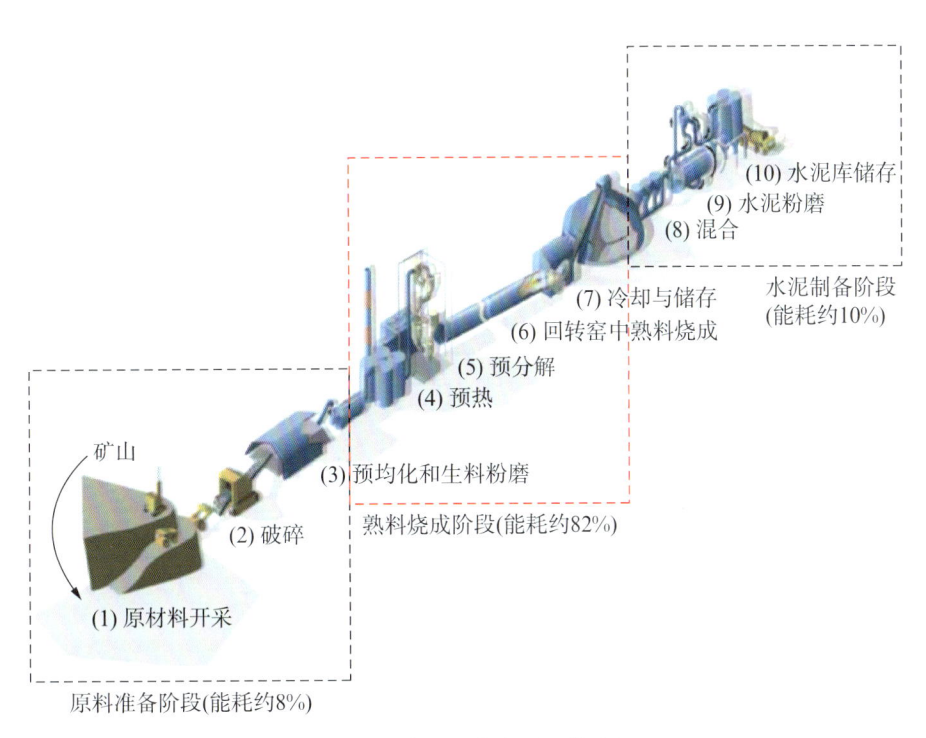

图 10.1 水泥生产主要工艺流程

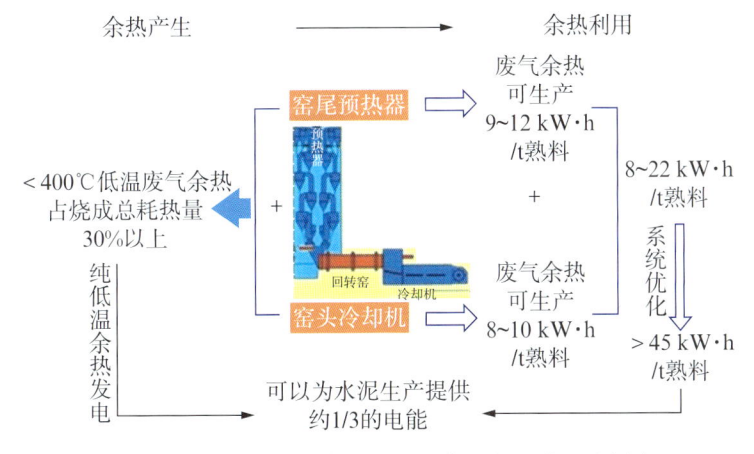

图 10.5 水泥生产中余热产生和余热发电利用示意图

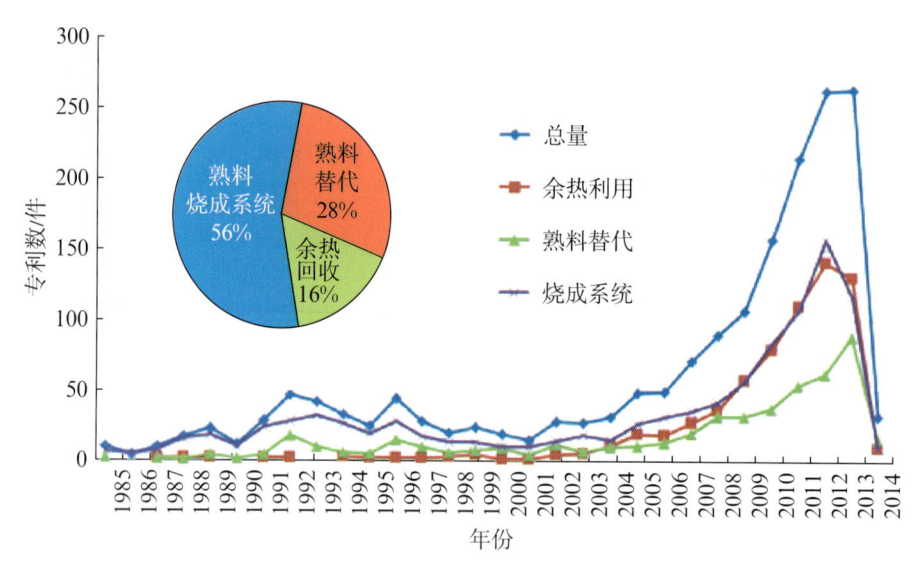

图 10.9　中国水泥高温装备节能技术专利申请趋势图

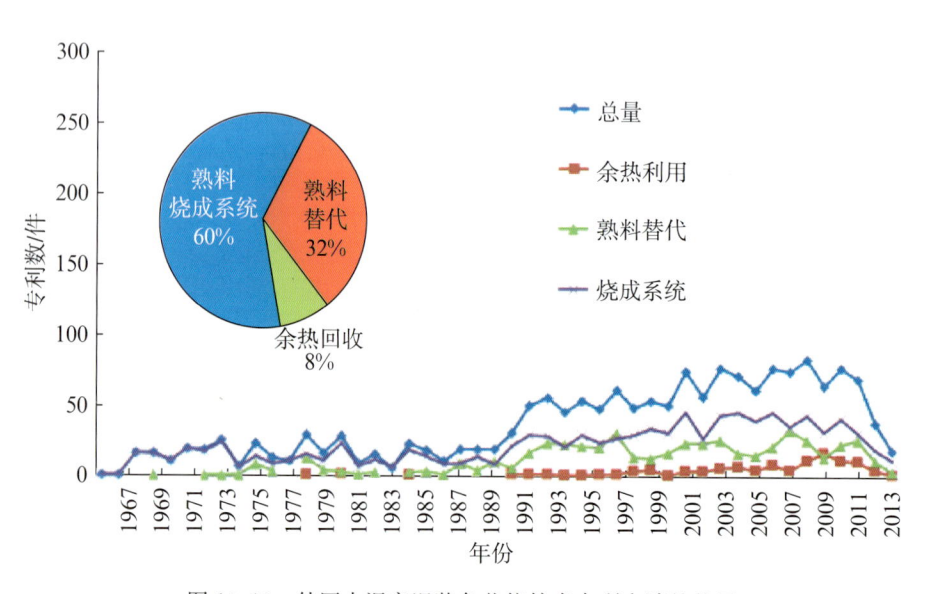

图 10.10　外国水泥高温装备节能技术专利申请趋势图

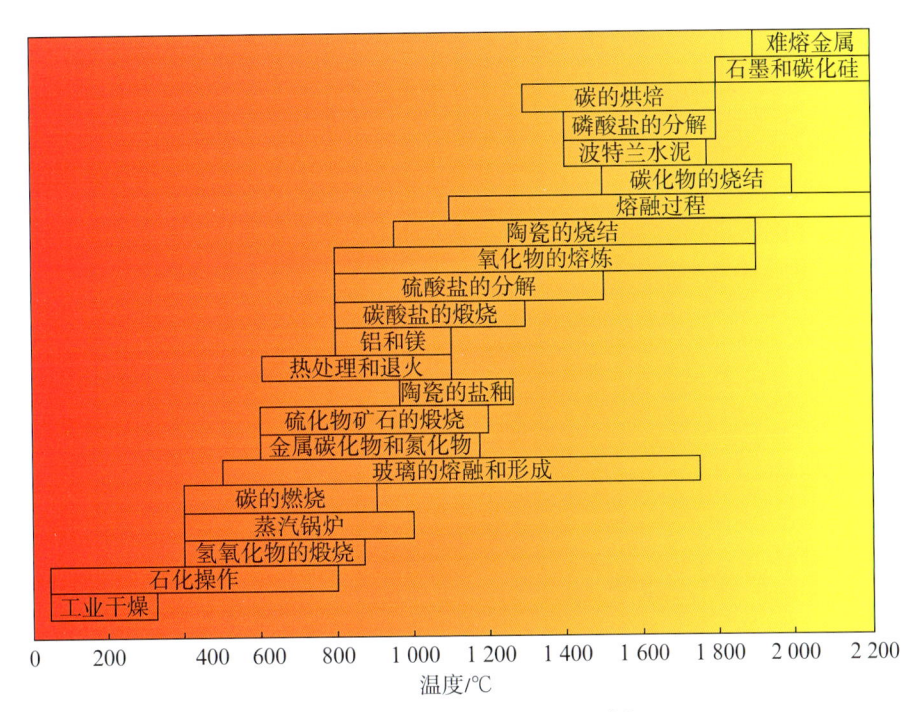

图 13.1　高温工艺作业温度图[1]

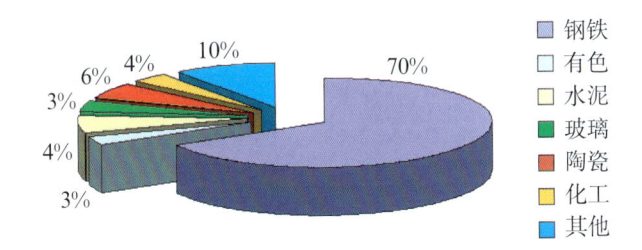

图 13.2　耐火材料在高温工业的应用比例[2]

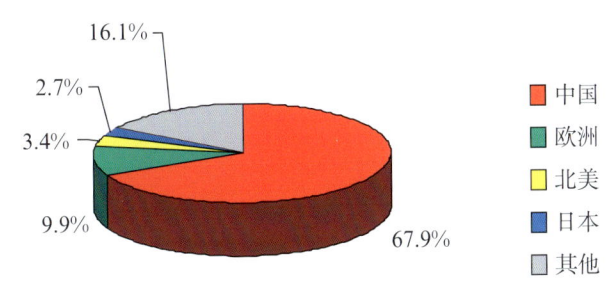

图 14.3　2012 年世界主要耐火材料产区的份额[2]